纪念北京四中建校110周年

一个班级的50年

赵 康 主编

北京日报出版社

祝母校北京四中110周年华诞

杨滨（书记兼校长）

高六八届四班任课老师名录

1965 年 9 月至 1966 年 5 月，原高一四班在班主任刘文明老师带领下仅断断续续上了不到两个学期的高中课程。但各位任课老师精湛的专业功底，风格各异的生动教学形象，顶风冒雨坚守着传道授业的职责操守，是我们心目中永远感恩、不可忘怀的一座丰碑！

这里镌刻着他们每个人的名字：

政治课　　刘文明
语文课　　黄庆发
代数课　　田　佣
三角课　　李汇川
俄语课　　凌石军
化学课　　徐　光
物理课　　温炳炎
生物课　　任景芸
体育课　　叶其鋆
音乐欣赏课　　曹会澄

高一四班全体同学　敬录
2015 年 12 月 26 日
潘德震　执笔

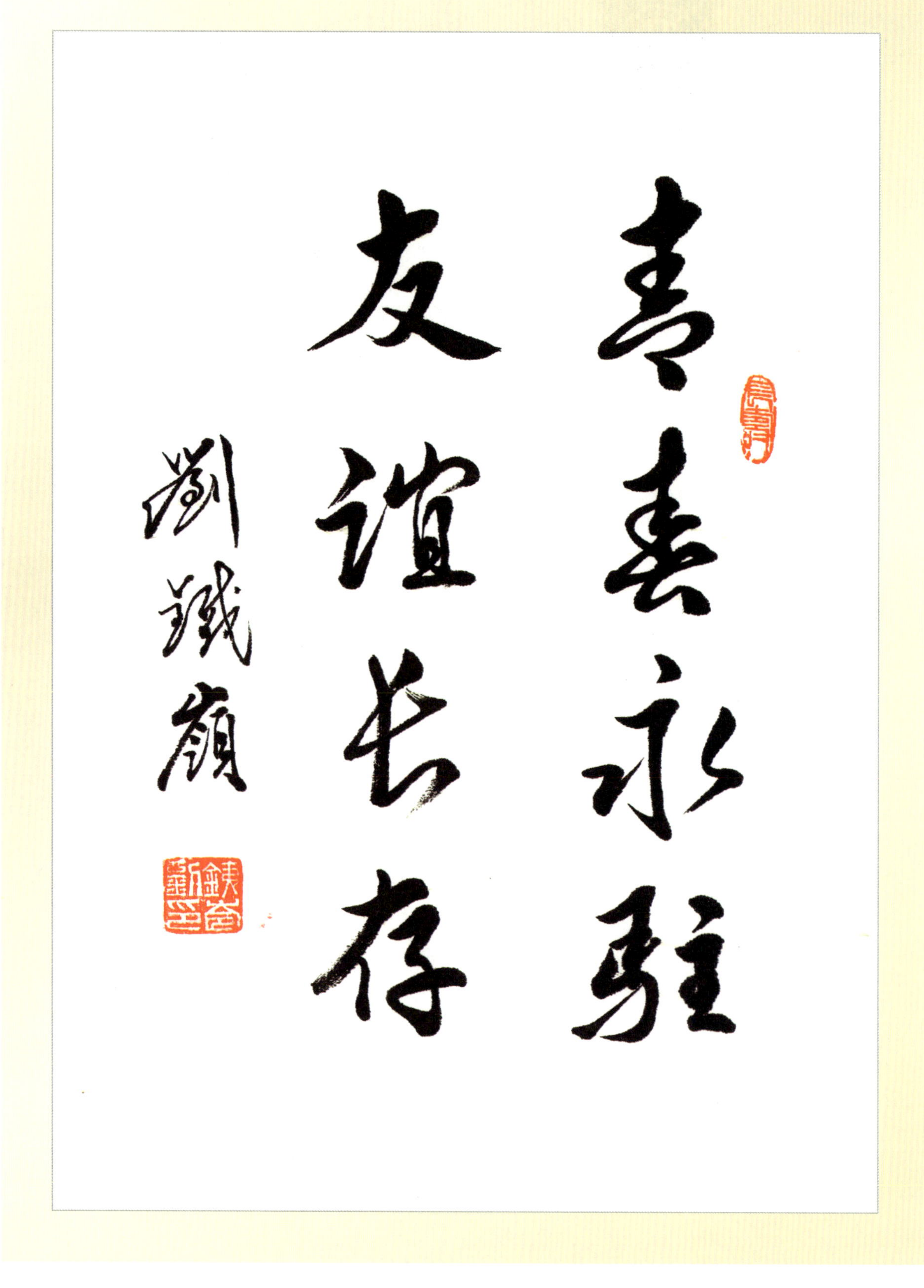
青春永駐
友誼長存
劉鐵嶺

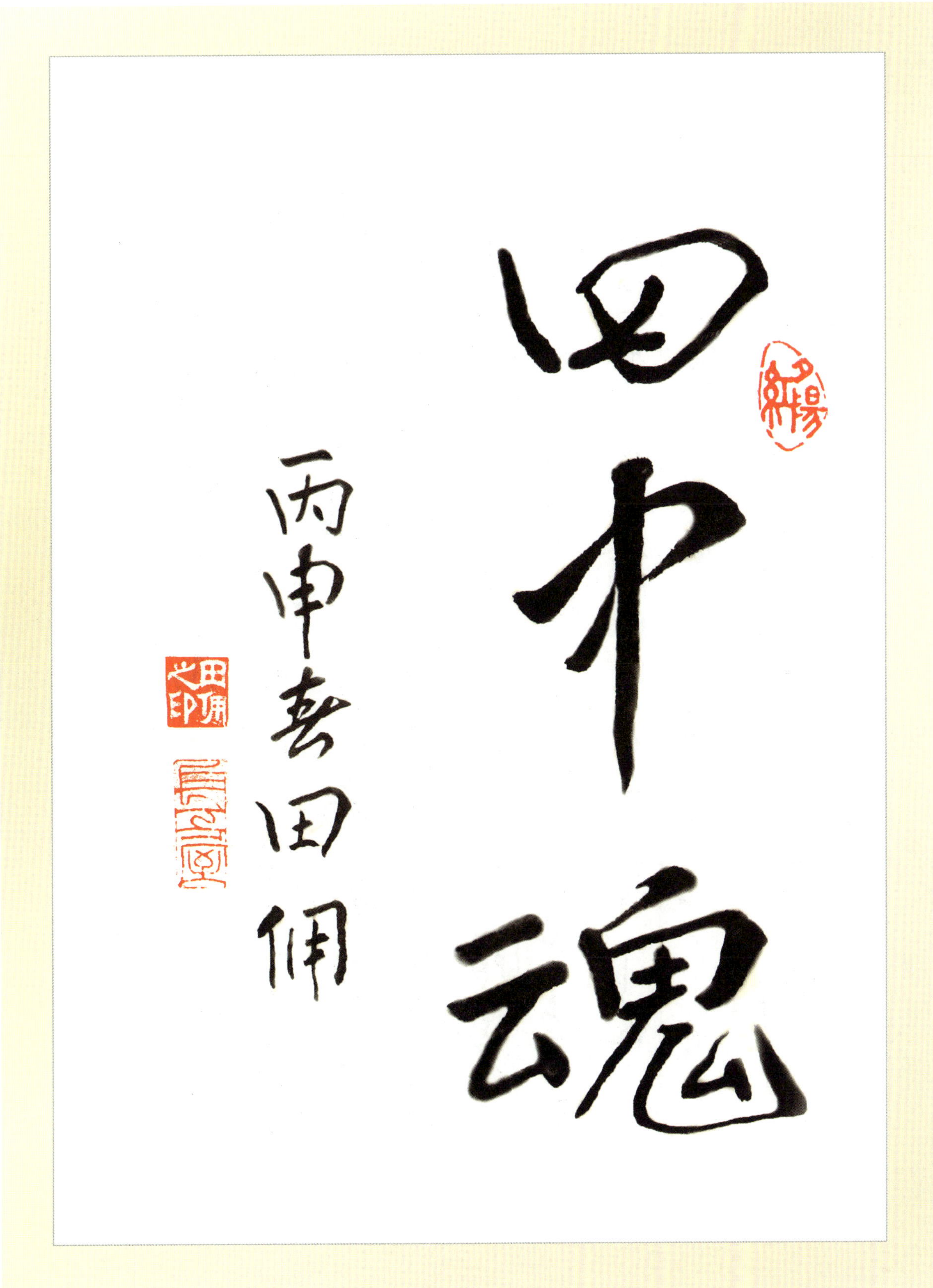
田中魂
丙申春田佣

征南闯北走东西故乡笑
声犹激洞天空腾马奋扬
蹄纵使风沙扑面起行万
里道难迷　险峰方领众姿
奇借天梯上云霓无限风光
鸿鹄视天低待到祖国召唤日
谁胆怯临熊罴

右江城子一首
学友赴内蒙古之作于一九六九年二月

康康晓书　丙申仲春易凯

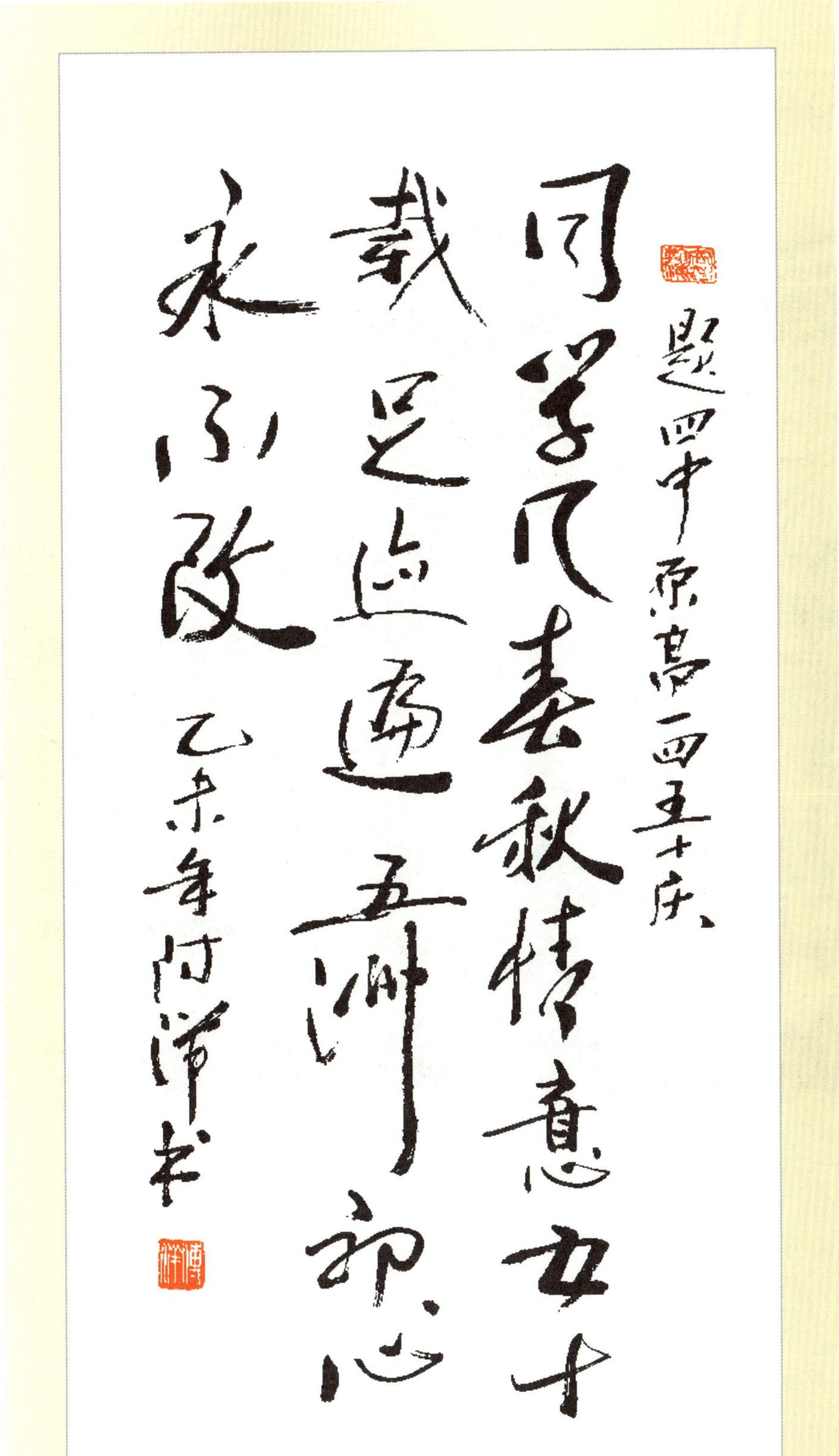
题四中原高一四五十庆
同学几春秋情意五十载足迹遍五洲初心永不改
乙未年傅洋书

1966 年 5 月高一四班同学在校门口合影

后　排：刘达朱、袁塞路、谢国庆、郭世杰、张建新、唐华

第三排：张康成、盛朗、张宝琪、赵东平、尹文奎、褚维春、张钊、张平、杨南征、王津、陈超、赵康康、刘兴

第二排：吴文正、金德本、叶翔宇、金铮、李家康、金克刚、赵金兴、张春年、甘金元、张长双、姜作栋

前　排：柏铮、夏鲁平、姚鸿斌、刘道福、孙泓、廖致杰、张延宏、张铁铿、潘德震、那允玮、王泰立

（缺席：张小军、祝文、邵明路、王小平，全班 45 人）

2015 年 7 月 5 日商议出版纪念册的聚会合影

后排：张康成、刘达朱、袁塞路、郭世杰、唐华、杨南征、王津、陈超

中排：吴文正、金德本、金铮、祝文、张小军、金克刚、姜作栋、赵康康、刘兴

前排：柏铮、夏鲁平、刘道福、张延宏、张铁铿、潘德震、那允玮、王泰立

（注：人员次序基本依照 1966 年 5 月合影位置排列）

目录

序一

真情实感的回忆

北京四中68届高一四班入学五十周年纪念册，经过大家的努力，终于和大家见面了！

这本纪念册是很有特点的：人齐，资料详细而丰富。有入学时的学籍卡、入学时的照片，有每个人的简历和近照，有很多回忆的文章，反映了全班同学五十年的足迹，其中有你们的兴趣爱好，更有同学之间的情感友谊和大家追求的价值理念。

纪念册还反映了大家在母校四中所受的爱国主义、家国情怀，以天下为己任的思想品德教育；在四中崇尚科学、追求真理、获取知识的过程，如何养成良好的学习习惯，形成较高的分析问题和解决问题能力的。在四中你们养成了良好的锻炼身体的习惯，打下这些基础，使你们形成了自尊、自立、自强、自信、自省，坚韧、乐观、善良和感恩的优秀人格。这些优秀的品格，虽有“文革”的影响，但每个人都能独立思考，在不同岗位上艰苦拼搏，努力向上，为祖国、为人民做出了自己的贡献。从你们的经历中可以看出，你们在人生的“产出”阶段都是很优秀的。

你们现在都是六十出头的人了，但对未来可以掌握，可以支配。你们没有了上班的束缚，没有了仕途进取的压力，没有了养家的经济负担，可以自主自由地学习，自由选择，做自己喜欢做的任何事情；可以回忆和思考过去；可以谋划有限的未来，既可以闭门读书，也可以国内外玩赏旅游，但首先要养生、健康、长寿！

人生非常值得纪念和回忆的是学生时代的生活。那时的生活是清醒的、美好的、幸福的、向上的。同学之间的友情是最真挚的，是没有亲情的真情。在我们的后半生中，让这种情感继续发挥作用，我愿与各位同学共享美好未来，焕发我们四中人的风采！

燕纪义

2016年2月6日

序二

诗圣杜甫有诗云："白头搔更短，浑欲不胜簪"，正是我领受写序任务后的窘状。虽说现在男人几寸短毛，不必用簪，但的确苦于不知从何下笔，以完成纪念册编委会要求统领全书提纲挈领的伟大光荣任务。经历各异，见解有别，利益诉求多元，我一支秃笔力有不逮，难合众心。苦思之下，老祖宗"求同存异"一说启迪良多，数学上的"最小公倍数"吗，同学同学，"同"的元素所在多有：同校，同班，同年，同辈，同课堂，同时代，同声相应，同气相求，正可让我勉为其难，择其一二，见教于各位仁兄。

我们都是四中高一四班的同学。四中者，北京中学教育之冠也，师资深厚，生源优良。本校初中升上来，优中选优；其他中学考来，也多是该校佼佼者。我从八中考来，八中也属不错的重点学校，但到了四中，除少数科目外，多数颇感吃力，不似初中胜任愉快，可见四中盛名之下，亦有我等其实难副，愧怍有加。在老师悉心相授和同学的帮助启发下，环境鞭策，自己努力，摔打历练，逐渐适应。一年的学习，政治上有了一点进步（入了团），学习方法有了改进（成绩略有上升），运动场上拿了名次（达到二级运动员标准），还是使劲向"三好"方向努力的。

我们还一起经历了文化大革命。两年多时间风云变幻，浪尖谷底，苦辣酸涩，史无前例地折腾了我们一溜够。但从另一个角度看，丰富了阅历，让我们学会了思考，锤炼了精神。这两年多的时间里，我初步尝试了工农兵不同的岗位。

1966 年底到 1967 年初，我和几位同学到位于蓟县的坦克一师当兵锻炼，和战士们一个锅里吃饭，一个炮场操炮（我是三七高炮的五炮手，负责装填），一起学习毛著促膝谈心，一个炕上抵足而眠（那时营房一席大炕睡一个班），关系亲密融洽。可几个月后回到学校开始军训，我所在连队进驻女一中成了军宣队，我则成了四中受训的学生，不在一个层级上了。身份变化之迅速，令人瞠目。

1967 年 6 月，我和高一三班的田斌、阮五一骑车到白洋淀，在王家寨公社与社员一起收麦子。水乡的麦地，被湖汊分割在一个个小岛上，下地就得摇橹撑船。早晨不到 5 点就下地割麦，以躲开炎炎烈日。看到我们不惜力，胳膊晒脱了皮，老乡心疼爱护我们，换了白面，摸了鱼犒劳我们。聊天时，问我几个孩子，我说我才 17 岁，他们不信。打量着我 160 斤的块头，说我够两个 17 岁。

1968 年春夏，我和几位同学到外文印刷厂劳动了几个月。四车间是装订车间，我和工人师傅码页、剪裁、装订。几个月劳动，感情深厚，特许我们和毛主席送给工宣队的芒果（模型）合影……

新初中（六九届、七零届）入学的时候，又和铁铿、延宏一起当了几天辅导员。上天安门的红卫兵；保卫冶金部的纠察队；骑行到上方山、焦庄户的探险者；桥牌、拱猪桌上的逍遥派。身份变幻、上上下下、座上宾、阶下囚（群众组织因怀疑我们是坏人，从四中把我和三班的胡东平抓到北海中学）、直到应征入伍还背着父亲“犯严重走资派错误”的政审结论。文化大革命中打破了年级界限和学校界限，结识了一个个的同学：本校的、外校的；认识了一个个的人：男的、女的、老的、少的；思考了一个个问题：家庭的、学校的、国家的。

2015 年 7 月 5 日聚会，班上同学多已两鬓斑白，甚至几根稀疏头发遮掩着谢顶的额头（戏称地方支援中央），然拳拳赤子之心，忧国忧民，跃然会上，不说伏枥之志，仍是壮心不已。评说治国理政，指点江山社稷，虽然分析方法不同，结论亦有差异，但希望祖国富强，人民生活幸福是共通的心声。“国家兴亡，匹夫有责”，中华民族优秀的文化底蕴，四中的宝贵传统，还在老高一四的集体里往来激荡。“居庙堂之高，则忧其民，处江湖之远，则忧其君”，是谓“进亦忧，退亦忧”，忧者天下苍生！

喜欢忆旧，是走向衰老的特征。今年我们大多六十有六，数目吉祥，岁月无情，班里已有几位同学驾鹤西去，我们也到了要正视疾病，甚至正视死亡的年龄。这不是悲观，而是对自然规律认识清楚的洒脱，更使我们珍惜友谊、友爱、友情。趁腿脚尚健，名山大川、小桥流水、自然人文，游哉悠哉；读读书，研究点感兴趣的问题，活出自己的老者风范；老年保健可以大行其道，太极拳、八段锦、五禽戏、平板支撑，穴位按摩，乃至瑜伽广场舞，大家经验介绍，知识交流，体会互鉴，不亦乐乎！子孙自有子孙福，身外之物不自扰，愿与大家共勉。

是为序。

又：本是作序，大段成了文化大革命中的自传文章，但个性包含共性，相似相近的经历，给予我们最珍贵的遗产之一，是学会了思考，尽管得出的结论不尽相同。个中原因，你懂的。

袁塞路

2015 年 9 月 30 日晨

序三

成为四中学生后，在半个世纪的人生旅途中，总是不时地享受着四中带来的荣耀与尊崇。那么，四中为何如此为世人看重？四中究竟教给了我们什么？

作为学生，首先想起那些教授过我们的老师：校长杨滨、刘铁岭，教务主任屈大同；班主任齐大群、张云英、刘文明，数学老师燕纯义、田佣，语文老师黄庆发，外语老师凌石军，体育老师吴济民、韩茂富、叶其鋆……那些或清晰、或模糊的面容和情景，不时生动地浮现在眼前。他们上过的课，讲过的话，做过的事，清晰地反映在脑海。而那些记忆，就是供我们受用，影响，甚至决定了我们人生的宝贵财富。这些人生财富是什么呢？

首先，四中教会我们要有家国情怀。这种教育使年轻的我们沐浴了爱国主义和英雄主义的熏陶，树立了为国贡献、为国献身的崇高理念。这种家国情怀，是五六十年代注重政治思想教育社会大环境下的产物，在四中则更因为有杨滨这样的行政10级革命老干部为校长，以及学生中有不少革命干部子弟而得到了强化。

记得上初一的时候，我们班在齐大群老师的带领下，通过张小军的父亲——时任西藏军区司令员的张国华将军的帮助，与对印自卫反击战的一个英雄连队建立了校外辅导关系，请战斗英雄来班上作报告，也建立了与英雄战士的书信通道。这种教育使我们从青少年时代起，就铸就了为国为民的远大理想和坚定信念，树立了正确的世界观、人生观和价值观，虽历经50年的社会风云变幻而不曾改变。

其次，四中教会了我们崇尚科学，追求真理的精神。四中的教师多为教育界的精英，他们教给我们最重要的东西不是书本上的知识，而是如何获取知识的方法和态度，这就是崇尚科学和追求真理的精神。记得1964年，在四中那个简陋的大礼堂中，我们聆听了北京市教育局局长李晨的报告，李晨局长鼓励四中学生要重视和掌握现代科学技术。当时正是抗美援越的年代，解放军大练200米硬功夫，就连我们中学生，也滚在操场上，拿着木头枪练步枪打飞机。

李晨针对此种现象讲道："你还在地上摸爬滚打呢，人家U2侦察机先来给你拍照，然后B52轰炸机来投炸弹炸你。要想打掉U2和B52，就要用导弹。飞机飞行有个轨迹，导弹飞行也有个轨迹，两个轨迹的交点就是命中点，计算这个交点就需要数学和物理知识，这就是你们未来的任务。"这个报告后来在

"文革"中，成为批判李晨局长"污蔑人民战争，宣扬唯武器论"的"罪证"。但是我知道，李晨局长的报告对四中老师和学生，就是振聋发聩的科学启示。

还记得一位教生物的中年女老师——任景芸，她的一节课让我们印象深刻。她讲述了当时世界生物学界两大派系，一派是以苏联米丘林为代表的生物遗传与变异的自然选择和人工选择的学派，另一派是以美国摩尔根为代表的基因染色体学派。当时苏联是大力"扬米批摩"的，甚至强力打压、迫害国内生物学界的摩尔根学派科学家。中国作为苏联的追随者，也采取了同样的态度。这位老师最后评论说，科学应当允许探索，用实践来检验，不应当以政治阵营来评判。这位老师的观点在今天是不足为奇的，但那是50年前"政治挂帅""帽子""棍子"乱飞的年代，这位老师超出课本给我们的启迪和教益更是无比珍贵的。

正是四中崇尚科学，追求真理的精神，使四中学生养成了实事求是、独立思考、不畏艰险、敢于创新的品性和精神。因此，走上社会的四中学生群体中，多特立独行之辈，亦不乏离经叛道之徒。这种精神和品质使四中学生在平庸的环境中，会表现得格格不入，但在大变革的时代，却是能够成为推动社会变革、促进社会发展的强大力量。这也是四中学生在各个单位都能成为骨干和佼佼者的内在原因。

再有，四中赋予了我们健康的人格，即四中出来的学生，具有正确认识、理解和处理个人与他人及社会之间关系的能力，以宽阔的胸怀、积极乐观的态度、善于自省的精神行走于天地间。这种人格的形成，来源于四中所倡导的素质教育，来源于众多教师的言传身教。四中从来强调全面发展，在我们就学的年代，四中一直是北京中学生运动会的冠亚军；四中的课外活动丰富多彩，课外活动小组非常活跃，我就参加了少年宫的摩托车训练班；至于政治活动、课外劳动更是常事；更多的是四中馆藏丰富的图书馆给我们提供了博览群书的条件，使我们增长了远超课堂内容的知识，记得当时最吸引我们的是法国科幻文学作家儒勒·凡尔纳的作品，我们几乎把他所有著作都看遍了还在一起兴致勃勃地讨论。

四中的培育，使我们具有了自尊、自立、自强、自信、自省、包容、慈善、乐观、坚韧等健康的人格，这甚至比我们所学到的知识更加重要。正是这些人格使我们在跌宕起伏的人生职业生涯和个人生活境遇中，都能做到宠辱不惊，达则兼济天下，穷则独善其身。这种人格，也成为维系我们高一四班同窗情谊的重要因素。50年来，我们这个集体所体现的交流、理解、互助、慈爱等品格和精神充分显现了人世间最纯净、最美好的境界，也是我们这本纪念册得以产生的重要原因。

感谢四中！感谢四中的老师！感谢四中的校友！感谢高一四的全体同窗！

柏铮

2015年12月4日

怀念我们的班主任

刘文明

（1937.8.29— 2005.1.3）

简历

1937 年 8 月 29 日，出生

1947 年，进入醉公坟小学

1952 年，进入单店中学初中

1955 年，考入北京四中高中

1958 年，选拔进入留苏预备部

1960 年，受中苏关系影响未能留学苏联，转入北京大学阿拉伯语系

1961 年，选拔进入空军某部飞行员集训队，同年患肺结核病休学一年

1962 年，病愈回四中任教

1988 年，调职到北京 161 中学任教

1997 年，退休，继续从事《文明创造教育》研究，直至 2005 年 1 月 3 日病逝

那一天，你站在讲台上，
激情朗诵《海燕》，语调铿锵，让我们的血液流淌勇敢与昂扬。
那一天，你站在讲台上，
叮咛学业有成，目光殷切，让我们的时光沉浸充实与高尚。
那一天，你站在讲台上，
嘱托面向工农，语重心长，让我们的头脑明晰坐标与方向。
那一天，你站在讲台上，
讲授社会发展史，提纲挈领，让我们的胸怀镶嵌理想与担当。
回首往昔，我们或是一砖一瓦，或是殿宇楼堂，却无不渗透着你的关切与期望。
我们永远心存感激，那是因为——
你的雕凿，你的创造，使我们翅膀坚强，在蓝天自由翱翔。

我们的班主任

（文 / 杨南征）

四中建校100周年校庆那天，忽听台上一声喊：“下面请刘长铭校长讲话！”我一机灵——刘老师回来了？低头看了节目单，才知听错了，这位校长叫“刘长铭”，与我的班主任老师“刘文明”音近，人不同。

1965年我们全班同学坐进北京四中高一四班教室的第一天，一位身材高挑的男老师来到讲台上。“我叫刘文明，是你们的班主任，也负责教你们的政治课。毛主席教导我们说：我们都是来自五湖四海，为了一个共同的革命目标走到一起来了……”他说话时大大的眼睛炯炯有神，语句连贯如行云流水，与骨节粗大的外表形成反差。

开学不久，赵康康被刘老师推荐为“博”的标兵、担任哲学小教员，上台讲《实践论》。

康德、黑格尔、费尔巴哈……马克思、恩格斯、毛泽东，历史发展，来龙去脉，康康都能融会贯通、信手拈来，我们同龄，他怎么会懂得那么多？立时在我心中高大起来。

接下来组织“一帮一”一对红。孙泓跟我的学号挨着，被刘老师编成一个帮学对子，成为同桌。孙泓生于市民家庭，对人总是笑脸相迎。我从小性格孤僻不合群，最初不习惯与陌生同学交往，经常被孙泓强拉出教室，每天清晨和下午在攀登架那里，边练腹肌、拉韧带，边讨论康康的哲学理论，以及谁谁的数学好、谁谁的物理好、谁谁的外语好。同学间渐渐形成了“比学赶帮”的氛围。

张延宏因寡言少语而得绰号“老蔫儿”，却是全班公认的数理化尖子，初二就自学了微积分，被刘老师推荐为“渊”的标兵；廖致杰紧随其后，二人都是我和孙泓崇拜的学习榜样。每次考试卷子发回，不用问，他俩的一定是标准答案。

1966年3月学校开门办学，刘老师带领全班来到东郊中阿友好人民公社，边劳动边上课。同学们同吃同住朝夕相处，更快拉近了彼此的距离。

我们被分在公社果园队，跟着一群大姐姐给草莓浇水、除草，之后是摘草莓。这段日子里刘老师不时组织我们与果园队搞联欢、上党课。在我们这帮半大傻小子看来，这很正常；却没察觉，一段真挚浪漫的爱情故事就在我们身边静悄悄地上演了：果园队里一位戴眼镜的姐姐王宏，唯成分论的受害者，被剥夺高考机会发配到农场来劳动改造，后来成了刘文明老师的夫人——我们的师娘王宏老师。再后来他们生育了一个儿子叫“刘宁”，取意列宁的宁，还是宁静的宁，我猜好像都是，又好像都不是。半个世纪后王宏老师忆起他们当年的邂逅，依然满脸幸福与温馨，远非如今

刘文明老师的夫人王宏。

80 年代的刘文明老师讲解创造学。

的豪门婚庆可比。

“刘老师和我结识十分偶然。那时我正在读一本小说《艳阳天》。在刘老师讲党课那天无意中他看到了这本书，就借走了。过了一个星期，他来还书，并给我带了一本小说《钢铁是怎样炼成的》。就这样我们认识了。以后你们走了，他每周都会来封信，问问我们的情况，说说学校里的事情。没过多久，‘文革’就开始了。”

“文革”在我们班没有引起外校那种师生对立的局面。刘老师还是我们尊敬的班主任老师。同学们最多就是分头外出看看大字报，倒是抄写大字报让我跟尹文奎学了一手毛笔字。

我的小学教育在育才。毕业那年的班主任记恨我在五年级剪过她告阴状的电话线，坚持要给我操行评定写“中”，让我小升初考了 198 分也与四中失之交臂，于是初中继续留在育才。育才是个从延安迁入北京的干部子弟学校，1959 年建立初中部，开始招收市民子弟。虽然初中班主任也尽职尽责，但没能让干部子弟与市民子弟打成一片，不能不说是个遗憾。这种感觉是后来与我的四中班集体相比而产生的。

当年我们这个班的 45 名同学，50 载后近古稀之年还能约齐健在者共编纪念册，用同学们的话说这是个“奇迹”。我觉得这个奇迹既归因于四中传统，也与刘文明老师有关。

最后一次见到刘老师是 1987 年。他听说我刚调回北京，一个电话就打到了军事科学院，“杨南征，刚看了你写的《智能军队》。正好我在给高中毕业班的同学讲创造性思维，你来搞个讲座怎么样？”听筒里还是他那一句接一句的标志性京腔京韵。

周五下午 3 点，我按约定时间来到当时的北京四中高三四班。

“同学们，我请来了你们的一位大哥哥，六八届高一四班的校友杨南征，他现在是军事科学院的研究员，刚出版了专著《智能军队》。请他给我们讲讲创造性思维，大家欢迎！”

当时，我刚结束在部队的四年指挥自动化建设实践，借着刚获得科技进步奖和评上高级职称的自信，踌躇满志地应下了老师的邀请。

其实刚应下这事儿我就后悔了。讲什么呢？跨出四中校门我就去了内蒙插队，在此前后三次入伍，既没上过大学，更没出过国，这不是硬赶鸭子上架吗？

我把这个顾虑跟刘老师表白，想推掉前约。

谁知刘老师一个磕巴都没打就把我给顶回来了："就说说你怎么没上大学没出国写出的《智能军队》吧！"

经老师一提醒，有词儿了。

我就从对越作战调动部队怎么因计划不周导致4个师的后勤梯队堵在一条公路上三天三夜；讲到战后演习怎么在军区司令部争执4个小时一个师摩托化梯队能否通过郑州铁公路两用桥；再讲到美军大力发展计算机指挥自动化和无人机无人坦克等等，最后结论是："跳出思维怪圈。"其间还引用了中学课本里的一首诗："横看成岭侧成峰，远近高低各不同。不识庐山真面目，只缘身在此山中。"

一口气白话了45分钟，在全班热烈掌声中结束。课后同学们纷纷围上来让我在《智能军队》上签名。最后刘老师把我拉进他的教研室："这节课讲得太好了，同学们都喜欢听。谢谢你！"

"这不都是您教的吗？谢谢您才对啊！"

1993年我退役到清华大学开发兵棋游戏，1997年代表清华大学向四中赠送爱国主义游戏《鸦片战争》，本想以此作为礼物答谢刘老师培育之恩，不料他已调离去了161中。

2015年编辑纪念册《同学·足迹》，在祝文帮助下联系到了王宏老师并登门拜访，才弄清当年刘老师让我做讲座的原委：

自1980年始，刘文明老师以最后25年的生命实践创立"刘文明创造教育"，出版专著10本，合著31本，电视教学片2部，发表文章200余篇，多次获奖，思想传播到全国20多个省市。

2003年末，刘文明老师应"北京教育丛书"编委会委托，忍着病痛完成了他最后的三本专著。在交付书稿的第二天，他住进了北大医院，被诊断为肺癌晚期，于2005年初去世，享年68岁。一个能解答"钱学森之问"的伟大故事就这样在我们身边静悄悄地发生了，一如刘老师和王老师静悄悄地结合。

我和祝文陪着王宏老师去给刘老师扫墓，恍然发现刘老师的墓地、王宏老师及刘宁的家，距离我们当年开门办学的中阿农场，三者之间竟然都没出方圆3公里！或许这是为了50年前的记忆，或许为了刘老师的灵魂归宿，抑或为了方便他的学生来访。

电话里我问王宏老师与刘老师之间的事儿。登门那天她递给我一张用A4纸工工整整打印的文字：

你们刚来没多久，4月初突然刮大风，下大雨，好像特别冷，晚上7点多我们宿舍的人自发地两个人盖一床被子，腾出一些被褥还有棉衣，集体送到了红砖楼里，刘老师和几位同学收下了。第二天早上，我们还没起床，刘老师和几个班干部带着全体同学整齐地站在我们宿舍前面，当我们起来出门的时候都吓了一跳。同学们齐声说谢谢。那一刻我们每个人都十分惊讶，感觉好学校里真是出好苗子，实际上你们那时也不过十六七岁，但都非常懂事。后来聊天时刘老师说，开门办学，就是想让这些学生学一些在课堂上学不到的东西。比如农民的朴实、开朗的精神等等。

刘老师一生坎坷。从不知名的农村中学（单店中学）毕业，仅报了一个志愿，竟以高分考入四中高中。高二下半学年进入留苏预备部，准备留学苏联，即将成行，遭遇中苏关系破裂，好事成空。后直接进入北京大学阿拉伯语系学习。大学期间通过飞行员选拔，在集训期间感染肺结核病休学。病愈

20 世纪 90 年代的刘文明老师

后受四中老校长邀请回学校任教。1979 年，结合恢复高考后的教学需求，开始教育科研活动，走上创造教育研究之路。其间曾多次在校内开办创新思维训练课，取得很好的成绩，但因种种原因，推广工作并不顺利。后调职到北京 161 中学继续研究，取得科研成果，著书立说。开创了北京创造教育模式（刘文明创造教育模式）。2003 年受北京教育学院委托，他归纳整理了二十几年教育研究及实践的经验，写完最后两本专著（该书被纳入“北京教育丛书”），于 10 月份交稿。上午交稿，下午去医院检查（因为一直咳嗽），被建议住院。第二天住进北大医院，被诊断为肺癌晚期全身骨转移，最终于 2005 年 1 月 3 日去世。

刘老师在医院治疗期间，他最担心的是两件事，一是还有不少和学校、教育机构、公司、媒体签订的讲座协议尚未执行；二是如何能将创造教育坚持下去，让更多的人明白。所以这一年半的时间里，只要刘老师身体情况好一些，就会给刘宁讲授创造教育研究的相关内容，大部分推不掉的讲座干脆就让刘宁去代讲，再回来汇报。在他去世前的两三周，渐有意识模糊的表现。清醒的时候爱谈些年轻时候的事情。他说留在四中任教有得有失，因为没能拿到北大的毕业证书，影响了很多工作后升职加薪的机会，但也因此教了很多优秀的学生，不后悔。他说搞创造教育太过执着，最后搞得身体健康也没了，不后悔，因为毕竟有不少学生曾经或即将从中受益。他的人生座右铭就是：目标简单，坚定不移。

刘老师给我们讲过一次党课。是果园队的团支部书记邀请的，主要内容就是鼓励我们不要自卑，要努力坚持学习，不要放下文化课，不管什么时代，没有文化就没有前途。那次他说你们高一四班每个人都是精英，将来必会成为国家的栋梁之才。

读到这里，我的眼眶湿润了。在刘老师的遗言面前，一切空洞的承诺都变得苍白。

算下来，他只比我们大 12 岁，10 年前他完成的伟业，至今他的学生仍不能企及。再过两年我也到了刘老师告别这个世界的年龄，届时，我对得起他的期冀吗？

我不确定，只希望能做得好一点。

左起：刘宁、杨南征、王宏、祝文（摄于 2015 年）

心聲

同学专页

四十五条轨迹出发自一个起点，
四中是我们共同的梦萦故园。
无论到了世界的哪一个角落，
激励我们奋发的是那些往事微澜。
那深深浅浅的斑斑足迹，
印证了五十年风雨的岁月留痕。
那发自肺腑对母校情怀的心声，
渗透在这篇篇专页的诗歌、图像、散文！

NO.1

谢国庆（1949.10.1—1999.4.18）

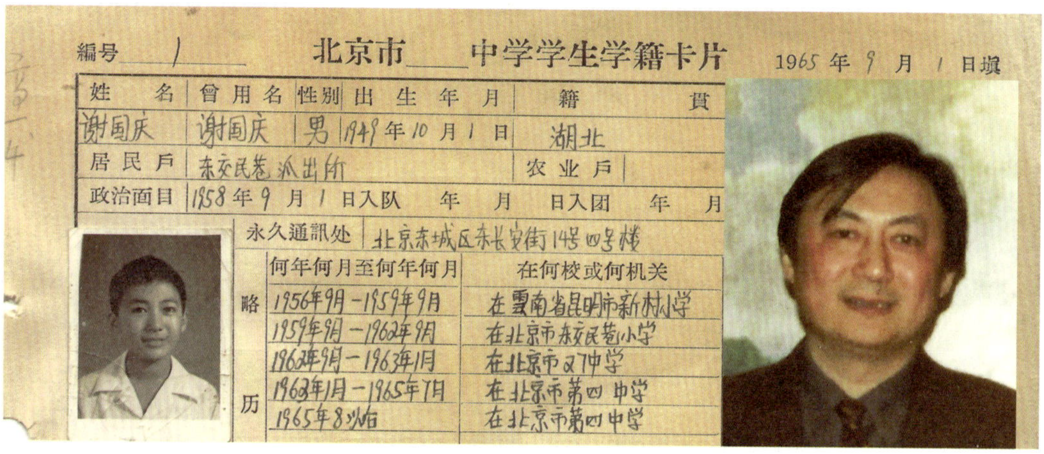
编号 1　　北京市____中学学生学籍卡片　　1965 年 9 月 1 日填

姓名	曾用名	性别	出生年月	籍貫
谢国庆	谢国庆	男	1949 年 10 月 1 日	湖北

居民戶：东交民巷派出所　　农业戶：

政治面目：1958 年 9 月 1 日入队　年　月　日入团　年　月

永久通訊处：北京东城区东长安街14号四号楼

略历：何年何月至何年何月	在何校或何机关
1956年9月－1959年9月	在云南省昆明市新村小学
1959年9月－1962年9月	在北京市东交民巷小学
1962年9月－1963年1月	在北京市五[illegible]中学
1963年1月－1965年7月	在北京市第四中学
1965年8以后	在北京市第四中学

简历

1949 年 10 月 9 日，生于南京

1959 年—1961 年，就读于北京东城区东交民巷小学

1962 年—1966 年，就读于北京四中初中、高中

1966 年 10 月，云南西双版纳中缅边境临沧市双江县当兵（十四军四十师一一八团二营五连）

1967 年，参加“援越抗美”战争，在越南前线当防空观察哨普通一兵。随师部入越后即遭美军 B52 飞机轰炸，师部所在官兵几乎全部牺牲，国庆因在观察哨值勤幸免于难。火线入党，荣立集体三等功，多次被评为五好战士。越南前线密林树丛常年炎热潮湿阴暗，除压缩干粮外无蔬菜等正常饮食，官兵人人全身皮肤溃烂，国庆积劳成疾患严重胃疾神经性呕吐

1970 年，由陆军调入海军，在辽宁葫芦岛基地当兵。挖隧道施工中受伤致压缩性骨折。奋不顾身潜入深海参加救援工作。他多次受到部队表彰嘉奖

1977 年，受株连被关押隔离审查两年

1980 年，被转业到西城区街道办事处人防办负责防空洞工作，连续三年被评为西城区先进工作者

1988 年，任中央美术学院所属北京中艺公司职工

1992 年，随中艺公司转为中创下属公司，工作至去世

1999 年 4 月 18 日，谢独自驾车在京石高速公路上意外爆胎，发生车祸，不治身亡，享年 49 岁

忆国庆

（文 / 刘达朱　诗 / 祝文）

我与国庆初中时就在一个班（四中六五届初三六），我俩坐在教室最后排的相邻座位，自然相处交往就多些。升入高中后，我们又同在高一四班。

我们都是骑车上下学，放学后回家常常同路一段：出校门即西什库大街，南行至大街南口前，不绕行向西再向南的大路，而是抄近向左拐进一条狭窄的胡同，出胡同南口斜插进西安门大街，之后右转上府右街，一路顺直南下。不像上学路上常赶点儿狂奔，放学路上总是很惬意舒心，悠然自得。我们边骑边聊，天冷时，好几回路过与灵境胡同相交路口西北角的小饭铺，一同进去喝碗馄饨什么的。到府右街南头六部口十字路口我们分手：他向东，我向南，各归各的"巢"。

初中时，我俩经常在放学后到他家所在的公安部院内的篮球场，跟几个与我们年纪差不多的同伴儿一起打篮球。有一段时间，我几乎每天都在他家和他一起复习功课，有时"鼓捣"得晚了，还被挽留与他的一家人共进晚餐。上了高中后，实际上我与国庆在校相处前后也就一学年，后来便是"文革"。"文革"开始不久国庆就当兵去了，他应该是班里同学中最先离开学校的一位。之后我们保持了通信联系。

同在学校的那一年时间里，我们在一起打篮球依旧是课余最感兴趣的一项运动，有时是在学校操场北面的篮球场，与班上其他同学一起卖劲儿拼杀；有时还是在公安部院内的篮球场上，与另一群伙儿挥汗激战。

国庆性情随和、平易近人，跟班里同学相处都很融洽。他一表人才，笑容常驻，与人和善，就是在篮球场上被对方球员抱拉扯拽时，也只不过将还未做完的动作瞬间定格，再"嘿嘿"两声无奈地苦笑一下，就算"报复"了。他言谈侃侃，每每说到神奇、奥妙的事情时，眉头总是一跳一跳的，神采飞扬，透着灵气，给人印象深刻。

记得不是1969年就是1970年春，国庆从抗美援越参战前线归来，约上我和我们在四中初中时的同班同学燕宇，到天安门广场聚会。我们踏在广场的水泥方砖上，一边闲庭信步，一边悠闲畅聊。国庆讲了许多他亲历的炮战美机那激烈的战斗情景，讲到北越部队总好“争功夺名”“掠我之美”——把明明击落美机的是我们部队，却硬说是他们击落的，故此国庆和他的战友们在观察哨位上的一项重要任务就是辨明击落美机的究竟是哪一方。讲到他和他的战友们在高温潮湿的环境里如何克服常人难以想象的艰难困苦……直听得我和燕宇瞠目结舌。我们那次在天安门广场上的欢聚，留下了多张合影，成为日后忆往怀旧，特别是在他意外离世后抒发对他追思之情的珍物。

国庆心怀豁达，乐观大度，即便遭遇不顺，也从不悲观消沉。上世纪70年代末，变故降临他家里和他本人。之后他从军队的“大衙门”——海军装备部转业到了国家政权最基层的小单位的月坛街道办事处。那时我到他在白云路的家去看他，见他十分平和，真是超然物外，与原先一样有说有笑。他在办事处的人防办工作，我好几次到他的办公室去，见他神情怡然，专心公事，处

送国庆

谢君与国共生辰，
风雨年华五十春。
又逢故友欢聚日，
倜傥笑谈少一人。

[illegible] 一九九九年四月

理公务细心负责，与同事言谈平易和气，履行职责很上心。记得有一回，他打电话要我去他办公的地方，说是让我看看他们利用地下人防工事种养蘑菇的胜利果实。我应约去了。末了他给了我一大纸包刚采摘下来的蘑菇。看着这新鲜打挺儿的蘑菇，就像看到了国庆那颗坚不可摧的进取之心。

令人意想不到的是，正当国庆在人生之路昂扬前行、再有半载他半百寿诞行将到来之际，他驾车在京石高速公路上不幸遭遇车祸，令人痛惜地离开了我们。在送别国庆的仪式上，那幅高悬遗照两边的三十字挽联，把国庆的一生浓缩其中，令人久久凝视、无尽浮想……在此把这幅挽联书录于后，作为对国庆的深切怀念和至诚告慰：

与国同生与党同心回眸无悔献赤胆
从军仆民英年早逝长存亲友憾念中

1967年冬，董春生、谢国庆、燕宇、周坚（自左至右），在颐和园。

左二：付洋、高中、谢国庆、蒋效愚、刘达朱、张小军、袁塞路（1996 年）。

南方来信

（燕宇）

你为成为一个革命接班人到工农中改造自己，而我接受毛主席的命令来到伟大的越南国土上，已在这里战斗将近一年了。

在这战地黄花分外香的日子，我们接受了战火的考验。经过艰苦卓绝的战斗，不论 F—111，还是最新式的无人驾驶，都在我们的炮口下倒栽葱。当然我们也付出一定的代价。

我们的生活十分艰苦。一是因为广西的武斗，二是因为战火的阻挡。我们几乎吃不到蔬菜，成天吃咸菜。天气酷热潮湿，没有固定住所。为了越南人民的解放，我们都坚持下来了。没菜吃，没房住，恶劣天气，都没有什么了不起。炸弹压顶，飞机呼啸，都没能吓倒我们。因为我们有一颗对毛主席的无限忠心！

何日痛饮黄龙府，
环球高筑风雨楼。

毛旦，1968 年 12 月 28 日于越南

1965 年秋上四中高一时。

当兵照。

中年时期摄于长城。

1968 年谢国庆在越南前线防空观察哨。

谢国庆（右一）和战友在防空观察哨。

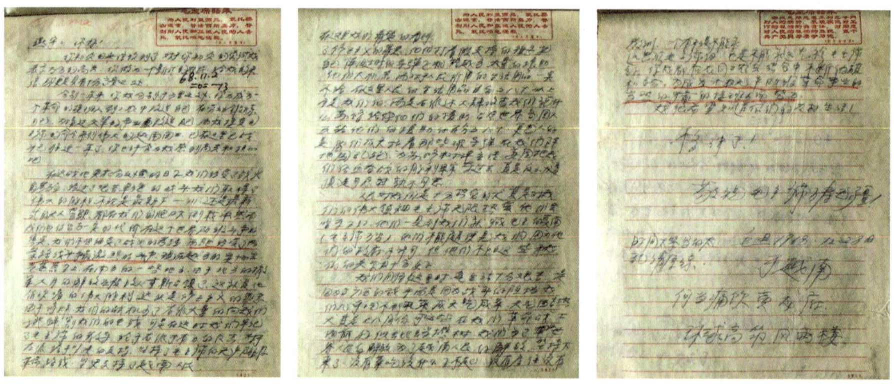

1968 年 12 月谢国庆给燕宇的信。

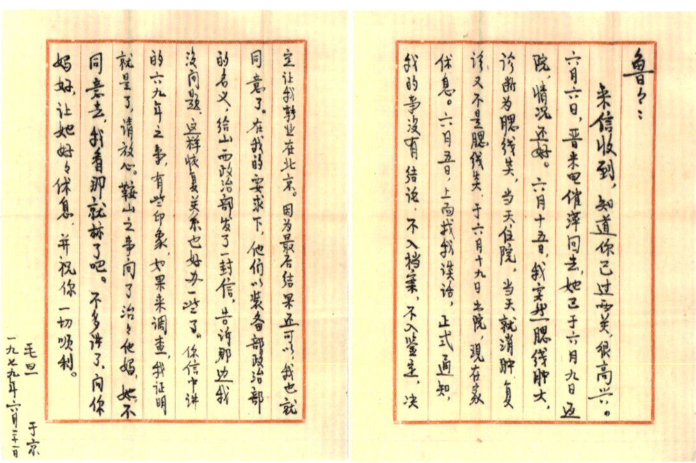

鲁々：

来信收到，知道你已过函关，很高兴。六月六日，晋来电催萍同去，她已于六月九日返院，情况还好。六月十五日，我突患腮线肿大，诊断为腮线炎，当天住院，当天就消肿复诊又不是腮线炎，于六月十九日出院，现在家休息。六月五日，上面找我谈话，正式通知，我的事没有结论，不入档案，不入鉴定，决定让我转业在北京。因为最后结果还可以，我也就同意了。在我的要求下，他们以装备部政治部的名义，给山西政治部发了一封信，告诉那边我没问题，这样恢复关系也好办一些了。你信中讲的六九年之事，有些印象，如果来调查，我证明就是了，请放心。鞍山之事向了治々他妈，如不同意去，我看那就拆了吧。不多讲了，向你妈妈，让她好々休息，并祝你一切顺利。

毛四 于京

一九七九年六月二十一日

1979 年 6 月谢国庆给燕宇的信。

NO.2

张建新

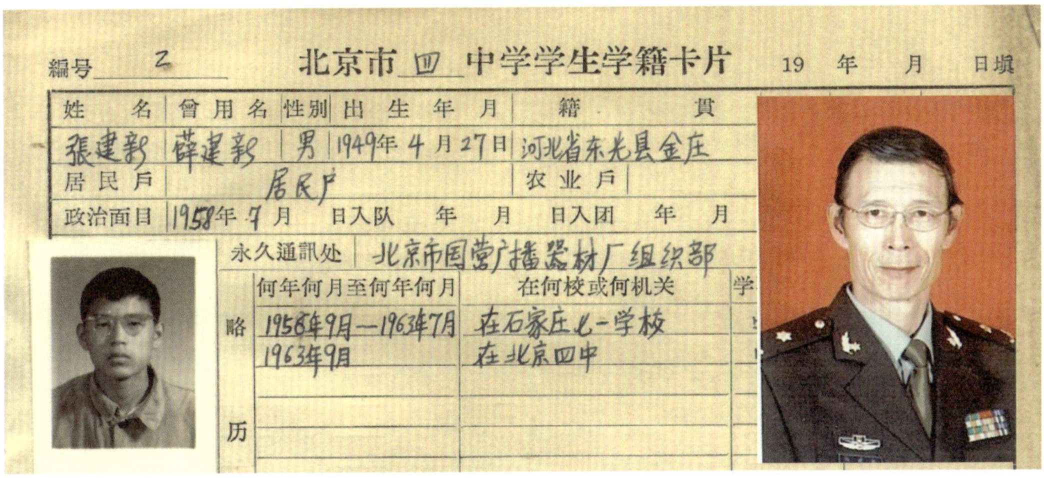

編号 2 北京市 四 中学学生学籍卡片 19 年 月 日填

姓名	曾用名	性别	出生年月	籍貫
張建新	薛建新	男	1949年4月27日	河北省东光县金庄
居民戶	居民户			农业戶

政治面目 1958年7月 日入队 年 月 日入团 年 月

永久通訊处 北京市国营广播器材厂组织部

略历 何年何月至何年何月	在何校或何机关
1956年9月—1963年7月	在石家庄七一学校
1963年9月	在北京四中

简历

1949 年 4 月 27 日，出生

1963 年—1968 年，就读于北京四中

1968 年—1973 年，内蒙古锡林郭勒盟阿巴嘎旗查干诺尔知青；

1973 年—1976 年，就读于内蒙古医学院

1976 年—1981 年，就读于内蒙古锡林郭勒盟阿巴嘎旗查干诺尔卫生院医生

1981 年—1988 年，就读于内蒙古结核病院

1988 年—1990 年，就读于法国路易斯·波哈戴勒医院

1990 年—2009 年，就职于昆明军区总医院

2009 年，退休后原单位返聘至今

建新轶事

（文 / 杨南征）

张建新手大脚大身长，特别爱笑，笑起来眼睛眯成一条缝；浑身是活力，60 多岁还骑着一辆大马力摩托车穿行在车水马龙的大街上。他在班里绰号“大米”，刘兴解读像他的身材，我却觉着像他的性格——有水就成饭。

1965 年刚入学时，每天清晨都见一个细高挑身影风尘仆仆闪进课堂；下午放学与我们一同骑车回家。我自感车技算上乘，可第一次跟着他就显出了差距：把挨着把，肩并着肩，四五辆车几乎占满了西皇城根胡同的狭道，更要命的是蹬得飞快。遇到对面来自行车，眼看要撞上了，我眼睛一闭，“嗖”地一阵风从耳旁掠过，睁眼看时，还是我们几个人，把挨着把，肩并着肩，嘻嘻哈哈快乐前行。过了西四路口往西，就剩下我和大米；过了白堆子再往西，就剩他自己了。我骑了 15 分钟已经气喘吁吁。大米还要再骑 45 分钟回到他那远在西郊八大处的家。这样每天往返骑行两个小时，我远望已挨着山沿儿的夕阳，想像他的困难，他却一脸得意：“这算什么！”

暑假是我们最开心的时光。那时京密引水渠刚修好。大米、刘兴、宝琪、翔宇、祝文、小军我们几个常到八一湖北面跳下水渠，一泡就是半天。大米擅长潜泳，一个猛子扎下去半天不露头。搞得大家好紧张，不知他是否出事了。常常在一片“大米”的呼声中他从背后猛然露头，哈哈大笑，吓我一跳。

真正见识大米能耐的是在内蒙插队之后。

1968 年冬，我因父亲被“打倒”当兵不成回到北京，大米已经去了内蒙插队，来信写满溢美之词：“我来到了锡林郭勒盟阿巴嘎旗的查干诺尔湖，夏天游泳冬天捕鱼”，读得我心里直痒痒，马上翻开地理课发的全国地图册，果然看到一颗大米粒似的蓝色小圈圈镶嵌在一片草绿之中，距北京约三四百公里。走！

第二天我就上了火车。上了路才知道有多远——火车只开到张家口，下了火车坐汽车，下了汽车坐拖拉机，下了拖拉机坐马车，下了马车坐牛车，整整走了大半个月才见到大米描述的查干诺尔湖。可这里和大米所在之处并不挨着，牧民老乡说骑马得跑大半天！因为大米所在的红旗大队知青满员，我们只能屈就落户白音宝力格大队。还好，跟红旗大队相邻。

第一天抓马要去红格尔马群，可让我尝到了长途骑马的滋味。刚上马还有点新奇、紧张、兴奋，过了不到一小时屁股就颠散了架。连跑带颠竟然走了四个小时还没到。好不容易挨到了红格尔山下，从马上下来就走不动路了，两腿木然像灌了铅，赶紧钻进马倌的蒙古包歇息一夜。

一周后，我的骑术大有长进，能独立外出放羊了。就像刚学会自行车到处显摆车技那样，成天想着去找大米拨一蹦子（赛马），一定比在北京骑车过瘾。但是冬天来临内蒙古经常刮“白毛风”，草原英雄小姐妹龙梅、玉荣就是在这种天气下被严重冻伤的；加上已经插包到户，生产小组里就我一人放羊也走不开了。

次年开春有了机会，生产小组从冬营盘迁往夏营盘来到查干诺尔湖边，距红旗大队近了许多。一天傍晚，只见远远一个骑马的牧民沿着湖边悠悠地走来。近了才看清，是大米！被太阳晒得变了样：黝黑的脸蛋露出一排白牙，在火红的夕阳直射中像颗紫石榴。我拉他钻进蒙古包喝奶茶，一侃就忘了时间。我提出赛马，他朝外一指：“天都黑成啥了，况且放羊的马跑不快！”后来我才知道，牧民都心疼马，没有特别需要不会浪费马的体力。

夏天来了，我把羊赶到湖边吃草，自己牵着马走进湖水。微碱的湖水清澈透底，在太阳直射下泛着淡蓝色的光。心爱的枣红马四蹄离地划水向前，我牵着马尾跟随其后。游累了爬上岸，躺在沙滩上晒太阳，衣服挂在芨芨草上晾干。望着灰灰的远山，心想大米是否在湖的那边跟我一样呢?

时光流转，转眼过年。听说大米当了红旗大队的赤脚医生。我们大队也选了一位女知青叶春英，去公社卫生院参加妇科接生培训。我想这个工作女知青做比较合适。大米五大三粗的能行?半个月后叶春英回来，我问张建新学得怎样，她竖起大拇指：“太棒了！全公社十几个大队派去的知青就数他学得好！”果然不到半年就在牧民中有了一个传说：红旗大队出了神医，公社卫生院都治不好的病，而他几针下去就见效。尤其是妇科病，听说救活了好几对母子。

草原生活孤寂，一人守着一群羊，唯一的陪伴是蒙古包里的老额吉（母亲），十天半月都见不到个外人。别说正值豆蔻年华，就是中壮年也耐不住。有些知青就和当地牧民谈起了恋爱。我大队民兵连长巴图一表人才，娶了知青叶春英。蒙古族结婚简单，没有仪式，睡在一起就算一家子。这消息一传出就在知青里炸了锅。据说消息传到北京，叶春英的爸妈都出不了门，门板上被胡同里的小屁孩儿画满了鞋底子，一出门孩子们就追着喊：“破鞋！破鞋！”一次在公社我碰到大米，他说他们红旗大队也有一个女知青跟蒙古人成了家，被其他知青堵在蒙古包里不敢出门。他一脸释然：“有什么呀，人家自由恋爱，旁人管得着吗！”

1969 年，中苏交恶发生了珍宝岛和铁列克奇事件，林彪发出第一个紧急战备号令，阿巴嘎旗地处边境，形势顿时紧张起来。大米和我都被编入各自大队的民兵排，由 69 军战士教训战马卧倒射击。只见教员先用缰绳套住战马内前腿，将马的肩部向外猛一推，战马就顺从卧倒，人同时岔开两腿向后蹬出，与马成 90 度角，步枪架于马颈构成射击卧姿。我照着教员的样子做，战马怎么也不卧。后来发现错把缰绳套在了马的外前腿上，一推马就跟我较劲。改正后顺利过关，一星期后考核合格。我告诉大米。他说也通过了，想照相留念。我掏出在北京珠市口信托商店买的一款日式 127 相机，互照了草原骑马民兵相，并自配药水冲洗。可惜草原的水碱性大，冲出来影像模糊，但比没有强。

让我们万万没料到的是平时那些“保卫祖国”口号喊得山响的汉人纷纷逃往内地。长途车司机、拖拉机手、马车倌……但凡能掌握交通工具的都利用工作之便，拉上一家老小，甚至猪羊鸡鸭、锅碗瓢盆瞬间消失。留在草原上保卫家园的只剩下蒙族人。我的62岁房东老额吉用羊粪火烧红夹粪铁钳打造了一把“马刀”，被公社树为战备模范。我与大米不禁唏嘘，为了这眼前的爱国主义。

1970年底父亲解放，我回部队当兵，与大米中断了联系。

再见到大米时又过了41年，我们在昆明见面。军区门诊部楼下，他带着头盔，胯下一辆大马力摩托车，真没想到62岁的他还有这身行头。我请他在老字号云南米线店叙别情：他考上了内蒙医学院，然后赴法留学成为世界著名的路易斯·波哈戴勒（Louis Pradel）医院住院医生，掌握国际先进的心肺机体外循环心血管手术技术。1990年适逢昆明军区总医院某院长出国考察，为评上三级甲等医院，向大米许下优厚条件连人带技术引进。不料大米回国后该院长并未兑现承诺，直至退休也没发展这项技术。我听了直为大米惋惜。

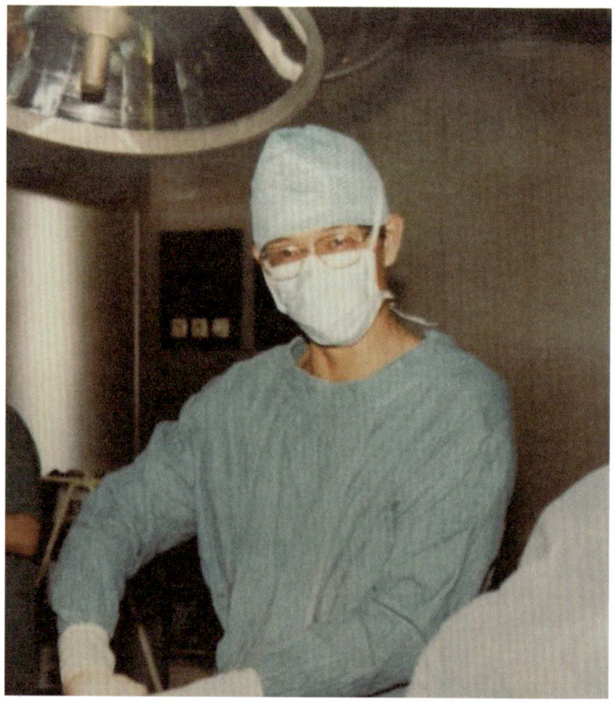

1989年，张建新在法国 Louis Pradel 医院任住院医生。

他却笑道：“谋事在人，成事在天。谋了就行了，何必非成不可？”言语虽轻，宛如醍醐灌顶，令人顿开茅塞。反观自己，无此境界，对大米愈发佩服。

1968年8月，张建新（右二）主动赴内蒙古自治区锡林郭勒盟阿巴嘎旗查干诺尔公社插队。

1968 年 8 月，张建新赴内蒙插队（摄于北京车站）。

同学在北京车站送别张建新（前中）。

西出阳关

——万里单骑（一）

（文 / 张建新）

忙忙碌碌的一辈子快走完了，平平淡淡的六十大寿也过去了，实实在在的老年终于来到了。

这天，一道突然下达的退休命令，使毫无准备的我既有解甲归田后的一身轻松，又有小志未酬的一丝怅惘，还有今后何去何从的一片迷茫。

接踵而来的一纸返聘合同，又让我这匹退役的老马准备再出南山，而且是在“六一”儿童节那一天就要重上沙场，真是把老夫折腾得哭笑不得。

懒洋洋的大理古城——真像又坐到了巴黎的塞纳河边。

如此这般，一个无限期的漫漫长假变成了只

有十多天的珍贵短休，我那一颗不甘寂寞的老心脏又开始迫不及待地蠢蠢欲动起来。

一夜难眠。

第二天天将亮，我就揣好证件和钞票——这两样是走遍天下的通行证。在屁股后挎上那把锋利的匕首——说不定走到哪个坎儿上，真理和金钱都不顶事儿了，这就是我最后的一根救命稻草。背起匆匆收拾的简单行囊，独自一人上路了。

当然还有我那匹小马，那辆经典的铃木小巡航摩托车 GN250——此车其貌欠佳，常被儿子戏称为“黑摩的”（非法载客的摩托车）。这车跟我一样，很丑但很实用。

胯下马达展开歌声的翅膀，带着我的野心飞向遥远的天堂！——我记不清这是哪位高人的佳句了，管他三七二十一呢，一拧油门，我们两个二百五人车合一（那就是五百了，呵呵），跃马扬鞭，直向西方杀去。

虎跳金沙

——万里单骑（八）

（文 / 张建新）

一早从芒康出发，318 国道向北到四川巴塘，214 国道向南到云南德钦，我自然不会再犯昨日的愚蠢错误，认准 214 国道向南直插下去。

出芒康这段柏油路出奇得好，我放心大胆地和几辆轿车、越野车你追我赶、一路狂飙。

前方的柏油路变成了砂石路，且坡陡弯急，我正飙车飙得上瘾，也没太在意，在过了一个急弯后，面前突然出现了一堆塌方落下的大石块，因速度过快，躲闪不及，撞了个正着，车一下子飞起来，落地后又挣扎着向前乱跳了几步，就重重地摔在地上。

我爬起来，再把可怜的 250 扶起来，同时以《南征北战》中蒋军将领的名言及时地做了事故总结：以往的失败都是因为我们太轻敌哟！

检查人：我的皮裤左膝内侧被蹭毛了一大片，有一处已被磨穿了指甲盖大小的一个洞，幸亏有这一大块牛皮代我受过，否则被蹭掉的就是一大块人皮了。虽然膝盖内侧疼得钻心，但活动不受影响。

检查车：小马的离合器握柄被齐根摔断，前挡泥板扭曲，未见其他重创。没有离合器那是相当痛苦，我只好解下车把上捆裤筒的细绳，把掉下来的离合器柄好歹捆上，试试，呵呵，居然还能用！宝贝儿，轻伤不下火线，勇敢点儿，凑合着接着跑吧！

前方修路，禁止通行，和我叫板飙车的那几

辆车都堵在那儿了，还有一辆大巴和一辆摩托车。我到最前面停下来，兴灾乐祸地想：哼，你们倒是跑啊！别看我摔了，我还是第一！

我利用这个时间，再次检查250，并给链子上油。

那几个人凑上来，说的第一句话就把我的鼻子气歪了——他们问我：你会讲中国话吗？噢，飙了半天车，把我当成老外了！什么眼神儿啊，就我这典型的黄皮肤、黑头发，不，花白头发，明明是顶天立地的炎黄子孙嘛！我狠狠地白了他们一眼，反问道：中国人还能不会讲中国话啊？对方连忙向我道歉，真是看走眼了。

放行后，我心有余悸，不敢放开跑，那一辆辆车超过我，在我前面故意卷起滚滚灰尘，弄得我灰眉土眼，肺里也灌进不少尘埃尾气。欺负我断了离合器柄不成？我恨恨地想着，不觉伤疤没好就忘了疼，油门一拧就追了上去。

前面正好到了出藏前那一段崭新的傍山公路。我聚精会神地压过一个又一个急弯，把一辆又一辆车甩在后面。到盐井出西藏进云南时，前面只剩下两辆车了，哈哈！我总算还弄了枚铜牌。

到盐井摩托车修理铺停下来，发动机热得烤人。在热天，风冷发动机高速长途行驶就是这样。我每骑100来公里就要休息休息，等机器凉一凉再走。我准备回去后，给小马改装一套油冷装置，省得光发高烧。

过德钦。又回到我雨夜投宿的地方，昔时雾里的朦胧佛塔现在是历历在目。原来这是一个观景台，是观赏梅里雪山十三峰的绝佳景点。但来时在夜雨和晨雾之中，什么都没有看见。

与来时的寒风凄雨正好相反，今天是又热又干。一路扬起的白色粉尘弄得我浑身都是，就像被人兜头洒了半袋白面！

远处的梅里十三峰就像“雪山之神”卡瓦格博的仪仗队，肃然而立，在这惊心动魄的壮美面前，显得人是何等的渺小和微不足道。

过德钦、翻越白马雪山，夜宿香格里拉。

第二天直奔世界著名的长江第一大峡谷——金沙江虎跳峡大峡谷。据说，虎跳峡在国外比在云南更有名呢！在地理选美大赛中，以其汹涌澎湃、粗犷豪放的阳刚之美勇夺亚军，仅次于雅鲁藏布大峡谷。

清代诗人孙髯翁写诗赞曰：

劈开蕃域斧无痕，流出犁牛向丽奔。
一线中分天作堑，两山夹斗石为门。
波摇日月苍藤细，沙走雷霆白昼昏。
倒峡翻浪自今古，更从何处觅江源。

大自然的神工鬼斧把大山一劈为二，形成了东南的玉龙雪山和西北的哈巴雪山，金沙江在两山之间奔腾穿流而过，这就是金沙江虎跳峡大峡谷。虎跳峡又分上虎跳、中虎跳和下虎跳。

出香格里拉100多公里，沿金沙江左侧一条盘山窄路行数公里，即达上虎跳。此处旅游设施齐备，有人工栈道下到峡底。上虎跳是虎跳峡的最主要景点。

顺栈道下到江边，两岸绝壁如斧砍刀切。此处江面极窄。一块巨石卧于江中，传说有猛虎由此一跃过江，故名虎跳石。

江水从巨石两侧的夹缝中喷泻而下，射出的激流白浪化作漫天的水雾，在阳光照射下，发出梦幻般的各种色彩。闭上双眼，但闻水声震耳，宛如虎啸龙吟。虽不是洪水季节，没看到浊浪滔天的壮景，但其声势已然震撼人心。

从上虎跳沿一条崎岖山路疾驰十几公里，便到了中虎跳。

与上虎跳游人如织相反，当时只有我一人到此，可能是因为路险难行所致吧。

中虎跳又名“满天星”。只见两岸险峰直上云天，紧锁在其中的江水奔腾咆哮，从远远的天边直泻而下。在不到5公里的距离内，江水下落了100多米，激流撞击在江中密布的礁石上，返转倒流，形成无数的漩涡和弥漫的水雾。涛声在峡谷中回荡不绝，似铁骑突奔、金鼓齐鸣。

真个是“飞鸟不敢下，行人到此心胆寒；舟楫不可渡，航人闻之裂心肝”。

因时间所限，未再拜访前面的下虎跳和白水台。告别了这名扬海内外的大峡谷，此次远征也即将结束了。

诗云：曾经沧海难为水，除却巫山不是云。经过10来天的长途跋涉之后，前面所谓的急弯险路全都化为坦途一片，任我轻车熟路、信马由缰。

夜宿大理古城，第二天直杀回昆明。

此行历时13天、12夜，行程5304公里。

走过了险峰危径，经历了暴雪寒风，拜见了最美的山林峡谷，感受了人间的冷遇温情……最后，我和遍体鳞伤的小马又钻回了那暖烘烘、乱麻麻的红尘之中，又闻到了满大院的缅桂花香。前面等着我的又是几乎侵占整个生命的、社会和家庭所要求的、踩着钟点、喊着“一二一”的漫漫长路。但愿在临终时回眸往事，能在这条平庸的长路上见到几点自由的闪光……

注：【万里单骑】节选自张建新“浮云夕照的博客”个人日志。

猫·虎·秋[1]

（文 / 张建新）

秋
老酒
同窗友
青春回眸
蹉跎岁月稠
风卷蓬浪摧舟
骑马牵驴赶耕牛
胡天八月飞雪怒吼
霜天归雁叫断信天游
星光暗云雾遮满月如钩
满腹文一腔血岂能付东流
攀高峰下浊海寻觅五州
赤橙黄绿青皆为丰收
阴晴圆缺自古难求
快乐健康最富有
金风爽硕果熟
歌舞潇洒走
情长谊久
不言愁
心头
秋

1“浮云夕照”微信在“四中高一四”群中发表仿“钻石状”异体格式，诗名为《原创秋》，照猫画虎，后经两次增删修改。编者刊登时，改此题头，特告。

NO.3

那允玮

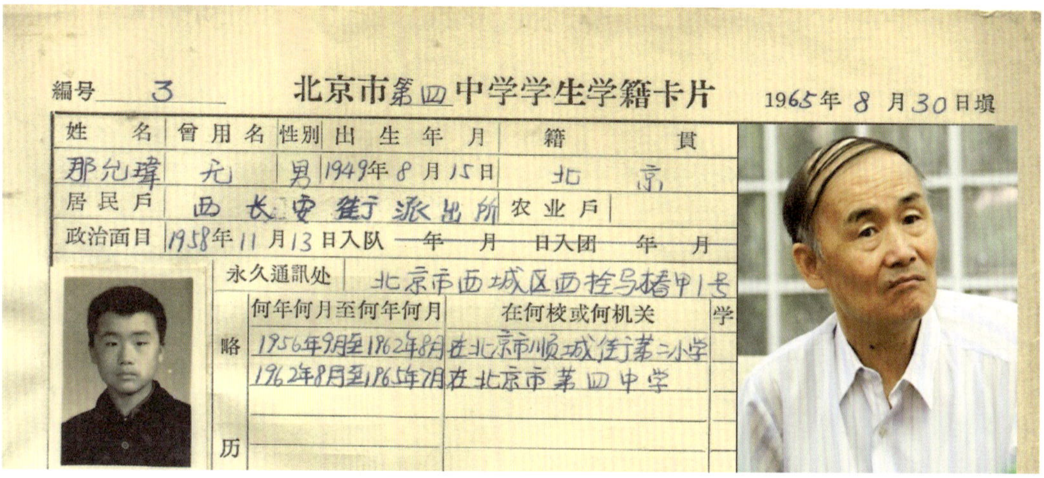

编號 3　北京市第四中学学生学籍卡片　1965年8月30日填

姓名	曾用名	性别	出生年月	籍貫
那允瑋	允	男	1949年8月15日	北京

居民戶：西长安街派出所　农业戶：

政治面目：1958年11月13日入队　—年—月　日入团　年　月

永久通訊处：北京市西城区西栓马桩甲1号

略历：何年何月至何年何月	在何校或何机关
1956年9月至1962年8月	在北京市顺城街第二小学
1962年8月至1965年7月	在北京市第四中学

简历

1962—1969 年，在北京四中初、高中学习

1969—1978 年，在北京第六建筑公司，参加了三线工程和城市工厂、学校、住宅的建设

1979—1983 年，北方交通大学分校运输组织及自动化专业（带资上学）

1983—2009 年，在北京铁路分局做管理工作

2009 年，退休

1968 年 8 月
后排左起：张康成、张建新、张宝琪、廖致杰；
前排左起：那允玮、赵金兴、张铁铿、张延宏、姚鸿斌。

我在六建的十年

（文 / 那允玮）

1969年3月高一四班有六名同学经招工分配离开四中，到北京第六建筑公司报到。

一周后，被通知早晨到位于五棵松总公司的机关集合，全体员工乘坐敞篷卡车前往某工程所在地——河北省的蔚县。下午即到达工地，因房屋有限，我们被分别安置到老乡家中住宿。我和同班的刘达朱、张平、姚鸿斌住在一起。

该工程当时属三线保密工程，对外叫6602工地。工作其实就是开山凿洞，在进入山体100多米的深处建个工厂。

分到这个工地的学生主要来自四中、十三中、女六中等西城区几所学校，共40多人。几天后，我班的这四个人被分到不同的班组，因工地实行三班倒，在一起的时候就不多了。

我们上班以后最先要学会的就是如何使用风锤，在岩石上打出合格的炮眼，工作时要穿上雨衣、雨裤、雨鞋，戴上安全帽、口罩等防护用具。这个工作既脏又累，还有相当大的危险性。但是我们四中的学生都是经过多年的思想品德教育，在校期间又有学工、学农的锻炼，能吃苦耐劳、适应各种艰苦环境，因此对这点苦根本不在话下。

工作时遇到不懂的问题我们虚心向老的工人师傅请教，功夫不负有心人，我很快就掌握了这门技术，可以独立操作了。相对来说，其他的工作（铺轨道、清石碴等）就简单多了。在我们的辛勤劳作下，山洞一米一米地往前延伸，在规定的工期时间内顺利完成了掘进工作。

工地的工作虽然劳累，但休息时间我们有时也会步行到十几里外的村镇去逛一逛农村集市，晚上到邻村去看地方剧的演出，有时还会翻山越岭去寻找长在岩石缝里的树根，挖回来做烟斗（当时北京民间流行用木疙瘩做的烟斗）。

一年后，工地的土建工程基本完工，我们四个人先后转到房山东方红炼油总厂参加胜利化工厂的建设工作。

离开东方红炼油厂后，我又先后参加了良乡广播电台、北京财政局金库、北京重型电机厂厂房、前三门住宅等工程的建设工作。

1969年12月，那允玮（右后）和同学相聚在北海公园。

在六建期间，1975 年我由单位推荐到本单位七二一工人大学脱产学习两年。在我们土建一班，有些老工人只有小学文化水平，因此文化课讲的基本都是初中学的内容，对我来说用处不大，但专业技术课，如材料力学、结构力学、施工组织设计、测量等，以前没有接触过。讲课的老师很多都是五六十年代毕业的老大学生，他们既有理论知识，又有实践经验，通过他们的授课，我学到了很多新的知识。这两年的学习使我成为一名既有一定理论知识，又有实践经验的新一代建筑工人，为首都的建设可多做一份贡献。

回想在四中学习期间，我们不但学到了基础知识，更主要的是掌握了一定的学习方法。在 1977 年全国恢复高考制度后，我利用业余时间，自学了高二、高三的全部数理化知识，并在 1978 年考上北方交通大学分校。1983 年大学毕业，取得了工科学士学位。

因为大学的专业是运输组织及自动化，从此就离开建筑公司转到北京铁路分局，从事管理工作，直到 2009 年退休。

低调允玮

（文 / 祝文）

幸亏借助这次编集纪念册的机会，我们才对班里 3 号同学——那允玮，多了一点儿了解。别看和允玮自 1962 年就成了同班同学（六二级初一六班），但对他的事情真不甚了了。因为他的沉默寡言，或是惯以为之的低调处事，无论走到哪里，允玮都保持着绝不引人瞩目。这是一种渗透在骨子里、溶化于血液当中的“低”，是行为方式，也是思维模式；发自内心的自然、没有一丝一毫的做作。

按照班会的决议，允玮是较早就将个人简历发过来的，连 1990 年退休算上，短短四行而已。电话询问过去，允玮淡淡地表示自己做得很普通、一般，没有能够与大家分享的业绩，也写不出怎样的文章放到纪念册里。隐隐我有种疑惑，他是怎么从“六建”到的“铁路局”呢？

后来我讲，原班级有 2/15 的同学分到六建，这段记录不该被“空白”，而且其中盛朗、张平已先后逝世，姚鸿斌失联；作为当时的见证者之一，允玮差不多是责无旁贷了！这样，才打动了他执笔的念头。

期盼的短文终于发来，疑团解开了：他 1978 年考上北方交大并获得了工科学士学位，之后按对口专业，去到北京铁路局。为什么简历里没有体现呢？我想应当加上，至少看着能丰富一点。他说算了吧，当时带资上学，档案关系一直还在六建呢。

由此想起“文革”时，我自己到西四小吃店（刘兴的文章专门提及）用餐。看到桌上碟碟碗碗脏乱不堪，便学雷锋一般地帮着收拾打扫。正忙着，允玮突然大驾光临小店，使我心里七上八下、尴尬不已。谁知允玮一句话没有，什么也不问，也帮助收拾起来，我的忐忑之心才得平静。过一阵一句：差不多了，就这样吧。我俩什么没吃，相继离开小店，各自回家。

多年来，四中校友会保持着举办春节联谊会的传统。但凡允玮能参加都要来的，坐在那里聆听同学的高谈阔论或侃侃而谈。允玮应当很享受老友相聚这样的过程，用自己的价值判断，吸取着有益的营养成分，没有任何随声附和，也不会表示些许的不赞同、不满意。是非对错只是在心里的那杆秤上自我衡量。

或许这种谦卑也是四中的一种传统美德，认真做事，不图虚名，不谋己利；严于律己，宽以待人；有着凡事“岂能尽如人意，但求无愧我心”的襟怀；这些无疑支撑着我们的道德观念。但对照当今种种时弊，我感觉好像我们集体做错了什么！做人、做事太过低调，于己可能会错过许多机会；于社会，可能助长了“劣币驱逐良币”不可势挡的道德断崖式滑坡；云云“良币”者，自我地过早被驱逐了，岂不成了国家的悲哀！

希望老同学们如有来世，不需再这般谦卑的“低调”，真的不是为自己！

1969 年 12 月摄于北海。左起：张长双、张铁铿、那允玮、刘道福。

2007 年，北京四中百年校庆高六八届校友合影。后排左一为那允玮。

NO.4

赵东平

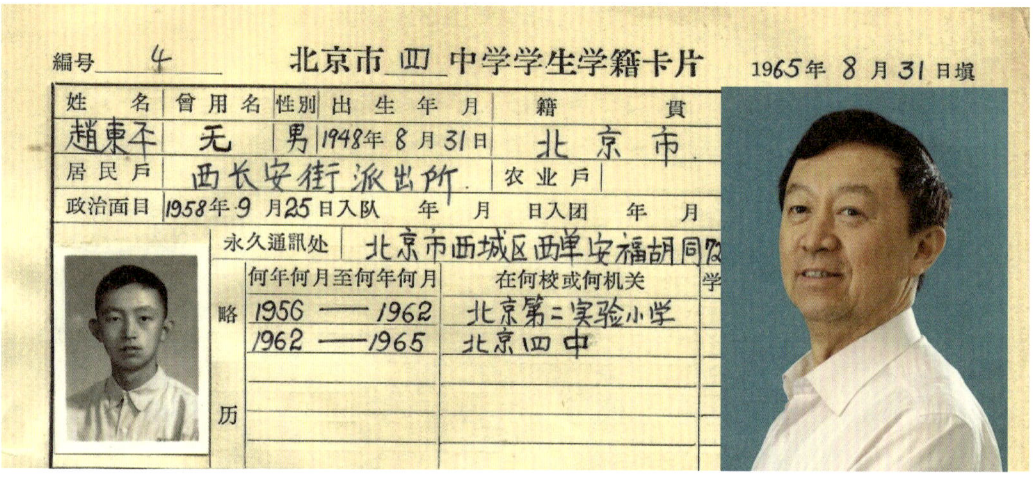

編号 4　北京市 四 中学学生学籍卡片　1965年 8 月 31 日填

姓名	曾用名	性别	出生年月	籍貫
趙東平	无	男	1948年 8 月 31 日	北京市

居民戶　西长安街派出所　农业戶

政治面目　1958年 9 月25 日入队　年　月　日入团　年　月

永久通訊处　北京市西城区西单安福胡同

	何年何月至何年何月	在何校或何机关
略	1956 —— 1962	北京第二实验小学
	1962 —— 1965	北京四中
历		

简历

1949 年出生

1956 年 9 月—1962 年 7 月，就读于北京市第二实验小学

1962 年 9 月—1965 年 7 月，就读于北京市第四中学

1978 年 9 月—1982 年 7 月，就读于北京大学法律系

1972 年 10 月在北京民族文化宫（盛朗摄）。
左起：赵东平、柏铮、金德本、吴文正、张宝琪、王泰立。

同年东平

（文 / 祝文）

操场上鼓号齐鸣，“我们新中国的儿童，我们新少年的先锋。团结起来，继承……”少年先锋队队歌的歌声童音嘹亮，一名身着白衣、蓝裤，脖系绸制红领巾的男生，举着向前倾斜 45 度少先队队旗，趋步前行。紧随其后的两名漂亮女孩儿，右手举在头前行队礼，保驾随扈。男生左上臂衣袖别着白底红字“三”字符号，是大队长旗手的标志。旗手叫赵东平，当仁不让是北京第二实验小学六（一）班的骄子。那段记忆来自 1962 年初夏的小学大队会，是浮现在我脑海中对他这个同级不同班同学的一个永不消逝的印象。

东平在男生里属中等个儿，皮肤白皙、圆乎脸儿，总是一副彬彬有礼、笑容可掬的样子。初中上四中，我们就分在了一个班级，而后高中又在一起，直到 1969 年从四中毕业。也许初中这个班级来自实验二小学生太多的缘故：刘达朱、张小军、蒲二庆、陈伯洲、燕宇等，班主任对二小同学并不感冒，东平不但没有再担任少先队大队长职务，连班干部也没有当上。这对他难免产生心理冲击，此后言语不多，学习成绩也有些波动。

东平家住西单安福胡同，是个独生子。他出身知识分子家庭，父亲是煤炭部高级工程师，经济条件在当时也属上乘。但东平从没有些许娇生惯养的毛病，衣食住行与一般同学无异，劳动、大扫除一样争先恐后，认真努力，而论言谈举止又确与市井贫民有别。

文化大革命后的学校分配，一拨儿接一拨儿：延安、内蒙古、云南、当兵、进工厂，东平没走或没走成，许是独子原因或是身体不适？直到 1969 年 9 月前后，他和六九届（小我们四岁）的学生一起去了东北生产建设兵团四师，在黑龙江

赵东平摄于北京四中校门口。

的密山，一个靠近中苏边境的地方。他走的时候刚好我回北京，和王泰立筹备大队广播站。我们有插队的经验，到东平家帮助他收整行装，就在我们要离开东平家的时候，东平妈妈拉着我的手，激动地说："太谢谢你们啦，多好的同学，今后不论你们到哪里，都要有联系呀！"看着老人感激的眼光里含着泪水，我心里也涩涩的。"今后不论你们到哪里，都要有联系呀！"东平妈妈的话虽不多，却说到我心里了，恰是我做人的准则，回忆起我这几十年的人生历程，再苦，再累，再忙，再难的时候，也没有忘记和我的同学们保持着联系，这是挚友的情谊，东平也是其中之一……

东平离京前，我和泰立还为他在校门口拍了一张毕业离校的纪念照（见前页照），离京那天，我们去北京站给他们送行，六九届有不少是我当辅导员班的学生，大家依依不舍，东平亦在其中。不见了他平时那副不笑不开口的标志表情，我在人群涌动的站台上，与同窗多年、即将独自远行的东平同学分别，咽下千言万语，只在心里默道珍重。

再见面是多年以后了，国家落实"独生子女政策"解决家庭困难，东平父母年迈身边需要有人照顾。他调回北京了，当时我还在陕西，是听我母亲说的：东平回来了，分在北京焦化厂；家也搬了，从安福胡同到了我家西面的南闹市口，每天上下班都从门前经过，时不时到家里打个招呼问候。我想到这些蛮亲切的。

恢复高考之后，1978年东平考上北京大学分校法律专业，毕业后进了国务院法制办，一直就在那里工作了。过了几年，他家也搬到海淀塔院的机关宿舍，大家都忙于工作，见面联系就少了。一次在出租车上，碰上西黄城根儿路口红灯，东平骑着自行车飞快地从车前左转弯，知道了他的单位就在府右街。看着东平远去的矫健身影，我深深感到，经过下乡和工厂的锻炼，他的身体较从前壮实多了！

又若干年后，听说东平考取了律师资格，当了一名律师。

回忆往事，大概是2003年吧，我有事儿想与东平商议，晚饭后登塔院府上拜访。东平家，一间老旧塔楼的两居室，不大。进屋门口地上堆的都是一摞摞的书籍，感觉局促得很。出于经商礼仪习惯，我带去一套礼装的雀巢咖啡。东平笑容顿失："老同学，我不喝咖啡，家里也没人喝。别浪费了，带回去吧。"礼品他虽未收，但我们聊得很开心。

以后应该是2011年的春节大年初四了，张建新回京探亲住通州，难得一聚，能联系到的同学都来了。给东平打电话，他还是标准语式："老同学，一定来！可能晚点儿。谢谢！"果然晚了不少，但还是同学一聚，相见甚欢、意犹未尽。

再以后，大家忙各自的事儿，联系就更少了，偶与东平有邮件联系，他的回复仍是标准语式，基本就是两个字：谢谢！

2015年，班里组织全体同学一起编集高中入学50周年纪念册，我正琢磨着联系东平的事儿，12月6日下午5时许，我手机收到一条短信：祝文好，今付纪念册费……谢谢！

啊，久违的老同学，又看到了你的标准语式，但更不幸的是，张钊同学几乎在同一时间，因患癌症不治离世，一少一多，一减一增，历史让这本纪念册的编制过程，又平添了几分跌宕起伏……

1967年，赵东平（后左二）和同学在天安门广场。

1969年，赵东平分配到位于中苏边境（密山县）的黑龙江生产建设兵团四师四十一团。

NO.5

张延宏

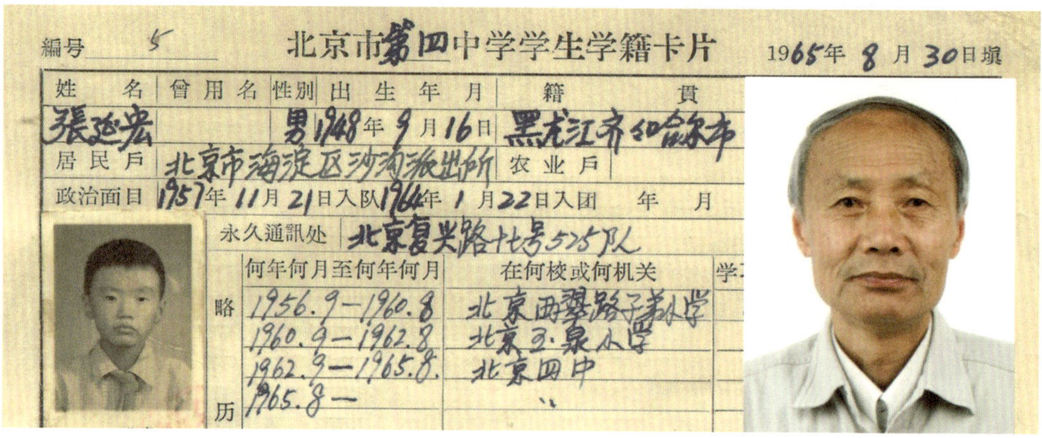
编号 5　北京市第四中学学生学籍卡片　1965年8月30日填

姓名	曾用名	性别	出生年月	籍貫
張延宏		男	1948年9月16日	黑龙江齐齐哈尔市

居民户　北京市海淀区沙沟派出所　农业户

政治面目　1957年11月21日入队　1964年1月22日入团　年　月

永久通訊处　北京复兴路十七号525队

略历	何年何月至何年何月	在何校或何机关
	1956.9—1960.8	北京西翠路子弟小学
	1960.9—1962.8	北京玉泉小学
	1962.9—1965.8	北京四中
	1965.8—	〃

简历

1948 年 9 月 16 日，生于黑龙江省齐齐哈尔市

1956 年 9 月—1960 年 7 月，就读于北京西翠路子弟小学学生

1960 年 9 月—1962 年 7 月，就读于北京玉泉小学学生

1962 年 9 月—1965 年 7 月，就读于北京四中初中学生

1965 年 9 月—1969 年 1 月，就读于北京四中高中学生

1969 年 2 月—1969 年 11 月，在陕西省延长县朱家河村（生产队）插队

1969 年 12 月—1973 年 2 月，在江西瑞昌海军工兵六团八连当兵

1973 年 4 月—1991 年 6 月，在河南焦作平原光学仪器厂任职

1991 年 7 月—1992 年 1 月，在北京市广播电视局任职

1992 年 2 月—2008 年 9 月，中国北方光电工业总公司任职

2008 年 10 月，退休

我的自述

（文 / 张延宏）

我从学校毕业走上社会，先后从事过农活、操作工程机械、装配精密仪器等生产劳动；1978年以后在工厂和贸易公司短时做过行政事务工作，大部分时间做企业经营计划工作。

其中主要是企业内部经营承包工作，包括承包办法的设计，承包数据的搜集、测算和分解，承包指标的确定，与承包单位（工厂的生产车间、公司的事业部）协商签订内部合同，和其他职能部门配合协助承包单位执行合同、检查合同完成情况并兑现承诺。

主要工作之外，日常工作还有调查掌握市场的供需变化情况，掌握工厂公司的生产经营能力情况，对投资和引资提出可行性报告等。

由于没能发挥出在学校培养的特长，在工作中少有贡献，始终觉得遗憾；但在四中培养出的正直向上的品质自认为在工作生活中得到坚持。

能够在四中上学，时常受到亲戚同事的称赞，是一件值得骄傲的事。

毕业后，和同学之间仍一直保持着联系。先是插队和张铁铿、张长双、金克刚在一个窑洞生活，在一个生产队里干活；当兵分开后在外地工作时，夏鲁平、张宝琪、张铁铿去我家看过我。我到北京出差，也去拜访过张小军、赵康康、张康成、祝文等人。回北京找的工作还是潘德震和张康成分别给我疏通介绍的。

1967 年，张延宏（左）与袁塞路在北京四中门口。

来北京后，我曾托请廖致杰、张铁铿、袁塞路、张钊分别解决过一些工作上的难题。每年的初高中同学聚会更是共同怀念学生时代，保持着同学情谊。

挚友延宏

（文 / 张铁铿）

我心中，赵康康与张延宏是全班学识制高点的“双星”，又各有千秋。赵康康性格开朗、外向、筋骨强健，人称“铁骨头”；张延宏性格沉稳、内向，公众场合少言寡语，人称“老蔫儿”。外号是一种非常有意思的概括，它往往生动反映某方面特点或特征，且又透着随意与亲近。然而我从不当面这样称呼他俩，总觉得那样缺少礼貌与尊重。赵康康是“广博”，宽度上，几乎无所不知，无所不晓；延宏是“深博”，宽中见深，以深为显，尤以数学为最。

四中的数学在测验及考试上自有特点，除100分基准题之外还有选作题，10~20分。班里可得百分以上者通常是3人：张延宏、李家康和甘金元，而延宏不仅每次必高于百分，一般也是全班最高分。2010年，《四中校友》报刊登曾任数学教研组组长周长生老师《我的数学教学观》，其中特别提到张延宏：“60年代，北京四中，有个学生叫张延宏，在初中二年级，不仅学完初中和高中的全部数学，而且还学了大学一年级的微积分。”学习之纵深由此可见一斑。受其影响，我曾想学微积分，他带我去西单旧书店，买了《微分学》和《积分学》，很便宜，几毛钱而已，回来后发觉根本看不懂，便束之高阁了。

延宏的知识不仅深，且宽。他读过大量政治经济类书籍，初中已读《资本论》，1964年，毛主席向高级干部推荐33本马列经典著作，他把这个书目抄在自己装订的一个简陋的白报纸本上，我多次和他一同去旧书店“按本索书”。他大量阅读过蒙哥马利的《三大洲》，安娜·路易斯·斯特朗的《斯大林时代》以及《古巴危机》等内部读物，还推荐我阅读于光远和苏星主编的《政治经济学》。

他涉猎文学颇广，尤喜巴尔扎克和左拉，我见他读过《高老头》《邦斯舅舅》《贝姨》《夏倍上校》及《萌芽》《小酒店》等。粉碎“四人帮”不久，湖北省煤炭告急，乃至武钢只有数天库存，省里向中央打报告，铁道部批准增开运煤专列：一列供武汉，一列供襄樊。襄樊的襄1/襄2次列车在月山站装车，月山至焦作十余公里，公交车可直抵，装车之余我常去焦作找延宏，那时他住焦东干休所。1978年4月30日他对我说，“五一”节新华书店要卖一批文学名著，那是“文革”后第一次大规模解禁名著。第二天我们早早来到书店，排队多时，他买了巴尔扎克的《幻灭》《都尔的本堂神甫》，我买了《悲惨世界》一、二册和《堂吉诃德》等书。延宏的深，有其丰厚知识、广阔视野和科学思维做支撑；而其广，有纵深做指向，故，深广相促，厚重扎实。

他古文亦好，对旧体诗词多有所爱，潜心读过北京大学王力的《诗词格律》，并多有所作，曾书赠我三首，意境高远，情谊浓浓，刘兴评说“气魄大如天，感情深似海”。受其影响，我曾经购得《诗词格律浅说》与《韵辙常识》二书，尝试过诗词写作。

他喜欢独立思考，外在形象有些“蔫儿”，内在思想却异常活跃，外静内动，动静相守。1973年初，退伍待分配期间，他读了很多书。在读马克思《1848—1850法兰西阶级斗争》后，就危机与革命关系问题写到：“没有危机就不会有革命形势，现代各主要资本主义国家的经济都在上升，五六十年代的民族独立运动并没有十分严重地打击帝国主义，民族主义国家也在缓慢地发展，所以就目前来看，并没有爆发世界革命、洲际革命或重要帝国主义、资本主义国家革命的危机。”

同年6月23日就科技问题写到：“我深感咱国这方面情况不那么美妙，除了贝时璋搞的那个合成胰岛素还有什么拿得出来的硬棒货呢？不行偏爱吹。说个内心话，我是主张引用西方技术的，人家不给当然要自力更生，人家无非想赚点钱，为什么又怕变成半殖民地又怕负债，我说与其留个既无内债又无外债的美名不如大笔借款迅速发展工农生产，咱国别的不多，劳动力可有的是，既可提高人们生活水平，又可发挥计划经济的优越。”

1972年底至1973年初，他集中读了一些“文革”中出版的长篇小说，评论说“给我的一个总的印象是内容太公式化，形象过于完美，主角不但精神世界极高清，而且颇具理论涵养，连相貌也是尊贵非凡的，反面人物往往是暗藏的阶级敌人，狡猾异常，中间人物当然就是二者之间的一系列典型人物了”，“总从一个角度来描述、揭示甚至论证，就未免太窄了，文学艺术不但形式繁多，内容也应该百花齐放才对”。还有其他一些评

张延宏（右一）和插队同学在陕北窑洞前留影（1969年）。

述，都很有见地，令人耳目清新。

他的很多观点都是站在时代前沿的，虽不无历史局限，但总体上视角高远，正确率颇高，这源于他的理论自觉，而非直观感受或情感因素。

延宏对资料的重视程度，非同一般。他对我说，有个美国记者约翰·里德，十月革命时收集各种资料，写出《震撼世界的十天》，详实记录和见证了十月革命，成为东西方研究十月革命必不可少的书。文化大革命这么大的变化，完全可以与十月革命相比，把资料保存下来，将来可供研究使用。他广泛收集官方报刊杂志社论，各高校、各单位编印的刊物，各省群众组织印发的小册子、传单等等，尤其是几乎每天都到街头去买二三分钱一份的小报，日积月累，共集得数千份，至今犹存。他还用大字报纸装订了几个32开的小本子，分门别类记录重要事件及感兴趣的各类要事。

插队时，他带去很多学习资料，包括那些“文革”小报。参军后，有一次他让我从他留存在农村的物品中邮寄给他：绿皮美术日记、相片、读报手册（红塑皮）、中国地图（深色的）、世界地图、高中物理复习纲要（绿皮的）、物理常数、数学手

册。有一本部队内部使用的《社会主义教育学习文件》，收录有《农村人民公社工作条例》（人民公社 60 条），我们曾对照那份文件对农业学大寨运动进行过思考。

他对资料的重视感染了我，我也效仿保存了一些资料，如当年合唱团使用的油印歌篇《长征组歌》，首都红卫兵西城纠察队《通令集》，插队时同学编印的《农民识字课本》和《夜校课本》，以及“文革”中许多资料等等，但无论广度和深度都无法与他相比。

延宏志存高远，具有人格力量。他对我说“有两条教训，最可记取，一是要做老实人，二是要能够抵制坏人”。他插队只短短 9 个月，却与农村和农民结下不解之缘。我们插队十来天，村中潘生荣过世，留下体弱多病的老伴和三个未成年子女，为挣工分，两个男孩辍学务农，一个 14 岁，一个 11 岁。延宏十分关照潘家的生活，对那两个男孩常施以援助，14 岁的潘志恩视延宏为一家，直至延宏当兵还有书信往来，得知潘志恩学习赤脚医生，延宏甚为高兴。延宏走后，11 岁的连连生病无力医治，我和张宝琪带他到县医院检查治疗，继续着延宏的心愿。延宏参军后对我说，“我的东西不用急着处理，老乡要困难，就支援些”，“我的胶卷给朱家河老乡照了，寄我几张”！并表达了心中的一个愿望“三年之后，我一定回去（如果有机会的话），想必到那时候，大队就是另一番景象了”。

延宏长我半岁，待我似兄长。我性格外向，好争执，好急躁，难免多有疏漏。延宏知我弱点，经常平抑我的情绪，多次来信嘱咐我，多听他人意见，“可得注意，少卷进冲突”。虽至今未完全克服这个缺点，但毕竟深知遇事要冷静思考，控制情绪，自我评价：进步不小。插队时，他带有很多应急和实用药品，带有不少全国粮票，在食不果腹之际，从“黑户”手中换过红薯和洋芋。他经常与我沟通各类信息，重大事件背景，同学之间工作生活动态，社会热点及唐双津陨落云南沙甸，张育海战死缅甸沙场等四中校友的信息。

“文革”中“血统论”盛行的时候，有一天他对我说，妹妹所在学校填表格，出身要填到上三代，结果，论父辈全班最好，论祖父辈全班最差。他说，恩格斯出身是资本家，以出身论革命性，简直荒唐！“文革”初期我父亲所在单位贴大字报，称他为资本家，那时抄家盛行，我预感难逃抄家之劫，便去找延宏，企望班里红卫兵先行去抄我家，那样父亲单位就可能不再去抄，总之熟人抄比生人强。延宏听罢，略感诧异，说，你家有什么可抄的？没那个必要。但不久后，我家还是被抄了，延宏听后很是生气。他极不赞成抄家、武斗、侮辱人格这些过激行为，蔑视那些出于个人恩怨而产生的所谓“揭发”，因明哲保身而产生的“反戈一击”，因道德沦丧而产生的落井投石，尤其厌恶那些投机钻营的“风派”人物。

在焦作之际，每逢我去，他都要拿出上好的竹叶青酒，特意为我加菜，那自家香椿树上刚刚摘下的嫩叶的清香，那酥脆泛黑的炸辣椒圈味道我至今依然记得。

我还记得很多很多：大雪天，我们在学校后门正对着的那条路上练习骑自行车；一起在文津街北京图书馆日光灯管下读书；一起在西单旧书店淘书；一起踏雪辞京，夜行秦晋；相互倾诉，笔谈改造主观世界，讨论事业与前途；相互挂牵，为情谊洒泪心动……

我思想情感倾向的选择，且不论正确与否，最初不是取决于理性前瞻，不是取决于家庭兴衰，不是取决于经历起落，不是取决于名利得失，更多是出自于对延宏及其周围同学的认识、了解和感悟。从这个意义上说，68 届高一四班决定了我的人生走向，决定了我充实的人生，为此我感到庆幸，感到自豪，感到骄傲。正是：

回首遥望来时路，
犹见兄长伴身旁。

1969 年，张延宏在陕西省延长县朱家河村插队。

张延宏（左）和张铁铿在陕北。

知己知心

（文 / 张铁铿）

1969 年 11 月 16 日，我与延宏、叶翔宇在杨南征家共进晚餐后，延宏便参军走了，一别就是多年。这期间，信件往来频繁，无话不谈，相互思念，相互关心，相互鼓励溢于言表。

同学中，我与延宏交往最深，正如他在 1971 年 9 月来信所言“说实在的，在部队上一直没有能够找到像你这样的知心朋友，什么都可以谈得来，都能互相了解和体谅，不是思想感情上有差距，就是兴趣爱好上有区别”，“不管还会发生什么变化，共同的革命理想和长期的革命友情永远把咱们联系在一起了”。而我也有“人生得一知己足矣”的感慨。

插队时，接到家信，父亲的成分被五七干校专案组定性为资本家，“敌我矛盾按人民内部矛盾处理”，我写信将情况告之延宏。1971 年 5 月，他回信说“接到你的突如其来的凶讯，真如挨了一闷棍，好几天总在心里翻滚，想马上回信，又静不下心来，究竟该怎么写，是鼓励还是安慰，是讲点政策还是谈感情，一时也拿不定主意"，然后分析道"有人说，表现是'现象'，出身是'本质'，我觉得用这一对范畴来概括不恰当，往往成了极'左'的思想基础；表现的本质是世界观，而世界观取决于社会地位和社会实践，不仅取决于出身，出身是社会地位的一个部分"，还进一步从认识、态度、前途诸多方面谈了自己看法。我深受鼓舞和启发，心情很快平静下来，自此，立足现实，重心真正沉向普罗大众。

我去五七干校后，学马列，搞批判，打风钻，炸石头，烧石灰。延宏来信关切地说"你是不是也可以自学些技术之类的东西呢？趁年轻多看点还是有好处的"。又来信说"环境难选，但可以通过我们的努力来改变，起码不要安于现状，自己要有自己的理想和胸怀。做一辈子老实人，走一辈子与工农结合的路，我想这是咱们共同的愿望"。信的最后写道："转眼分手已两年了，十分想念，前一段时间接你头封信，心里很激动，也不知怎的诗兴大发，趁空胡乱写了一首，我的水平你是知道的，加上多日不沾，将就看吧。（平仄对否？是学七律写的）"

忆下乡

真言父诲意方坚，踏雪辞京越沃原。
延水桥头追往事，肖山崖上眺新篇。
红心炼就窑灯暗，褐背磨成木担弯。
谈笑众邻忽电急，絮程百里走宜川。

他还对这首诗做了解释说明。因信纸上部被裁掉一截，他以歉意的口吻说："还对不起的一件事是这信纸，因有二木[1]的字，弄成这个样子。"

1971年下半年，我就学习理论若干问题写信给他，1972年1月，他嘱我"学习辩证法，主要就是一分为二，但不能满足于这么个笼统概念，应当好好领会三个规律，对各对范畴也要学习，很多问题要借助它们理解"，并告我"我是想回家，部队生活过不惯，年龄、身体、性格都不适宜。迟不如早，看来明年年初是走定了，那时我去你那儿一趟好好叙谈"。

1972年11月他即将退役之际，我们相互思念已至辗转反侧，他来信说："一转眼分别快三年了，不知何日相会，十分想念，寄去一张照片，并胡诌了一首诗作为纪念。"

赠铁铿留念

——调寄"西江月"

身后惊涛万里，眼前峻岭千重。
舟栏独倚叹高空，三度衷情雁送。
携手欣扬赤帜，并肩苦斗黄龙。
风华即逝盼相逢，九派白云笑纵。

此诗情真意切，令人感慨万千，读罢已是身系赣水那边，心潮涌动，泪水涟涟了。

同学诸兄在信中表达的关切、鼓励、支持、启迪，远不止这些，限于精力、时间与篇幅，不能一一道来，多有遗憾。在那个特定年代，这些信件是我的重要精神食粮和精神支柱，它有如一条绿色通道，把我导向振作、导向成熟、导向坚强，激励我、鞭策我、警醒我不断前行。正是：眼前多歧路，四顾何茫然。听君一席话，策马走平川。

1"二木"，暗指林彪。——编者按。

NO.6

张小军

简历

1949 年 11 月，生于湖南长沙

1962 年，考入北京四中初中

1965 年，考入北京四中高中

1969 年，入伍，在海军北海舰队航空兵部队、机关任标图员、领航员

1972 年，就读于北京航空学院飞机设计专业。毕业后回到海军航空兵后勤部，从事航空维修企业管理工作

1983 年，转业到北京市属国营企业，曾任计划处长。期间作为中国海外投资企业经理人，在利比亚工作一年

1989 年底，作为职业经理人在中外合资企业、风险投资公司和民营企业担任高级管理人员

2009 年 11 月，退休后，从事中国共产党解决“西藏问题”之历史研究

2011 年始，与上海华东师范大学冷战研究中心主任沈志华教授合作，积累和搜寻历史文献、档案；采访国内外各方面当事人。对历史事件的发生过程和原因，有一些新的视角和感悟

我心依旧

（文 / 张小军）

从提议编纂68届高一四班纪念册，我就有个愿望。这么多年的老同学能够有个机会，大家坐在一起，回忆在北京四中共同学习、生活的日子，从中吸取来自各方土壤的养分，多么难得！然而，当看到老同学发出的一些文章，在微信群中的有些发言，我感到如今高一（4）班好像一杯鸡尾酒，这个酒杯中盛着不同经历的人们不同比重、密度的五彩斑斓色彩，但却再也变不回充满青春梦想、朝气蓬勃为着“共同的目标”——建设我们祖国的那杯甘甜的清纯酒了！

不错，人们可以说，人生本来就是这样！

这话虽令人伤感，却又是历史使然！

我想问老同学，回首往事的时候，是否还记得你的青年梦想？你的青春誓言？尽管她也许幼稚或者“不着边际”！那是我们曾经拥有过、曾经梦想过的最真诚、最纯洁的“彩虹似的梦”（徐志摩）。

不同于现在的孩子，那时我们没有那么“实际”，更没有什么“人生规划”，当然也没有那么重的学习压力。我们曾经幸福、快乐！不仅仅因为我们是北京四中骄傲的一员，更因为我们有理想，有抱负（不是升官发财）！

人说，“回忆并不是怀旧。怀旧，总是带有一种苦味，带有一种春秋演尽、繁华脱落的苍凉感。

1970年张小军在青岛海军某部当兵。

那是对逝去的岁月一种恨爱交加的情感；那是对现在生活的一种不满足而失落的情绪；那是一种到现在还没有找到家又迷失了来时路漂泊无根的感觉；怀旧，对老一辈人去表现，是无奈的诉苦；对同代人去倾吐，是寻找的安慰；对下一代人去磨叨，是讨人嫌的教诲。怀旧只是自慰于一时的一贴伤湿止疼膏。只是从我们心灵深处蹿出的火焰，燃烧着我们自己的生命。”

那我们就不要怀旧，让我们回忆！

还记得掏大粪、扫大街吗？还记得冬天北海公园冰上的行走和看到掉到冰窟窿的小伙子的狼狈相吗？还记得崔各庄“养鸡楼”中的地铺，用树枝练拼刺的滑稽相吗？还记得袁塞路破北京市少年铅球纪录带来的兴奋吗？还记得杨滨校长“教育改革”的讲话吗？还记得中午的鸡蛋汤和每人一根的广东香肠（那种滋味再也找不到了）吗？

柏铮曾在一次聚会上对我说：“你还是原来的你，你的本色没变！”虽然我不知道他的意思是褒还是贬，但他的判断是对的。变的是花白的头发，浑浊的目光，健忘的记忆和不再轻盈矫健的步履。没有变的是心，是心的坚强，信仰的坚定！

可以骄傲地说：我的信仰是自己寻找到的，永远不会改变！

上个世纪末，我开始搜集、寻找档案书籍材料，采访历史当事人。试图研究探索执政党解决“西藏问题”的历史过程和经验教训，解释现实“民族问题”的根源。退休后，更是全力去做。我这里讲的全力，不光是用脑力和精力，还有财力。除了养家和供孩子读书，几乎用上所有存款。因为需要采访和查档案，除了中央档案馆、解放军档案馆、总政档案馆、北京图书馆、社科院历史所、中央文献这些北京的档案馆、图书馆；陕西、青海、西藏、四川以及昌都、甘孜、泸定的一些地、县级档案馆都跑过了。为了查找影像资料，我钻到中央新影集团（原来的中央新影厂）、新华社、人民日报、解放军画报去找电影素材和照片。我的采访范围不仅有第一批进藏的老人，还有民国蒙藏委员会工作人员、学者及他们的后人；有西藏贵族、宗教领袖、流亡藏人；地域不仅在中国，还有欧洲、亚洲国家。这一切都是我以一己之力在完成。

没有做过历史研究，没有查过历史档案的人们不会理解在中国查询档案的艰难！特别是“涉藏档案”基本不开放，碰壁、挫折是经常的。即使找到需要的文献，很多也不能复印，只能抄录，然后还会被管理人员随意的剪辑、涂改。回来后马上整理，把被人删去的内容凭记忆整理打印出来；再编辑卡片，制作目录。为了全面把握自清末民初，国民政府再到中华人民共和国政府对待少数民族的政策变化，了解20世纪初英国政府、英印政府、俄国（苏联）政府、美国政府与中国历届政府在“西藏问题”“中印边界问题”的交涉，需要阅读的外交档案，专题研究报告数以百计。举个例子：为了找到毛泽东1924年1月在国民党“一大”的一条意见，我借来《共产国际、联共（布）与中国革命档案资料丛书》，全套共21卷。终于在1924年1月18日《共产党党团会议记录》中查到毛泽东的一段话：“至于西藏，‘自决’的口号则会成为英国人手中的工具，因为我们现在还不可能在西藏有影响……”这是目前找到有记录的中共领导人对于“西藏问题”的第一段文字。此前没有任何人、任何研究报告提到这个文件。而这段话，对于理解毛泽东制定的“少数民族区域自治”政策，指导解决“西藏问题”的思路，却是非常有意义的。

对于已经形成定论的结论，也要认真分析。随着历史材料的发掘、文献的公开，许多在学术界已成定论的重要结论，也要经过去粗取精，去伪存真的辨析。彭德怀1949年12月30日给毛泽东“拒绝承担进藏任务”的电报，已被史学界下了定论：“彭德怀因为怕苦怕累不进藏”，社会上也把此事和彭德怀入朝作战联系起来。为了解释真实原因，我查阅了毛泽东传、毛泽东年谱，邓小平、刘伯承年谱，彭德怀年谱，贺龙年谱；杨尚昆日记，叶子龙日记；习仲勋传，汪锋传；一野战史，一军战史，二军战史，廖汉生回忆录。对着地图把当时一野各部队的位置都搞清楚。得出了与主流历史结论不同的意见。当然不是说我的结论就一定准，不过相信更接近历史真实。我的做法与迷信看到的文字（板上钉钉），只凭文献就下结论不同。我把“事件”放在历史大环境中去研究，这就要比传统方法花费更多的精力和时间。对于历史人物，我有着与他人不同的看法，在研究某一事件时，以同情心理解、看待历史人物。设想如果自己处在同样位置，面对相同的局面会怎样做？

这些思考来源于偶然读到的美籍华人历史学家黄仁宇的书《黄河青山》，被他的书吸引，我几乎读了他在大陆出版的所有的历史研究文字。包括《明朝的财政制度》研究，读到昏昏欲睡的程度。

我特别赞赏杨奎松的意见，在大陆和海外，我们经常可以读到一些带有鲜明的政治倾向性，却自诩为历史研究的文章。严格地说，这不是历史学家的作为。历史学家的任务，就是研究并弄清历史发生的具体经过和原因。然而，由于政治的、党派的、国家的、族裔的以及阶级的种种环境的影响，今天的历史学家能够做到客观和超然的委实不多。在这一点上，我不能不佩服黄仁宇先生。事实上，曾经身为国民党的军官，又经历过国共内战，目睹并且亲身体验了被共产党赶出大陆的耻辱经过，他在讨论国共两党的历史恩怨及其对中国历史进程的影响的时候，表现出的却是一种高度理解的态度。他不仅极力为蒋介石和国民党辩诬，而且明确地肯定毛泽东的成就，并对中国共产党抱以期望。在他看来，国民党的失败和共产党的胜利都存在着相当的历史合理性，因而不可避免。正是基于这样一种‘大历史’观，他没有纠缠于自己的历史情结，而是深入地去探讨发生这一切的深层次历史原因，和它们对历史进步的推动作用。

“大历史”观使我对历史人物多了些理解，而少了些批判和责难，心情也平和了许多。

大家可能不了解，杨奎松、陈刚、王海光等学者是和四中老初三校友沈志华教授共同在上海华东师范学院冷战中心工作的学者。沈志华作为“中朝问题”“中苏问题”专家，自己出资百万元人民币，从苏联解体后的俄罗斯买回苏共档案，翻译整理出版。他的研究成果得到国际学术界的认可，已经成为政治、外交研究的经典。

几年前，我偶然找到沈志华，由于相近的历史观（不是相同的历史结论），很快就成了好朋友和合作伙伴。我也成为冷战中心的一位客座研究人员。我们商定要把自己搜集、购买的文献档案全部放在档案资料馆中，无偿地提供给全中国、全世界的研究者。

在“涉藏”研究中，不可避免地会遇到我的父亲，特别是在寻找1950年初刘、邓在决策十八军进藏的历史进程时，不时地出现父亲的名字，几乎每一个历史进程都与他有关。父亲的历史，几乎就是一部上世纪五六十年代的“治藏史”。在历史关头他是怎样说的，怎样做的？做得怎样？我无法回避！问题在于我应该用什么态度来看待他？我早就表明自己的观点：“我不认为我父亲就一定正确。一切结论应该在研究之后，开始的时候我们应该持中（立）立场”，沈志华也就是因为我的这个态度才认可我。沈志华的研究，一直受到主流历史学界的质疑。近几年才不得不被承认。同样，我的研究也和主管部门、地方政府不同，能够公开发表的很少。

说到这些，不是要显示自己多么高尚，也没有打算要求旁人如何做。实际上由于缺乏基本的专业训练，我的研究文字受到过沈志华批评。尽管有观点，有自己的研究亮点。但总不能像学生那样写出洋洋洒洒的文章。我追求的是写出一本书，把自己的史实研究和观点都表达出来。即使暂时不能出版，也要留存下来。这几十年，整个社会都太浮躁，没有几人肯沉下心，踏踏实实地做社会调查，做历史、现实的研究。政策依据还是几十年前的结论，甚至是一些宣传材料，所以没有针对性，更没有可执行性。

通过自己的研究，寻找解决“西藏问题”的历史经验和教训。纠正对历史问题的误解，启发人们的思路。做有益于国家、民族的事情，这就是我的愿望，也可以算作自己余生的目标。

我对北京四中的特点总结有两点，一点是“精英教育”，这是四中学生教育的一个特点。校长、老师、辅导员讲反对“大四中主义”，其实是暗示四中的学生“与众不同”。将来要做“栋梁”，那时候“栋梁”不是当官，是要在“四个现代化”过程中做骨干。今天我们可以把它延伸为要有“担当”。我想老同学们都可以做有担当的“四中人”，少一些抱怨（既伤身也无益），多一些建议。即使是批评，也可以是建设性的！在自己的位置上，做好自己的角色；做一个“永不生锈”的齿轮、螺丝钉。“位卑不敢忘忧国”，难道不就是有“担当”吗？

再一点是“别的学校教学生学会，我们学校教学生会学”。这一条体会太深了。从连队争做技术尖子，到大学各门功课都在前几名，自学英文原版专业教科书；从没有任何财会学历就担任合资公司财务经理、财务总监，编制和操作股份制改组一直到股票公开发行；再到北京科技风险投资公司副总经理、投资总监，专注于IT和生物医药投资。所有的知识都是自学的。如果没有在四中养成的学习方法、学习习惯是不可能做到的。

岁月无情！我们已步入老年，有些人已经离开，有些人失去了音讯！

岁月又有情！今天的我们能够共同写自己的故事！

更希望10年、20年后，我们还能回忆起当年的故事！

1969年2月2日，张小军（前排右四）在北京火车站送赴陕北插队同学们整装出行。

1969 年，张小军（右）入伍前在校门口留念。

1970 年，张小军在山东青岛海军某部当兵。

百年纪念[1]

（文 / 张小军）

2014 年 10 月 22 日，是我亲爱的爸爸张国华[2]100 周年诞辰纪念日。说句实话，在看到我父亲的履历之前，我们不知道父亲具体的出生时间，只知道他生在 1914 年的冬天。可想而知，我们一家人在我父亲生前或是去世之后，从来没有为他过过生日。

这一次，是我们为他过的唯一一个生日，感谢有这么多的领导、同志和朋友来为他过一个有意义的诞辰日！

今天还有父亲生前的战友和他们的子女，更有很多和他一起参加到西藏的和平解放和现代化建设的藏族、回族、蒙古族和其他少数民族兄弟、姐妹。我想父亲在天之灵会感到万分的欣慰！

……

1 该文节选于 2014 年 10 月 22 日，张小军在西藏拉萨党政军各界纪念张国华同志 100 周年诞辰座谈会上的发言。

2 张国华（1914.10.22—1972.2.21），曾用名张福桂、李亚霖，江西省永新县怀忠镇人。中国共产党党员，中国人民解放军高级将领，开国中将。曾任中国人民解放军第 18 军军长，西藏军区司令员、军区党委第一书记，成都军区政委、军区党委第一书记，中共中央军委委员等职。为中共第九届中央委员、中央军委委员，中华人民共和国第一、二、三届国防委员会委员，第一、二、三届全国人大代表。1955 年被授予中将军衔，获二级八一勋章、一级独立自由勋章、一级解放勋章。1962 年 10 月 20 日，指挥对印自卫反击战取得胜利，共毙、俘印军 7000 余人。曾被毛主席亲切地称呼为“井冈山”。

张国华将军

1971年初夏，刘伯承同志曾经对他的家人说："当年进军西藏……只有张国华坚决！"

1950年1月2日，毛泽东主席在给中共中央、彭德怀并转发邓小平、刘伯承、贺龙三同志的电报中要求：……向西藏进军及经营西藏的任务应确定由西南局担任。1月7日，当时的二野领导刘伯承、邓小平、张际春、李达联名回复远在莫斯科的毛主席：……拟定以二野之第十八军担任入藏任务，以张国华为统一领导的核心，以指令该军集结整训，并召张及各师干部速来重庆受领任务。"同日，十八军接野司电令：军主力应在乐山、丹棱地区整训待命。张国华及每师一个负责同志速来重庆受领新的任务。我父亲放下接管川南行署的工作，与谭冠三政委乘船赶往当时二野和中共西南局所在地重庆。10日早晨到重庆，下午，刘司令员单独接见张国华和谭冠三两人。刘帅第一句话说：今天谈话凭党性！父亲回答：一切听党的（安排）！

父亲的话决定了我们一家人、十八军近三万多将士和他们的子女的命运。从此我们就和西藏这块美丽的土地、淳朴善良的西藏人民连在一起。也可以说从这一天起，张国华、他的同志和战友们用他们和家人的生命，翻过了旧西藏历史的一章，重新书写崭新的一页。

在我们家人的心中，有两个时间记忆深刻。1929年2月，父亲改名字为国华，奔赴井冈山参加红军，那是他革命生涯的一个起点；1950年1月10日，父亲领命率部进藏，用"一切听党的"的誓言证明，他早已成长为一个有坚定的信仰，经历过无数次浴血战斗、艰难困苦矢志不渝的共产党人。

张国华作为以十八军为主体的进藏部队的一员，在西藏工作了17年。可以说他是"老西藏"精神的创建者之一，也是"老西藏"精神的践行者。

刘伯承元帅曾经说过：进军西藏是第二次长征。"老西藏"精神是"井冈山"精神、"长征"精神、"延安"精神、"西柏坡"精神的延续和发展。进藏部队官兵及工作人员在西藏革命和建设的过程中，经过实践和创造，逐步培育出了闪耀真理光芒、凸显着中华民族优秀文化传承、中国共产党和中国人民解放军优良传统、与革命精神一脉相承的"老西藏"精神。和平解放60多年以来，西藏得到了中央和各省市自治区，以及企业的大量经济、技术援助。同时，西藏也为我们的国家，为中华民族贡献出精神成果。从上世纪50年代初期西藏和平解放，维护国家统一、保卫祖国边疆，到建设新西藏时期形成的：追求社会正义，坚持信仰的崇高信念；全心全意为人民服务的宗旨意识；以苦为荣、以苦为乐的精神境界；艰苦朴素、勤俭节约的优良传统；顾全大局、吃苦耐劳的政治觉悟；淡泊名利、无私奉献的高尚情怀；一不怕苦、二不怕死的战斗精神；自力更生、艰苦奋斗的创业精神；严格遵守民族宗教政策的纪律观念。可以归纳为："长期建藏，边疆为家；一不怕苦，二不怕死；自力更生，艰苦创业；模范执行党的民族、宗教政策和纪律；特别能吃苦、特别能战斗、特别能忍耐、特别能团结、特别能奉献”的“老西藏”精神；在修建川藏、青藏两路时产生的“让高山低头、叫河水让路，顽强拼搏、甘当路石，军民一家、民族团结”的“两路”精神。这些精神都是中华民族精神在青藏高原上的生动的、具体的体现，也是西藏各族人民包括人民军队，创造的代表中华民族精神的精神财富。

在中国西藏有被称作“老西藏”的这样一群人，他们在国内战争已经基本结束，人们向往安定幸福的生活的时刻，为大家，舍小家，义无反顾地承担起维护祖国统一，保卫祖国边疆和建设新西藏的使命。他们如璀璨的群星照亮历史的天空，也照亮了新西藏的革命建设事业。他们的品质永远值得我们纪念、缅怀和继承！

我们要学习老一辈为国家、为民族的英雄事迹，继承弘扬“老西藏精神”，不忘那些真正有价值的道德规范和做人的真谛，做一名无愧于时代的人，为祖国的繁荣富强，为中华民族的团结、幸福、安康奉献自己的力量！

家教侧记

（文／格桑卓玛）

“家教严、规矩多，坚持中国人的传统，讲究生活品位，热爱西藏……”这是张国华在儿子张小军心中的印象。

“父亲虽然已去世很多年了，但是我作为‘老西藏’的后代，从来没有忘记西藏这片神奇美丽的土地，从来没有忘记这里善良淳朴的各族人民、灿烂悠久的文明。在我心中，藏族人民是我们永远的朋友和亲人！”张小军说。

不喜欢战争的将军

张国华，这位从井冈山革命根据地走出来的我军优秀军事指挥员，虽然平日里工作忙碌，与孩子在一起的时间甚少，但他所坚持的家教和家风却深入孩子们的内心。

张小军说：“通过父亲的言传身教，我们明白了是国家和人民养育了我们，长大以后，一定要努力报效祖国，努力做一个对国家和人民有用的人。”

张小军回忆，记得小时候，组织上给父亲配备了专门的司机和警卫员，父亲并没有觉得这些是自己理所当然应该享受的，他常说自己拥有的一切都是国家和人民给的。“父亲的教诲深深埋藏在我的心里，即使刮风下雨，我也从来没有过要蹭车的念头。”张小军说。

张国华身经百战，军功卓著，却不喜欢战争。对于战争，他拥有自己理性的思考，记得孩子们小时候兴高采烈地观看战争片，张国华总是语重心长地说："战争可没有那么简单，胜利是用许多人的生命换来的，你们要珍惜今天的生活。"

也许正是因为张国华对战争的深刻理解，他平日里很少将自己所经历的艰苦斗争以及自己的各种荣誉当作谈资，就连子女们也知之甚少。

"偶像"就是父亲

张小军长大参军，他的战友们都想超越当年红一军团二师四团仅用一天一夜就步行240里，从大渡河赶到泸定桥的奇迹。后来张小军看到《萧锋日记》，才发现原来父亲当时就在红四团，这才恍然大悟自己心中的偶像原来就在自己身边。

军人之外，严父也是张国华在孩子心中的标签。生活中，他对孩子们的要求也严格而细密。

"严是爱，松是害"，是张国华的教子经。张小军回忆，小时候每次放假都不轻松，父亲会督促自己严格制订缜密的假期作息时间表，假期要做的事情要规划得有条不紊才行。除此之外，每天练毛笔字，早上起来打扫院子、浇花……

不仅如此，掏粪给葡萄树施肥、往锅炉房拉煤、倒炉渣，这些粗活脏活，也成为张国华的子女们每年的"必修课"。"父亲告诉我'只有爱劳动，才会爱劳动人民'。父亲的教育方式，在潜移默化中帮助我养成了爱劳动的良好习惯"。

张国华除了给孩子们布置"繁重"的劳动任务，生活中的各种"苛刻"的小规矩也让他们应接不暇：不能跷二郎腿，坐姿要端正，必须站有站相、坐有坐相；饭要吃干净，不允许浪费粮食；不许吃零食……

打上"西藏烙印"的人生

虽然家教严，但在日常生活中，张国华又是个颇具文艺天赋，讲究生活品味的人。在孩子们的心中，他虽为严父，却也有随和风趣的一面。

张国华参加革命时期，当过俱乐部主任、文工团长，吹拉弹唱样样在行。"父亲会拉二胡、吹笛子、吹箫，唱歌、跳舞也难不倒他。"张小军回忆，小时候自己经常跟着爸爸去看话剧、京剧，传统的、现代的都看过。"他不只是带我们去看热闹，也希望我们从一些有益的经典剧目中汲取成长的养分。"

张国华走过西藏的大部分地区，熟悉当地自然环境，了解农牧业、矿产资源；上世纪60年代为了开发西藏，他亲自去求教地质部李四光部长……

"记得看到贫苦农奴的悲惨境遇，父母会痛苦流泪；听到藏族人民受到不公正待遇，他们会义愤填膺……"作为"老西藏"的后代，张小军的人生也被打上了"西藏烙印"。

张小军说："父母亲于上世纪50年代初进藏，从那时起我们一家就与西藏紧紧连在了一起。父亲常带着我拜访民族宗教界人士，这使我比旁人更多了解到藏民族的风俗习惯。"

NO.7

刘达朱

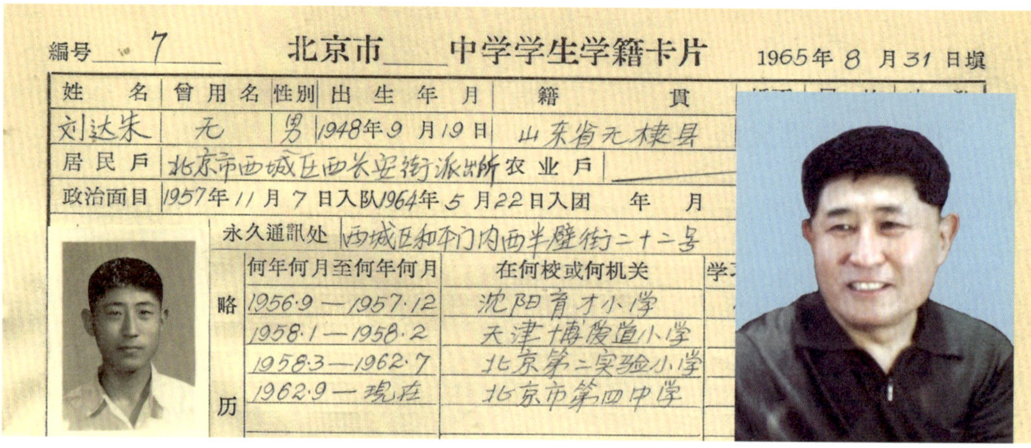

编号 7　　北京市____中学学生学籍卡片　　1965年8月31日填

姓名	曾用名	性别	出生年月	籍贯
刘达朱	无	男	1948年9月19日	山东省无棣县

居民户：北京市西城区西长安街派出所　农业户

政治面目：1957年11月7日入队　1964年5月22日入团　年　月

永久通讯处：西城区和平门内西半壁街二十二号

略历	何年何月至何年何月	在何校或何机关
	1956.9—1957.12	沈阳育才小学
	1958.1—1958.2	天津博爱道小学
	1958.3—1962.7	北京第二实验小学
	1962.9—现在	北京市第四中学

简历

1969 年 3 月—1970 年 12 月，在北京第六建筑工程公司任职

1970 年 12 月—1976 年 4 月，服役于海军登陆舰第五支队运河舰

1976 年 4 月—1978 年 2 月，在北京第二汽车制造厂任职

1978 年 2 月—1982 年 1 月，就读于北京经济学院物资管理系

1982 年 2 月—1983 年 8 月，在北京汽车工业总公司供应处任职

1983 年 8 月—2015 年 1 月，在国家审计署任职

2011 年 1 月，办理退休手续

我们团结和谐的班集体

（文 / 刘达朱）

机缘成就了我们聚合，
聚合带给了我们欢歌。
师生情、同学情是多么赤诚、纯真，
没有一丁点儿铜臭的味道和权势的映射。

“文革”曾给我们的友情带来些许“陂陀”，
但它岂能长久成为我们的“枷锁”。
阳光复照阴云散，
经历风雨的情谊愈加炽热。

我们高一四班，是一个团结和谐的班集体。在校时，大家心齐无比。课堂上每当有同学回答老师提问——用当今话语也可是教、学互动——提出别有见地、清新脱俗的观点和主张时，同学们都会显露出赞许的神情，甚至一阵喝彩。这种情景，正是同学间心性通联、思想投合的生动写照！当班里富有铅球运动天资的塞路，为班级和学校荣誉而苦练时，班上有那么多同学在一旁“陪练”助力：帮着丈量投掷距离，一次次不厌其烦地把他投出去的 7.257 公斤重的“铁蛋”吃劲地捧抱回原地；当塞路不负众望在全市中学生运动会上打破市少年男子铅球纪录时，同学们由衷地振臂欢呼。这般场景，正是同学们向心力和班集体聚合力的鲜明体现！

离校后，大家四散各地，但只要还搭帮结伙，同学们依然是拧成一股绳，携手前行；独闯天下的，也都在曾经的同学间深厚友情的影响和助力下续写着人生新篇章。同学们都没有忘怀同在一个班级和一所学校的学习生活岁月，大家的心始终连在一起。随着时代变迁和发展，多数同学又回拢京城，大家的联络更加密切，见面的机会增多。每一次班里召集的聚会，到场的同学都很多；学校组织的活动，高一四班同学亲临的总是最多。

说到我们高一四班联谊的成功，归功于每一位同学，同时也得益于几位始终不遗余力地为之

1975 年初，刘达朱在海军登陆舰第五支队驻地——上海黄浦江畔的虬江码头上的留影。背景是他服役所在的舰艇——1944 年下水的美国制造中型登陆舰，后被命名为我海军“运河舰”。

付出很多精力的热心学友赵康康、祝文、郭世杰等。他们把服务班集体作为自己应尽义务，周密策划，费心联络，慷慨解囊，鼎力扶助……为我们班集体保持勃勃生气做出了突出贡献。他们这种为班集体挺身出力的精神，是我们班集体具有强劲生命力的促进力，也是这种强劲生命力的折射。

愿我们的班集体精神有如日月星辰永放光泽，激励我们一往无前！

1968 年 1 月 29 日，刘达朱（右）与祝文在北京四中老校长室前合影。
那段期间，闲暇无事，两人自主到在校园西南角的校办小工厂参加劳动。

1969 或 1970 年春，谢国庆（中）从抗美援越最前线归国，与刘达朱（左）和他们的四中初中同班同学燕宇，在天安门前合影。

1987 年 9 月，刘达朱（左二）参加北京四中 80 周年校庆时合影。

NO.8

刘道福

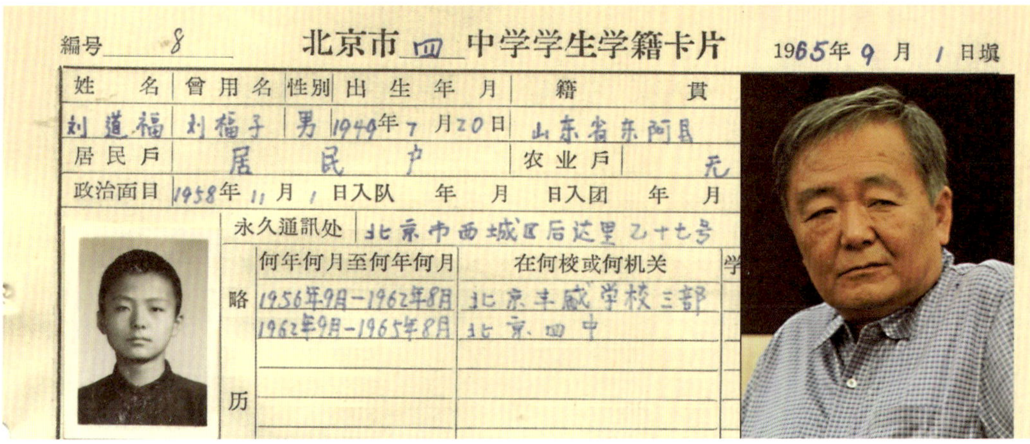

简历

1969—1978 年，在北京电机厂小型车间机加工三班工作

1979 年，在北京市电机总厂宣传科做干事

1980—1982 年，在中共北京市委党校理论研究班学习党史党建专业

1983—1995 年，在北京市委党校党建教研室担任教师、副主任、副教授

1996—2003 年，在北京市委党校党建研究所任所长

2004—2010 年，北京市党建研究所任所长兼北京市党建研究会任秘书长

1968 年 4 月 2 日，刘道福（左二）和同学在北京香山公园合影。

几片绿叶

（文 / 刘道福）

“理论是灰色的，而生命之树常青”[1]。

我是班里少数从事“爬格子”的同学之一。尽管略显单调、枯燥，三十多年来（“文革”十年的蹉跎岁月除外）没有离开党建研究这一本行。

这段时间，我把在《人民日报》《新华文摘》等报刊上发表的文章、调研报告以及各部门颁发的奖杯、证书、聘书，草草回顾一遍，自认为有点价值的，也就这么两三件事。

一是本人撰写的国家哲学社会科学结项成果，得到高层人士肯定。2000 年上半年，时任中央政治局常委、中纪委书记的尉健行同志在中纪委司局级以上干部会议上强调中纪委要加强同理论界联系时讲到，我最近看了一本书《新时期党员领导干部思想道德建设研究》[2]，是北京市委党校一位同志写的，有些内容，写得很不错。

二是 2000 年至 2002 年借调到中组部。期间参与了中央“入党条件”课题的调研和报告的撰写工作。报告中的“不要以财产的有无、多少，作为衡量人的主要政治标准；他们是有中国特色社会主义的建设者；建议党章中的其他革命分子改为其他先进分子”，被党的十六大采纳[3]。中组部发函给市委组织部转党校“道福同志为调研报告做出了至关重要的贡献”。

三是 2003 年受市委领导同志的重托，和另外两位领导同志一起筹建北京市党建研究所，并被任命为第一任所长，使北京市党建研究会和全市的党建研究、党建活动有了可靠载体和硬件支撑。

这些事，对全班、对四中恐怕算不了什么，但多少也是点正能量。权当轻轻飘落的几片绿叶，点缀我们同班同学的朵朵鲜花更耐看、更多彩。

---

1 这是流传极广的名言，语出德国诗人歌德的诗剧《浮士德》。

2《新时期党员领导干部思想道德建设研究》作者介绍：刘道福，曾任中共北京市委党校党建研究所所长、副教授，北京市党建设研究会副会副秘书长。自 1982 年以来，长期从事党建教学和研究工作。在《人民日报》《解放军报》《党建》杂志等全国知名报刊发表文章 40 余篇。参与了多项国家和北京市哲学社会科学规划课题的研究。撰写党建有关著作、教材 10 余部。主编过《党建宝典》《中国共产党党内法规制度手册》等。其中，《毛泽东建党思想研究》《市场经济与党的思想建设》，均获北京市哲学社会科学优秀成果一等奖。

3 党的十六大通过的部分修改的《中国共产党章程》，将第一章“党员”第一条“年满十八岁的中国工人、农民、军人、知识分子和其他革命分子”一句中的“其他革命分子”修改为“其他社会阶层的先进分子”。这个修正既体现了党在吸收新党员的条件方面的历史继承性，又体现了党在这方面与时俱进的鲜明时代性。

NO.9

王泰立

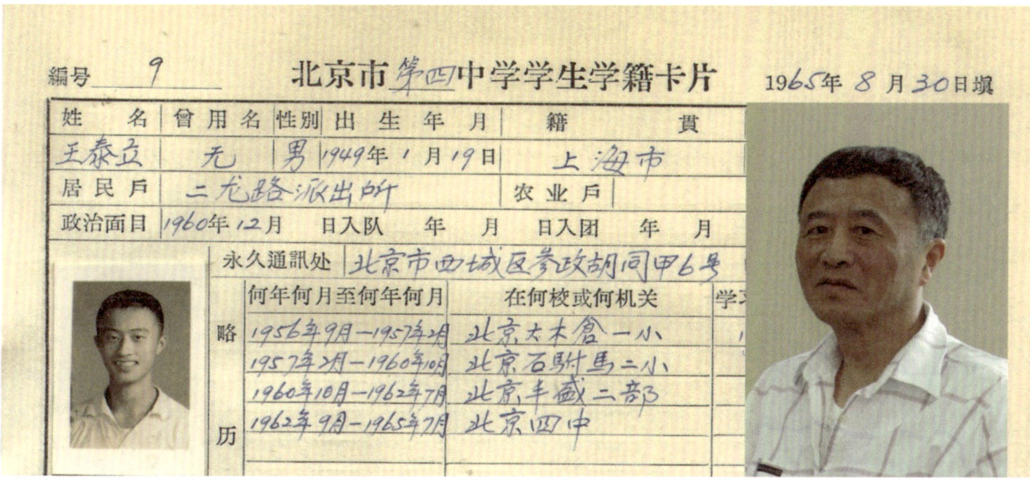

编号 9　　北京市第四中学学生学籍卡片　　1965年8月30日填

姓名	曾用名	性别	出生年月	籍贯
王泰立	无	男	1949年1月19日	上海市

居民户：二龙路派出所　　农业户：

政治面目：1960年12月　日入队　　年　月　日入团　　年　月

永久通讯处：北京市西城区参政胡同甲6号

略历 何年何月至何年何月	在何校或何机关
1956年9月—1957年2月	北京大木仓一小
1957年2月—1960年10月	北京石驸马二小
1960年10月—1962年7月	北京丰盛二部
1962年9月—1965年7月	北京四中

简历

1962 年 9 月—1969 年 1 月，就读于北京市第四中学

1969 年 2 月—1974 年 5 月，在陕西省延长县安沟乡朱家河村插队

1974 年 8 月—1982 年 1 月，在北京市第二印染厂工作

1982 年 2 月—2009 年 1 月，在北京商务科技学校从事教学工作

2009 年 1 月，退休

1969 年，王泰立赴陕北插队，图为出发前在北京车站。

1967 年，王泰立（前左二）和军训排长郭国政（前右四）及同学们在天安门广场合影。

王者泰立

（文 / 祝文）

子曰："三人行，必有我师焉。"此语信之不谬。

戊申年腊月岁末[1]，原顺天府学堂[2]一行莘莘学子一十有七人，移居陕西延安府一僻野荒村[3]落户，中有金、唐、王姓三君[4]共借村民祁氏[5]一土窟暂栖。

金君偏喜围棋、珠算；唐君善演肩挎风琴；在此均各不表。

唯有王君另怀奇术，一吼震三山[6]，稚童顿时雀跃，村夫仰首侧耳，农妇肃然以待之。恰逢有周刘氏临盆待产，欲取乳名"喇叭儿"予头胎小儿，以沾响亮吉祥之光耳。

王君初战即获胜果，再接再励、欲罢不能：遂步神农尝制品优种粮[7]；效孔孟依土窑杏坛布道[8]。不一年，川山沟壑亦遍皆桃李。其弟子，更有腾达直至省属官员者[9]。

1971年，王泰立（后左二）回京探亲，与同学们在颐和园石舫合影留念。

王君身长五尺，肩宽背直，面方耳阔，神态庄重。余尝有幸与王君共乘木舟摆渡黄河[10]，风浪中君挺挺然，宛若泰山屹立，故人皆呼其曰"泰立"。

---

1 1969年2月2日，原四中六八届高一四班十七人离京赴延插队。

2 北京四中于1907年建校，原名"顺天府中学堂"。

3 指陕西省延安地区延长县安沟公社朱家河大队王家沟村。

4 指金德本、唐华、王泰立三位同学。

5 祁树存，时任朱家河大队会计。

6 在队期间王泰立开设了大队广播站，三只功率各15瓦的号筒式高音喇叭分别置在肖家山、王家沟、朱家河。

7 王泰立主管科学实验种田小组，培育玉米杂交优良品种，提高作物产量。

8 王泰立曾任村办学校民办教师工作，代初二多门课程并兼任班主任。

9 王泰立所教学生多人有所成就，其中慕生海、慕生江均先后担任陕煤集团局级领导职务。

10 1969年夏，我和王泰立回京筹办大队广播设备。回陕途中，在山西军渡乘摆渡小木船过黄河。

NO.10

金铮

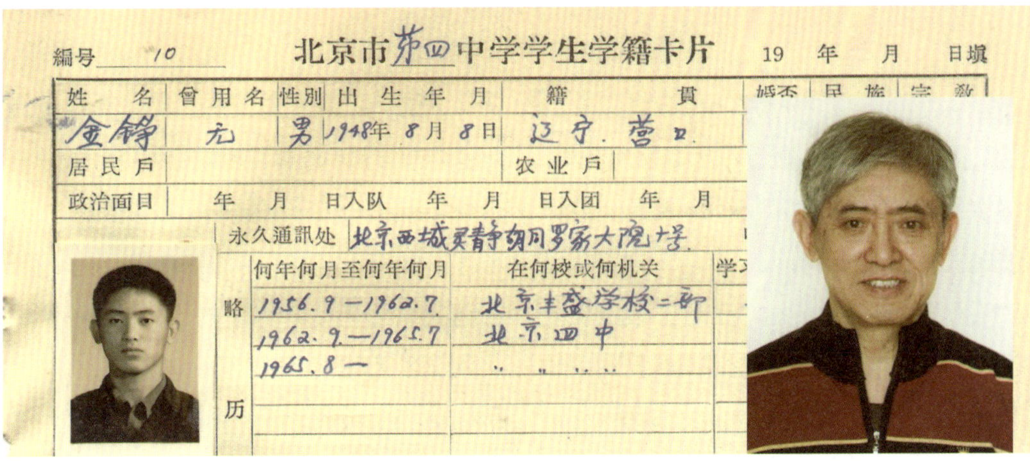

简历

1962 年 9 月 1 日—1969 年 5 月，就读于北京市第四中学

1969 年 5 月 7 日—1974 年 12 月，被下放到湖北阳新邮电部五七干校

1975 年 1 月—1991 年，在北京市西城地区运输公司任技术科长、三产经理，其中 1979 年 2 月—1982 年 9 月）在电大学习

1991—1996 年，在北京市超纶无纺技术公司做品质总监

1996—2001 年，在光华长安大厦有限公司（光华公益基金会）任副会长

2001—2008 年，就职于中孚利元公司

2008 年，退休

2012 年至今，担任北京左官建业技术有限公司董事经理、北京倍师博学体育发展有限公司董事长

感悟

（文 / 金铮）

2005年，我们北京四中高一四班同学从相识、相聚、同窗学习，一起走来，整整50年了。

50年的时间“弹指一挥间”。当年一群充满青春躁动、意气风发的年轻人怀揣“理想”“信念”奔赴祖国的工厂、农村、兵团、干校以及部队时，谁也没想到50年后的今天，我们又重新相聚在一起。

令人欣慰的是，50年过去了，我们每个人都有过色彩缤纷的经历。虽然我们已白发苍苍，甚至步履蹒跚，但是我们的心没有变，仍然有着一颗颗赤诚、团结、友爱、奋进，如同年轻人一般的火热的心。

当初，我们同班22个同学一起从四中初中升到高中。初中的哪一年我记不清了。有一天班主任拿一张《中国青年报》的社论《让青春放出光辉》让大家学习。我印象极深，对十二三岁的青少年的教育颇为重要，这就是四中精神。四中不仅教我们在学业上刻苦、努力。而且要学会做人，懂得报恩，懂得要报效祖国。

1969年2月，我的同窗好友17人到陕北延安地区插队了。

5月我和妹妹与母亲一起来到湖北邮电部五七干校。邮电干校位于长江中下游，湖北与江西交界的长江边，江边有座山叫半壁山，就像一个馒头被用刀切成两半一样，半壁山被长江切成两部分。这里是长江隘口，从半壁山到对岸只有600米，历来是兵家争夺的战略要地。太平天国时曾国藩在半壁山和对岸的田家镇之间拉了几根铁链，沉到江面来阻挡长江来往船只，据说他在这歼灭了三万多太平军。

干校时我和好友曾冒险爬到半壁山的崖上，看到曾国藩的题字“东南半壁”“铁锁沉江”“楚江锁要”。我们的家就安在半壁山脚下，放眼望去，干校14000亩地，尽收眼底。在干校五年，我种过地、砍过柴、开过山、种过菜，和当地的农民同吃同住一起挑过大堤，最后进了干校工厂。不管干什么我心中都牢牢记着母校四中对我的教诲，秉承着一个理念：认真做事、老实做人、诚实守信、精益求精。在干校几年中年年被评为“五好战士”。

1974年底北京市政府同意中央各部五七干校职工子弟回京分配工作，我回到了北京。1975年初我被分配到北京西城地区运输公司，后又被分到下属的设备起重安装厂工作。一直到1991年，做过起重工、钳工、车工、当过车间技术员，后上电大学习，毕业后在劳资科任科员。1986年加入中国共产党，任技术科长、三产经理。随着改革开放的形势不断发展，国有企业、集体企业受

1969 年金铮（前左二）送同学去陕北插队。

上世纪 90 年代金铮（居中者）在陕北扶贫和农村儿童在一起。

到极大冲击，职工纷纷下海、跳槽、办公司经商。费了好大的劲儿，经领导同意，于 1991 年 3 月通过招聘，我调到中关村科技民营企业——超纶无纺技术公司。

超纶公司是一家新型的民营科技公司，以研制、开发、生产无纺布设备为主。公司人员平均年龄 29 岁，80% 以上是大学本科学历，公司集中了一批有才华的年轻人。我在公司是年龄比较大的。开始在工程部任工程师，后调至办公室任主任、品质总监。1992 年调到深圳筹办分公司，任深圳公司副总经理。1994 年开始，北京实验开发区要求所属各公司、企业进行股份制改造。通过改制，开发区一大批像联想集团这样的优秀企业脱颖而出，而像超伦这样没有进行股份制改造的公司开始走下坡路。科技人员的价值得不到尊重，他们的创造、发明只能以公司名义发表，个人得不到相应的酬报，所以科技人员开始流失。

就在这时，我得到邵明路要做公益事业的消息。通过好友柏铮的推荐，我来到光华公司，与柏铮一起在交口、朱家河先后建起光华中学及 17 所小学。在延长的几年是我一生中最生动的几年，也是我感觉干实事的几年。让我第一次走进农民社会，亲身感受农民的生活，为他们的纯朴、善良所感动，也深为他们的愚昧、无知而悲哀。我也第一次与农村干部接触，从村长、村支书，到县长、县委书记。同样，我也经常被他们感动，他们身为贫困地区的父母官，工作在农村第一线，无论有多少艰难、困苦，都要走下去，而且要带领一方老百姓脱贫致富。

同时，我也深深地为他们中的一些人感到悲哀，悲哀的是他们有些人，利用手中的权力为己谋私，正一步步走上歧途。但邪不压正，终究会好起来。几年来，延长县的变化说明了一切。同学们都戏称我到延长是“二次”插队。几年来我倒有个深记得体会：中国农民富裕起来了，中国才能真正富强。中国农民有文化了，中国才能真正强盛。所以，我非常感谢明路、感谢好友柏铮，让我有这样一个机会锻炼了身心，长了见识。

2001年我离开了光华公司。几个朋友一起办起“中孚利元公司”，一直到2008年退休。

退休的生活也是丰富多彩的。首先还兼任着“倍师博学体育发展有限公司”董事长。这是一家有先进教学理念的培养青少年棒球的体育培训公司。几年来，在大学、中学以及小学都有它的足迹。看着孩子们在棒球学习中不断成长、进步，也是很欣慰的。退休后另一项重要活动就是摄影，通过摄影我结识了很多朋友，一起旅游、一起摄影，学到很多知识，开阔了眼界，有益于身心健康。

陕北老杜

（文 / 金铮）

提起杜方贵，插队的好友们都熟悉：当年是个风云人物，七里八村无人不晓。

我认识老杜是1996年随邵明路、柏铮到延长考察到了他家。这一来可就走不了了，尽管明路说了一堆理由：待不下，要赶路，可老杜不由分说，宰了一只羊。那是我吃得最香的一次羊肉，尽管只搁了点盐和花椒。那时老杜已经患上重病，胃里长了个东西，吃不下饭，人黑瘦黑瘦的。明路决定把老杜接到北京看病。因为我刚到公司，陕北的事由柏铮做前期工作，明路让我负责老杜在北京的治疗事，并跟财务打了招呼：给杜方贵治病，金铮要多少钱给多少钱。这让我挺感动。

杜方贵到北京后，我才真正跟他有了接触。老杜个头不高，穿一身黑衣裤，外头披了一件蓝色羽绒大衣。一张黝黑的脸，布满了深深的皱纹，过度的操劳加上病痛折磨，已经让这陕北的汉子早没了昔日的风采，就是一干巴瘦的小老头儿。老杜讲起话来极快，操着满口陕北方言，有时说得兴起，吐沫星子乱溅，不时露出一种狡诈的眼神，显示出当年的精明劲儿。他的话我有近一半听不懂，经常得找“翻译”，我俩聊天时，我就时时提醒他：讲慢点。

老杜的病最后诊断：胃癌晚期。我非常沮丧。邵明路开导我：别灰心，没准奇迹就会发生，只要我们不放弃。按常规治疗肯定得开刀。医生得知老杜是陕北农民，北京知青出钱给他治病也挺感动，手术格外认真。术后老杜恢复很快，整天乐呵呵的，他不知道自己得了癌症，家人就告诉他是胃病，我们自然也不好说破。术后要放化疗，为减轻痛苦，增强抵抗力，能用的药，能用的营养品都用了，医生说这样可以保持体内营养平衡，延缓癌细胞生长。老杜感觉良好，开始闹着出院，说：“我病好了，已经花了邵明路那么多钱，不能再花了。”无奈，只得由他出院。为了保证老杜的治疗和休养，柏铮特意在离他家较近的荆门旅店租了一间客房，帮老杜洗了个澡。按照邵明路的想法，让老杜和他老伴就在北京长期住下，这样可以有好的条件，进行休养、治疗。时间过得真快，杜方贵的身体也逐渐恢复。有一天他高兴地对我说：“有点馋了，今天买了点猪头肉一口气都吃光了。”我一听吓一跳，您的胃就剩下五分之一了，可别撑坏了。老杜听了哈哈一笑。

转眼间，春节快到了，老杜坚持要回家过节。如何让他在延长家保证治疗、保证有良好的营养成了难题。特别是治疗，医生给他开的药都是活性的生物药品，必须存放在冷藏室才能有效。老杜家肯定没有这样条件。于是我跑到电器商场，买了一个最小号的冰箱，开车送到延长老杜的家。老杜有个大舅哥叫冯志信，是他们村的医生。我们把带去的药，其中还有托人弄到的几十只杜冷丁，都交给了他，千叮咛万嘱咐，按时给他吃药、打针。

离开老杜没多久，光华中学的建设忙起来。但心里时常想着老杜：他的药吃了吗？有反应吗？终于有时间了，我们到朱家河看到了老杜。一看到老杜我的心就沉下来了，不知是药物反应还是病情有发展，当初在北京欢乐的笑脸全没了。每次打完针，药物的反应要难受几个小时。我只能安慰他、鼓励他。告诉他医生给他开的这个药有多好，要坚持打完。要离开的时候，老杜无论如何也不让我走，非让我在他家住一宿。无法拒绝他，只好让别人先回交口，我一个人留了下来。

老杜仍然用他那我有一半听不懂的陕北方言跟我聊天，通过这么一段时间的接触，虽然有些话听不懂，但他要表达的意思我都能明白。老杜的情绪有些低落，他是个聪明人，对他的病情瞒是瞒不过的，只是谁也不愿意正视这个残酷的现实。我把话岔开，聊起了家常。

晚上，我和老杜睡一炕头。厚厚的一摞崭新的被褥铺在床上，足足有一尺高。我开玩笑地跟老杜说：“干啥啊，铺这么厚？我又不是七老八十的。”老杜嘿嘿一笑：“怕你睡得不习惯。”你还别说，没插过队的我，还真睡不了这硬土炕，老杜还挺细心。

刚刚躺下不久，老杜一骨碌爬起来，左挠右抓的。我跟老杜开起了玩笑：“怎么？抓起革命虫了？”我说：“你还记得在北京刚住院的时候，医生让你换病号服，你死活不换，结果小护士逼着你换了衣服，还把衣服上的‘革命虫’都消灭了。”老杜哈哈地笑了起来。

第二天，我离开了朱家河，也离开了老杜。随着学校建设逐渐展开，越来越忙。不时听到老杜的消息——病情恶化。一天，见到一位村里乡亲，说老杜被病折磨得很痛苦。我问："为啥不给他打杜冷丁呢？"老乡说："冯志信说没用。"我一听，心里欲哭无泪，无法想象老杜遭受了怎样的痛苦，他的大舅哥冯志信的心，咋就这么冷呢？

过几天，老杜去世了。据说，老杜去世前几天，嘴里还不停地念叨：邵明路、柏铮、金铮。

嬉娱（金铮 摄）

云南元阳梯田（金铮 摄）

NO.11

潘德震

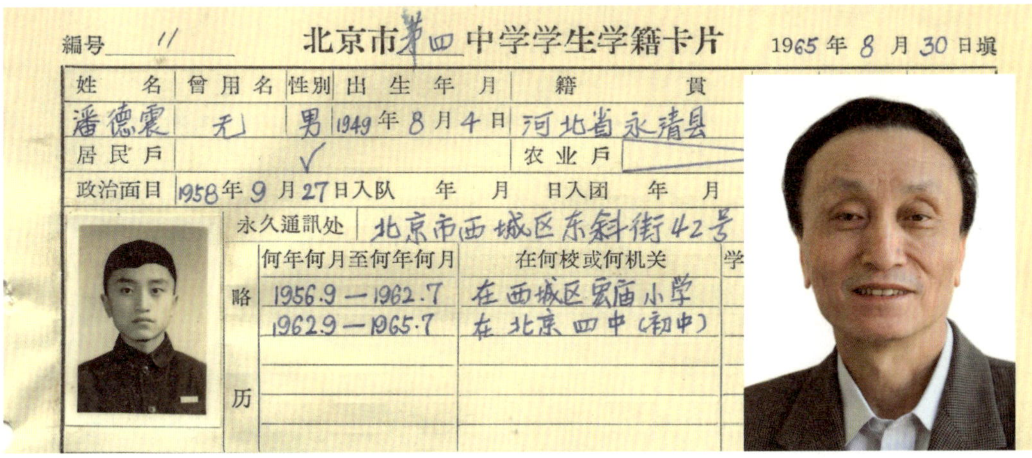

編号 11　北京市第四中学学生学籍卡片　1965年8月30日塡

姓名	曾用名	性别	出生年月	籍貫
潘德震	无	男	1949年8月4日	河北省永清县

居民戶 √　农业戶

政治面目 1958年9月27日入队　年　月　日入团　年　月

永久通訊处 北京市西城区东斜街42号

略历

何年何月至何年何月	在何校或何机关	学
1956.9—1962.7	在西城区宏庙小学	
1962.9—1965.7	在北京四中(初中)	

简历

1949年8月4日，出生于北京

1962年9月—1969年5月，就读于北京四中初中和高中

1969年5月15日，离开学校赴云南生产建设兵团三师十一团（在云南省瑞丽县）

1978年10月—1982年7月，就读于西南师范学院化学系

1982年8月—1989年5月，在兵器工业部轻武器研究所

1989年5月—2009年8月，兵器工业部（后更名兵器工业总公司、兵器装备集团公司）任职

2009年9月退休

感　恩

（文 / 潘德震）

康康兄的一个绝妙建议，像一枚玉石投入一潭静水，激起一群66岁的老头儿青春般的冲动。这群人，有的在微信中你呼我应，共同追忆已经有些支离破碎的少年时期的美好片段；有的虽近年已很少写点儿什么，甚至偶尔猛然间会提笔忘字，现在又精神抖擞地提笔，把尽管有些模糊的往事给大家呈现在纸间；这群人都以“我是高一四班的”而自豪。

我被深深感染和带动着，因为自己也是这自豪群体中的一员。为人正直善良的挚友祝文，永远充满爱心的康康，大哥哥一般的家庭学习小组长世杰，我的入团介绍人德本和维春，心灵手巧的航舰模型制作家小平，同样写得一手漂亮字并且乒乓球打得出神入化的达朱和王津，著名手风琴演奏家的唐华，自行车永远骑得飞快、60多岁还能独骑摩托闯西藏的建新，热心助人、送票到家的铁铿……以及离我们而去的国庆、翔宇、春年、长双、张平、盛朗和张钊。班上的每个同学都曾给予我帮助，都有令我毕生不忘的光环。

愿我们的纪念册光彩夺目，更愿我们的友谊日益深厚！感恩高一四班！

校园往事

（文 / 潘德震）

在我印象中，高中阶段最开心的校外活动就是一帮同学骑车远游。我印象深刻的有三次。

第一次是1966年，“文革”开始不久，几月记不清了。我和祝文、王泰立骑车去密云联系下乡劳动。从东直门算起大约是70多公里，我们骑行了三个半小时，可谓高速。晚上在县政府招待所住宿时，偶遇一出差到密云的体育工作者。神奇的是祝文至今还记得那个人的名字——刘殿湖，简直是超强记忆力。更神奇的是祝文后来在网上还查到了这个人。

第二次是1967年冬，骑车去八达岭，有谁同行记不清了。

第三次是1968年夏，去上方山。这就要提到铁铿兄的忆文了，看来咱们班同学不止一次小集体一起去上方山了。因为铁铿兄文述情节与我记忆中的情形有的相异，有的情节又高度相似。不知道是记忆误差，还是无巧不成书。

因此回忆几个片段，寻求同去的学兄补充。由于年代久远，加之没有祝文兄那种强记能力，同行者都有哪些同学不敢贸然肯定，能确认的同行者有吴文正、王泰立、盛朗、王津，尹文奎。

具体日期本是难以记忆的，我相信任何一位同行者都不会有确切的答案。但有一件事我记忆犹新。那个年代出城后一路都是农田，而农田里高耸的高音喇叭正在播报新闻，内容是毛主席向进驻北京高校的工宣队赠送芒果。由于那时不知芒果为何物，因此这条新闻对我产生了极大的吸引力，使这条新闻至今不忘。经上网查阅，那天应是1968年8月7日。

离开北京的第一站，我们选择了周口店，去看看北京猿人遗址。如何过夜，我们没敢惊扰四周毗邻，悄悄摸进周口店火车站候车室猫了一夜。

那时上方山还没有开发，上山之路只用“崎岖”二字是不能准确表达的。那段不是人骑车而是车骑人的卵石路，我们享受了与铁铿兄一行的同等待遇。好不容易熬过卵石路，看到了土路，但土路又出现岔路口，真不知何为正道。只好在路口等有人路过以便打探。还好过来一位农民打扮的老大爷，我等忙上前施礼：“大爷，上方山怎么走？”老大爷诧异地回答“上房山？那得下山啊，你们早走过了。”老大爷走了，我们比他还诧异，“要下山”？还得再问别人。还好又过来一个穿制服的人，大概是个乡镇干部吧。他给我们指出应走哪条路。答谢之后不免又问“为什么刚才有个老大爷说我们走错了，要下山”？此人笑答：“当地人把‘上方山’三个字，要读成上——方山，第一个字要读重且拖长，后两个字都要读轻声。你们讲普通话，他可不是认为你们要去房山

1967年9月，潘德震（后右二）在天安门广场。

县城。”长知识！再遇岔路，问路人一句：“上——方山，怎么走？”绝对指的是正路。

洞口到了，可自行车怎么办？就放洞外会不会丢？恰好洞外不远有一个公安执勤岗亭（可能是防火执勤的吧），忙上前求助。公安说“车放这里可以，保证丢不了。但我不可能光给你们看车吧？小孩儿淘气把你的气门芯拔了，这里可没卖配件的，你们只能扛车下山了。”按公安的指点，我们把车存在了一两公里外的圣水峪村，给老乡点儿钱，老乡挺高兴，我们心里也踏实了。又借了老乡的锅，买了老乡的柴，煮了自带的挂面。吃饱喝足，坐骑无忧。走，进洞！

经历奇迹般的与铁铿兄们雷同，我们也在洞内遇到因电池耗尽而迷路焦急的一伙人，是大连海运学院的学生。出洞后他们还一再道谢。不过后来他们又救我们于危难。

出洞后，太阳还没落山。有人建议下山，有人担心到不了山下天就黑了。正在犹豫之时，有一老乡路过，他说有一条小路半小时可到山下。于是大家坚定信心，沿小路朝山下走去。谁知是走错路还是什么原因，这条路是越走越难走。开始还是土坡，接着变成天然石头形成的石阶，先是每阶落差三五十厘米，后来变成七八十厘米，再往下看，每阶落差得超过一米。太阳马上就要落山了，天色已失去明亮。好像是王泰立说，不能再往下走了，否则即使想折返都爬不上来。大家开始向山上走。太阳好像故意和我们作对，落得特别快，天已彻底黑了，根本看不到路。此时听见高处有人声，是那伙大连海运的学生准备在山上过夜。通过喊话，他们知道我们无法辨别上山的方向了。于是他们就不断地击掌和呐喊，为我们指引前进方向。我们终于回到了山上，脱离了进退两难的尴尬。山上有一座破庙还是破亭子，记不清了。反正有半截墙，但没窗子。虽是夏天，夜间山上还是挺冷。忘记是谁还剩下一小包饼干，大家每人分吃了两三块，蜷缩着过了一夜。

昨晚落山很快的太阳，倒没睡懒觉，四五点钟就又露面了。饥寒交迫的我们，连忙下山，赶到房山县城一家小饭馆，好像吃的炒饼，特香！

这就是上方山有惊无险的三天。

2002年，潘德震（左一）参加校友春节联谊活动，与齐大群老师（左四）、燕纯义副校长（左五）的合影。

云南兵团轶事

（文 / 潘德震）

从 1968 年开始，你我同窗相继离校，或去内蒙，或去陕北，或去云南，或去他方。由于当时的多种原因限制，身在异地的多数同学联系甚少，甚至失去联系。直至 1982 年后，多数同学重回北京，才逐步恢复联系，且友情与日俱增。

1969 年 5 月 15 日，我和王津、陈超、李家康随四中的其他校友共 38 人一同奔赴云南生产建设兵团三师十一团。到十一团的北京知青都是西城区中学的，共有近千人吧，分散在不同的营。营与营之间距离很远，从十几公里到几十公里不等。其他区县中学分在地处滇南的一师和二师（河口地区和西双版纳地区）。十一团位于滇西的德宏傣族景颇族自治州瑞丽县，是中缅边境上的一个小县，当时破旧而落后。如今去瑞丽旅游所见与当年面貌绝对不可同日而语。近年我也曾重归故地，除了熟人和橡胶林以外，已没有一丝一毫过去的痕迹，简直是两个世界。现在瑞丽已县改市，街道纵横、车水马龙，来自不同国度和全国各地的人川流不息。而当初全县不过几万人，其中兵团人口就占了近一半。当时县城只有一条街，总长不超过一公里，路面与全县一样，旱季是扬灰路雨季是水泥路。县内的载货运输工具主要是牛车，人的出行工具就是自己的两条腿。所以在连队能当上“牛车司机”是不错的工种。

现在从昆明出发，客运大巴也只要十几个小时就能到瑞丽，路程 730 公里，除了其中 100 多公里尚未开通，其余全是高速公路。

1969 年从昆明到瑞丽只能走二战时期修筑的滇缅公路，史称“史迪威公路”，清一色土路，崎岖而颠簸。那时昆瑞公路里程是 999 公里，基本由盘旋上山和盘旋下山依次衔接。当时客运汽车从昆明到瑞丽要走 7 天，白天行车，夜间住宿，日行车里程只有 60 多公里。解放牌军用敞篷卡车拉着这些来自北京的兵团战士，用了 12 天才晃荡到瑞丽。

四中的 38 人全部分在了一营三连，在距离县城七八公里的半山腰，离营部三四公里，离中缅边境线也是四公里左右。

我们的住房绝对绿色，墙是纯土坯和泥砌的，绝不经过任何含化学成分材料的涂抹与粉刷，房顶铺的是百分之百天然茅草，房子四周是野草和竹蓬。

再说说人文环境。兵团、兵团，我们怎么能和“兵”字挂钩呢？上面交给兵团的任务就四个字——“屯垦戍边”。一是兵团从建制上称师、团、营、连、排、班，体制上归昆明军区领导，连队的连长和指导员、营部的营长和教导员是现役军人，副职干部和“战士”均非现役。团部稍复杂些，团长、团政委、参谋长、各部主任、各科、股长还有参谋都是现役，其他各级领导或工作人员均非现役。现役军人持枪名正言顺，而各级非现役军人的“兵”一般不配枪

（特殊岗位除外，如执勤岗哨、保卫人员等）。连队也配备一些枪支弹药，在发生特殊情况时才临时发放到一些人手中，任务结束马上交回。

我后来从连队调到营部，曾配给我一支50式冲锋枪和20发子弹，1978年上大学时交回。此乃题外话。

连队的现役军人也好，非现役的“兵”也好，主要工作完全一样，每天下地干活——种植水稻、山地开荒（种植橡胶树）、林地管理、割胶等等。每日的劳动与农民无异，晒脱一身皮，磨破一手泡，大家谁也没叫过苦，大家基本认同兵团职工过的就是这种日子。除季节性农忙和特殊岗位外，每天劳动8小时，周日休息，与国营单位职工基本相同。1974年，中央决定撤销云南兵团建制，改为国营农场，我们这些三师十一团一营三连的“兵”，就变成国营瑞丽农场勐卯分场三队职工。工作内容和待遇不变。其实我一直觉得叫农场职工更贴切些。因为我们除了会插秧、收割、打谷、抡锄头，开荒种橡胶树、管理橡胶树外，对真正的兵该做什么实在没什么过多体会。

再说说生活。从到兵团开始，就是每月初按上月实际考勤发上月工资。初去时定农工一级，每月28元。不用自己砍柴做饭烧水，连队炊事班负责全连的伙食。粮食定量每月38斤，一日三餐主食全部是大米，尽管米质较差，但终究是细粮啊，而且管饱。想吃白面或杂粮，对不起，没有！当地不产呐。

主食虽然能吃饱，但缺菜和肉。连队的菜和肉基本全靠自给。全连职工和家属300余人，2分菜地实难保障供给。瑞丽地处亚热带，没有春夏秋冬四季，一年只有旱季和雨季之分。旱季还好，午晚两餐无论多少，总可见点儿绿菜。而雨季降水持续三四个月，难得见一天阳光。顽强的野草依旧生长，鲜嫩的蔬菜绝无生机。每年雨季必是无菜时节，只能靠存储的少量土豆、干豆子以及魔芋替代绿菜，实在接不上就靠“玻璃汤”当菜。什么是玻璃汤？就是一锅开水，加半斤盐，再加2两油，这就是全连下一顿饭的菜。因其晶莹剔透，清澈照人，故名玻璃汤。那时北京知青回家探亲，必带20斤固体酱油和几包紫菜回云南，部分自己食用，部分给没能回京探亲的同学。从炊事班打回的玻璃汤多被知青倒掉，回到寝室用一勺尖酱油膏加半壶开水，再掰上两丝紫菜，那叫一个高级！

连队养了10多头水牛，专供水田劳役；七八头黄牛，是牛车的发动机。还有一圈大小一二十头猪，供全连职工和家属吃肉。正常时连队每月杀一头猪，这头猪的板油供全连吃到下次杀猪，猪肉由炊事班煮好，汤汤水水每个职工能分到三四两吧。若赶上闹猪瘟，可能两个月不杀猪。但赶上春节也在一月，那可美了，一个月能杀两回猪。

菜少肉少只是嘴馋和肚里缺油，不是不可忍受。那时又年轻，怎么着干活都有劲儿。可疾病就不照顾年轻人了。那里是疟疾（当地话叫打摆子）高发地区，每年夏天打摆子的人很多，就像在北京得感冒一样普遍。团里每年都有人因患脑型疟疾或恶性疟疾不治而死。1970年我打摆子，连续5天高烧40度以上，翻身都不会了，要靠当了连队卫生员的四中高一（一）班校友濮家蔚为我翻身。那时虽然高烧，但神志很清楚，我对濮家蔚说，“我是不是不行了”！命不该绝，我挺过来了。知青中几乎人人打过摆子。

苦也好，相对不算太苦也罢，四中这一帮人多少也在瑞丽熬了几年，直至1979年知青大返城，才陆续全部回京。我是1978年参加78级高考到重庆上大学才离开云南瑞丽的。我走时，还有不少坚守瑞丽的校友送行。

NO.12

张春年（1948.3.2—1992.6）

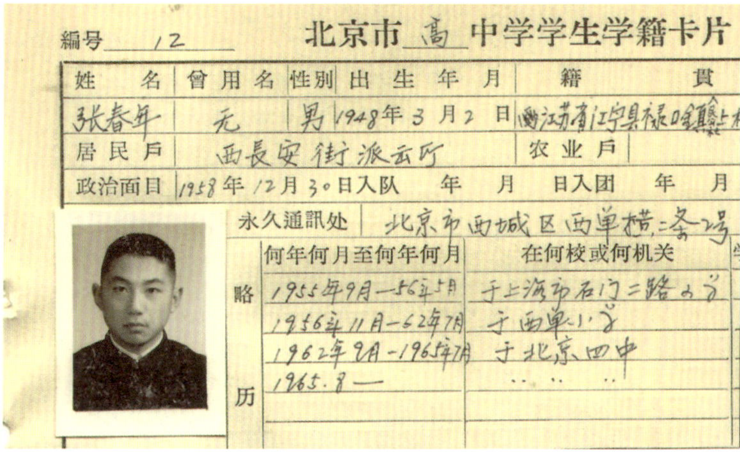

编号 12　　北京市 高 中学学生学籍卡片　　1965年 8 月 31 日填

姓名	曾用名	性别	出生年月	籍贯
张春年	无	男	1948年3月2日	江苏省江宁县禄口镇上…

居民户	西長安街派出所	农业户	
政治面目	1958年12月30日入队	年 月 日入团	年 月

永久通訊处　北京市西城区西单横二条2号

略历 何年何月至何年何月	在何校或何机关
1955年9月—56年5月	于上海市石门二路小学
1956年11月—62年7月	于西单小学
1962年9月—1965年7月	于北京四中
1965.8—	〃 〃 〃

简历

1948 年 3 月 2 日，出生

1956 年 11 月—1962 年 7 月，就读于北京市西单小学

1962 年 9 月—1965 年 7 月，就读于北京市第四中学初中

1965 年 9 月—1969 年，就读于北京市第四中学高中

1969 年—？赴江苏省下乡插队

？—1992 年，就职于北京市商业机械研究所

1992 年 6 月因患肝癌病逝

张春年（中）和张铁铿（左）、金克刚（右）在四中门口。

梦念春年

（文 / 张铁铿）

看了祝文兄的征文启事，心中不尽万千感慨。

一整天，眼前总是浮现那个肤色白白，脾气柔柔，对人谦谦，嘴挂笑笑的张春年的身影。或许是“日有所思，夜有所梦”吧，凌晨，我真的梦见了春年。

那是一座香火极盛的寺庙，人头攒动，烟雾缭绕，一片黑压压中突然显现出一张挂着熟悉笑容的面颊，那不是他吗？张春年！我几乎失态喊出来。我试图靠近他，他却一下子消失在人群中，但我敢肯定，他看见了我。醒来，周围一片寂静，黑暗中我呆呆地凝视着天花板，上面影影绰绰的是些什么图案？是微笑，是他的微笑，那么亲近，那么令人回味。仅仅为了那微笑，我也该写点什么。

我不信仰宗教，也不烧香拜佛。尽管如此，有一次我也差点儿误入佛门。

大约 10 年前，我和三位同事前往大名鼎鼎的湖南凤凰古城旅游观光。虽说那是文学大家沈从文的故乡，不过，我的第一感觉并不好，淳朴民风、秀美田园、宁静的桃源仙境正一步步被商业化的集市所蚕食，人造景点的痕迹愈加明显。

我等步入一座寺庙，即刻一位慈眉善目的僧人迎上前来，彬彬有礼地念念有词，皆是为灾区人民，为有苦有难之大众积德行善之语，引导大家焚香拜佛，并一再声称敬香免费。我欲绕佛而过，被僧人伸臂阻住，言辞极其恳切地劝我敬香。我正尴尬，同行众人相劝道，既是善行，为之亦可。

我被善言困扰，又想这是沈从文的地盘，破一回例也罢，仅此一回吧。于是焚了三柱香，那僧人又引导我进入一佛室，又一僧人端坐桌前，面赤耳阔，大有佛祖之相。他翻开一本册，上面密密麻麻写着一干人的姓名和施捐款额，劝我行善，我一看最少也是 880 元，那香火免费竟是陷阱！我即刻火冒三丈。那僧人见话不投机便退守一步，又拿出另一本册，上面所载人等最少捐赠 200 元。我已烦不可耐，双手合十，放言曰：“弟子顽冥不化，佛缘尚远，就免了捐赠吧。”随即起身扬长而去，那僧人一派愕然。出得门来我想，教师、医生、佛门是社会精神寄托的底线，如若他们都向钱看，社会奈何？我真为佛祖悲哀，为沈从文难过。

然而今天，我却真的愿意为张春年祈福，无论是来生来世，或是几生几世，他都不再被病魔所缠绕！

若与相处时间论，我与张春年也算友情深厚。我和他都是袁塞路的粉丝，只要袁塞路在晨练推铅球，我和张春年一准到场。以张春年的个性，他一定是站在推铅球者的前方去捡铅球，然后再把铅球推回给我们。他的臂力比我强，7.257 公斤的铅球我可以推到 7 米以上，而他可以推到 8 米左右，5 公斤的铅球可以推到 10 米。

张春年的父亲是个皮匠，手艺高超，以现在来看至少是个高级技师。张春年一定是秉承了父亲的基因，观察问题仔细，办事非常牢靠，一切心中有数，且从不与人争执，仿佛和他在一起永远不会有矛盾。我和他曾有过多次合影，近日来虽翻箱倒柜，依然没有找到，但我坚信会找到的，因为我清晰地记得，我有！

一旦找到了，春年，我一定会给你捎去！

左起：张宝琪、张延宏、张春年、金克刚、赵康康。

张春年（远中，深色上装）在四中操场和同学一起打篮球。

1967 年，张春年（中排右一）和同学在天安门广场。

NO.13

甘金元

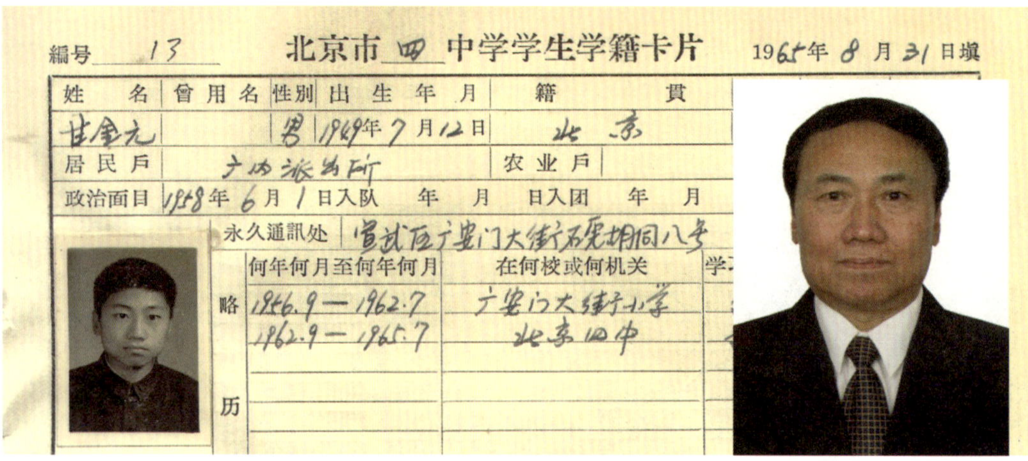

編号 13 北京市 四 中学学生学籍卡片 1965年8月31日填

姓名	曾用名	性别	出生年月	籍贯
甘金元		男	1949年7月12日	北京

居民户：广内派出所　农业户：

政治面目：1958年6月1日入队　年　月　日入团　年　月

永久通訊处：宣武区广安门大街石虎胡同八号

略历	何年何月至何年何月	在何校或何机关
	1956.9—1962.7	广安门大街小学
	1962.9—1965.7	北京四中

简历

1949年9月，出生

1962年9月—1968年12月，北京四中

1969年1月—1971年10月，陕西省延长县安沟公社宋家河大队插队

1971年10月—1990年，陕西省延安地区汽车运输公司工作

1991年—2009年，中国公路车辆机械公司工作

甘金元（前排左一）。

照片纪事

（文 / 祝文）

下面这张照片前排左数第一人是甘金元，是1969年报名赴延安插队高一四班17名同学之一。站在他旁边的是王小平，身后偏左的是郭世杰，他们三人先后结下同班（北京四中高六八届四班）、同窑（延长朱家河村王家沟）、同事（中国公路车辆机械公司）几近30年的紧密情谊。这种机缘不要说当下金比情重的经济社会环境，退回50年前那比较单纯的年代，也是让人很难意想到的事情。

我对甘金元的了解还得从插队时同住一所窑洞说起。四个人睡一条炕，我把着炕头紧挨锅灶，甘金元居炕尾靠近门窗。平日时不善言语，开口则与众不同，精准且富哲理。外在似平常，肚内净学问。插队两年多，与金克刚一同去延安运输公司当工人。招考司机时，第一关是交规，同去的知青们包括克刚在内难免紧张，个个加紧学习背诵。唯独金元没有当回事儿，只在考试前一晚上看了一遍，第二天轻松拿个满分！

张铁铿对克刚有过评价，“他是一本奇特的书，果敢与冲动并存，激情与激进同在”。如果克刚是书的A版，金元刚好作为B版与他匹配：既无果敢冲动，何论激进激情；从不趋炎附势，远离赶潮弄潮。

1969年夏天我去他家探望，汇报我们在陕北插队的情况，也看是否有东西捎给金元。他家住在广安门内石虎胡同，不大的小院，只有兄嫂居

甘金元（后排左一）、刘之祎（前排左二）。

家。大哥涞元是个直性人，拉住不让走，两盅白酒下肚，话匣子打开收不住。我也是从他口中得知，金家原本家境颇为殷实，经营皮货贸易。金元打小儿聪颖，学习成绩拔尖，但也容易看不上人，可谓知弟莫如兄。这是一张当年王家沟生产队妇女组的合影照，一群朴实的陕北农村妇女，除了两个知识青年：甘金元（后排左一）和刘之祎（前排右二）。

甘金元身体天生孱弱，气血不够旺盛，干粗重的体力劳动，自然体力差些。但难得他心灵手巧，无论哪·种活计，一瞧就会、上手就像样儿。比如砍柴，别看不紧不慢，捆得柴捆小些，但个个方方正正，不但好看，还好背。

当时知青都有不同分工：学校、广播站、水利队、夜校、医疗站等等。只有妇女教育这块儿是空白，于是甘金元就如《红色娘子军》中的洪常青一般被派到妇女组担任政治文化学习辅导员。王家沟的妇女组人多嘴杂本来是个是非之地，别看都是巾帼女流，吵起架来一般男人们也招架不住。

甘金元给人感觉是性格内向、缺言少语，一般知青小组开会讨论时，除非不得已，甘金元很少主动发言，保持习惯性沉默。哪知道在妇女组里他很快充分展现了那潜藏的语言才能，甚至能用地道熟练的陕北方言与她们拉话聊天、辅导学习。不久甘金元在这些淳朴的农村妇女中间树立起很高威信。村户之间那些个家长里短的事情，都乐意找“老甘”帮助给拿主意。

并队之后，朱家河村知青点来了三名女生：赵军、刘之祎和张东。赵军分在一组（朱家河）劳动，刘之祎分在二组（王家沟）劳动，张东分在三组（肖家山）劳动。于是，老甘在妇女组的工作增加了一名得力助手——刘之祎。两人配合默契，不长时间，就将原本落后的二组妇女们调教成了大队的模范小组。

后来老甘和之祎一起都被招工到延安运输公司，开始了他们工作和生活新的历程。

1995年，甘金元参加初中毕业30周年聚会。
前排左起：李楠、郭聿林、张延宏、佘永定、李正、赵岳仑、盛朗。
中排左起：于立奎、寇崇涛、高锐、吴人侃、赵庆元、汝企和、甘金元。
后排左起：郭林、吕龙华、孙大奇、王載奔、史康成、韩树林、陈超、张世泽。

NO.14

张长双（1948.10.11—1984？）

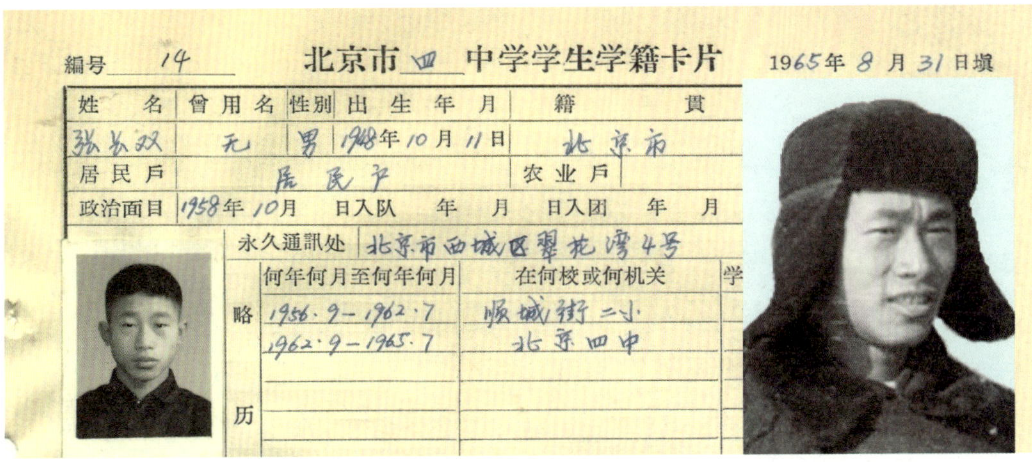
編号 14　北京市 四 中学学生学籍卡片　1965年 8 月 31 日塡

姓名	曾用名	性别	出生年月	籍貫
张长双	无	男	1948年10月11日	北京市

居民戶：居民户　农业戶：

政治面目：1958年10月日入队　年　月日入团　年　月

永久通訊处：北京市西城区翠花湾4号

略历	何年何月至何年何月	在何校或何机关	学
	1956.9—1962.7	顺城街二小	
	1962.9—1965.7	北京四中	

简历

1948 年 10 月 11 日，出生

1962 年—1965 年，就读于北京四中初中

1965 年—1968 年，就读于北京四中高中

1969 年—1970 年，在陕西省延长县安沟公社朱家河大队插队

1970 年—1984 年？，在陕西华山机械厂就职

印象老张

（文 / 张铁铿）

夫老张者，城南人氏，十三既冠[1]而入四中。该兄身材偏矮，面庞略黑，眉头常锁，双目深视，似有寻根问底之意。同学多呼其名长双，亦有人昵称“企鹅”，我则中规中矩地尊称其“老张”。我与老张稍多相处，始于1969年2月，止于1969年10月，仅9个月。其间，我们同在陕北延长县安沟公社朱家河大队插队，并同住一个窑洞，一起的还有张延宏和金克刚。

老张有一个奇特的现象：只要吃下奶油糖，哪怕是一颗，鼻尖即刻渗出一片汗珠。我曾问他，何以如此？答曰：不知，自幼始然。

老张出身工人家庭，“文革”初期，班里组建红卫兵，曾在“红五”序列之内。但因其父履历上有一小小的、现在看来是鸡毛蒜皮之瑕疵，最终被排除在外。老张初中曾任学习委员，后被他人取代，有过失意，这次愈加。其后，老张由积极参与而遁入旁观逍遥。

老张的内心世界偏自负或自命不凡，在他人并不高视他的氛围下，他也同样不会钦佩他人，唯独张延宏除外。延宏知识丰富且待人平和，故得到老张的信赖与尊崇。他曾让延宏给家里捎过东西，延宏当兵后老张还曾寄书给他，这或许是当年插队时他愿意和我们在一起的原因。

插队时，老张延续着对“文革”的关注，他有一个笔记本，上面记满了密密麻麻的问题，基本是“文革”中的热点政治与社会问题。他还随身带去了很多插队前搜集到的书籍和资料，只要有空就会翻阅其中。插队初期，知青一切都要自理，我们每天留下一个人，担负值日做饭职责。一天轮到老张，我们收工回来，发现晚饭竟然是煮麦子！老张没有去磨面，居然直接把麦子煮了，古人都没有这么吃的！想来，他当时的兴奋点根本不在日常生活上。

老张关注的问题越多越深，遇到的问题也就越深越多。他经常发问为什么？我不具备他所企望的回答能力，他就转而问张延宏，延宏的回答往往可以暂时平息他的疑惑和激愤，尽管仍不能满足他的问题黑洞。他渴望交流与被认可，他曾把关注的问题归纳总结，写成信，寄往全国若干个县一级的高中，邀人参与讨论。有些信件被退了回来，险些引发成当时的政治事件。此后，他的倾诉对象变得更为稀少。

老张追求平等与公正，渴望社会没有矛盾，

---

1 古人云“二十既冠”；张长双自1962年9月考入北京四中初中起，四季偏喜戴帽，故称“十三既冠”。

结果却陷入更大矛盾漩涡而不能凭一己之力游出。他愈是认真、愈是困惑；愈是思考、愈是苦恼；愈是追寻、愈是郁闷。老张是一个孤独的、同时也是一个失落的人。或许正如柏铮所言，这一切源于他的素质和能力容不下他那过高的胸怀和目标。

老张走了，过早地走了，我们身边少了一个执着的人。我始终觉得执着不是错，但面对社会现实、面对环境条件和实践效果的执着或许会更有价值。老张的人生令人唏嘘，老张的谢幕令人震撼与思索，愿他在另一个世界里依旧那样执着，依旧那样认真，依旧不停止追索，依旧去探寻他渴望得到的答案，只是别太较真，那样太累。

祝福他！

1969 年，张长双（右一）在北海公园与同学刘道福、张铁铿、那允玮（自左至右）合影留念。

1970 年，北京干部王德山和梁玉民与张长双等 12 名朱家河插队知青合影。
前排左起：张长双、王德山、梁玉民、王小平、金克刚、甘金元；
后排左起：郭世杰、柏铮、廖致杰、唐华、张宝琪、张铁铿、邵明路、王泰立。（祝文摄影）

1970 年，朱家河大队召开“四好总评大会”，张长双等 13 名插队知青获得“四好”奖状。
前排左起：张宝琪、廖致杰、柏铮、姜作栋、郭世杰、金德本；
后排左起：张长双、邵明路、祝文、王泰立、王小平、唐华、张铁铿。

NO.15

张平（1949.4.26—2010.11.15）

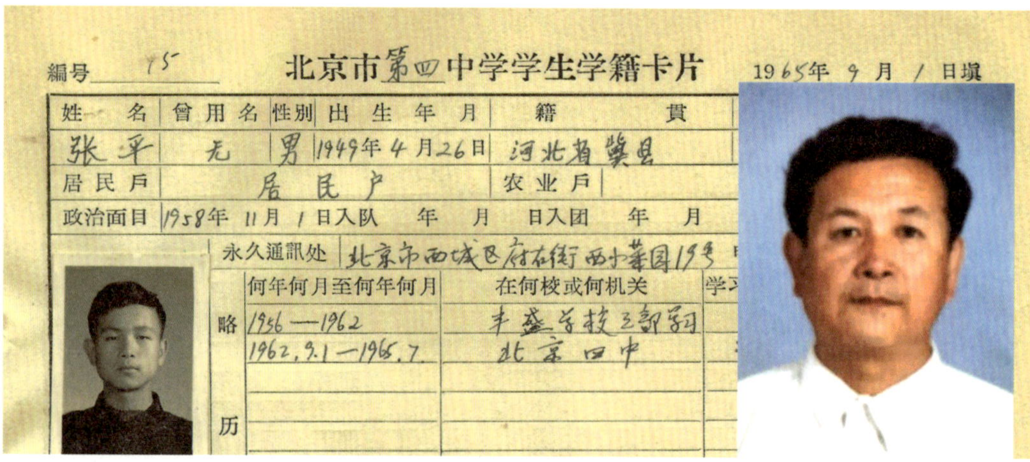

简历

1949 年 4 月 26 日，出生

1956 年 9 月—1962 年 7 月，丰盛学校三部（西城区椅子胡同小学）

1962 年 9 月—1969 年 3 月，北京四中初中、高中

1969 年 3 月—2009 年，北京第六建筑公司，其间曾攻读夜大“企业管理”专业，获得大专学历。

2009 年，退休

2010 年 11 月 15 日，因多年罹患丙肝导致器官衰竭医治无效逝世。

“老头儿”张平

（文 / 郭世杰）

多年以来每年春节前，北京四中校友会和校友基金会都要举办四中校友新春联谊会。我们高一四班每次都有20位左右同学参加，这在68届高中校友乃至全校各届校友中，应该也是人数最多的。

每次联谊会前几天，都是班上在学校“两会”任职的赵康康同学，把活动的时间、地点告诉我，由我去通知各位同学。为了争取有更多同窗参加，我总是尽量设法联系到每一位同学。大家都把这一年一度的活动作为老同学、老朋友团聚的宝贵机会热情参加，同窗聚首，促膝长谈，欢声笑语，乐不自禁。

在相聚的同学中，张平是参加次数较多的一位。他性格内向，话不多，经常是默默地听大家聊天，很少说什么。即便这样，他年年都来，和同学们亲亲热热分享快乐时光。

2011年元月，我接到赵康电话，得知了这一年举办校友联谊会的信息，马上联络各位同学。电话、短信，很是顺利，几个小时便通知到十几位。我没有张平的手机号码，就拨打他家的座机。接电话的不是张平，从声音听，是一位年迈老者。我自报姓名，说是要找张平。电话那边，老者声音无力而低沉，问我找张平有什么事。我说告诉他同学聚会的事，有十几秒的时间，老者没有说话。半晌，竟传来了令我震惊的消息：“同学的活动，张平参加不了了，他已经走了……”突如其来的噩耗如晴天霹雳！怎么会是这样呢？去年相聚，张平还是好好的，一年未见，怎么就走了？！张平的父亲我从未见过，但从声音中可以体味出老人的悲伤，白发人送黑发人，失子之痛可想而知！为避免勾起老人伤心，我只简单问了问张平去世的情况。老人只告诉我，张平是2010年病逝的。听得出来，更细的情况，更多的伤心事，老人不愿再提。我也只能宽慰老人节哀保重，至于张平病逝详情也不便唐突多问了。

几天后的联谊会上，我向同学们通报了张平去世的消息，大家在惊愕的同时，都为继谢国庆、张春年、盛朗之后又一同窗学友的过早不幸辞世而唏嘘。

说起张平，我们还算是从小的邻居。儿时，我住在府右街附近的石板房三条，他住在我家西北不远处的小菜园胡同。我幼时在府右街小学，他在丰盛三部。入初中前，我俩并不相识。1962年考入四中，我们成了一个班的同学，自此逐渐相熟。初中三年、高中一年，乃至“文革”动乱，近七年的时光可谓朝夕相处。1969年2月，我和班上另16位同学共赴延安插队，此后与他天各一方。后来知道，他和班上五名同学分配至北京六建，当了一名木工。这以后的20年，我自陕北农村转战至陕南三线工厂，他在六建奔波于不少建筑工地，各自的工作、生活轨迹没有交集。1989年，我回到北京后，才逐渐与昔日同窗恢复了一些联系。

每每在同学聚会时见到张平，感觉他从外貌到性格均变化不大。岁月的磨砺没有给他脸上添加多少皱纹，头发依旧乌黑浓密。特别是他那蔫蔫的性格，让我看到的仍是20多年前的张平。记得初中时，少言寡语、内向老诚就是他的最大特征。无论在学习时，还是在日益繁多的政治教育活动中，都很少听到他的声音，从未见过他激昂慷慨，情感外露。似乎对身边各种事物都泰然甚至漠然处之。班上同学给他起了个“老头儿”的外号，恰如其分地反映了他性格与年龄的反差。但是，我觉得这个戏谑绝无恶意，更多地是体现了他性格中老诚敦厚的一面。记得“文革”之初，“红色风暴”席卷京城，在那种近似疯狂的社会背景下，出身下中农的他并未因属于“红五类”而有任何特别，依然与所有同学平和相处。

每当校友联谊会即将到来之际，每当班上同学聚会之时，我便不由自主地想起张平。可能在别人看来，他是一个默默无闻的人，或者几近平庸。而在我看来，他就是一个平实地对待生活的人，是一个诚恳对待朋友的人，是一个当今社会尤其需要的老实人！

正因此，我怀念我过早故去的同窗——“老头儿”张平。

1969年1月，张平（后排左三）送班里17名同学赴陕北插队，图为在校门口合影留念。
前排左起：张延宏、唐华、王小平、张铁铿、金克刚、王泰立、姜作栋、祝文；
后排左起：刘兴、张钊、张平、那允玮、廖致杰、张宝琪、袁塞路、柏铮、刘达朱、张康成、赵东平。

[又及]

2015年12月16日，《“老头儿”张平》一文刚刚搁笔，便接到祝文电话，告知在搁置不用的旧电脑中查到了10余年前保存的高一四班同学通讯录，其中有张平家座机号码。试着打过去，接听的竟是张平的弟弟张宁！祝文向他了解了张平的一些情况，马上将此消息告诉给我。

张平的信息原本很少，甚至连他过世的确切时间都不知道！能联系到他的家人，实在是太好了！我马上联系了张宁，并通过他找到了张平的儿子张登瑞。通过他们，获得了有关张平的详细信息和10余张张平在六建工作期间的照片。

张平自1969年3月离开四中到六建工作，前些年从事木工，后来在业余大学学习企业管理，之后曾任工程项目的技术经理。多年来，工作勤勤恳恳，技术精益求精。在曾荣获建筑行业的最高奖项——鲁班奖和长城杯奖的“海关信息工程项目”中，获得“先进生产者”奖章荣誉称号。在平凡的岗位上取得了不一般的成绩！

不幸的是，张平在90年代末因胰腺疾病做手术用血感染了丙肝！后病情发展，终于不治，于2010年11月15日辞世，享年61岁。

老同学本应好好享受刚刚开始的退休生活，但就这样过早地走了，不禁让我们扼腕叹息！可是，看看张平40余年的工作经历，又不禁让我们肃然起敬。我们的“老头儿”就是在这样平凡的岗位上，平淡的生活中，埋头苦干，默默耕耘，获得了建筑行业令人羡慕的双奖工程的“先进生产者”，放射出耀眼的光辉！

我们的国家和社会需要千千万万张平这样兢兢业业的建设者。

“老头儿”张平是四中的骄傲，是我们大家学习的楷模！

2007年9月，张平（左一）参加北京四中百年校庆和同学合影，图中左五为副校长田佣。

NO.16

祝文

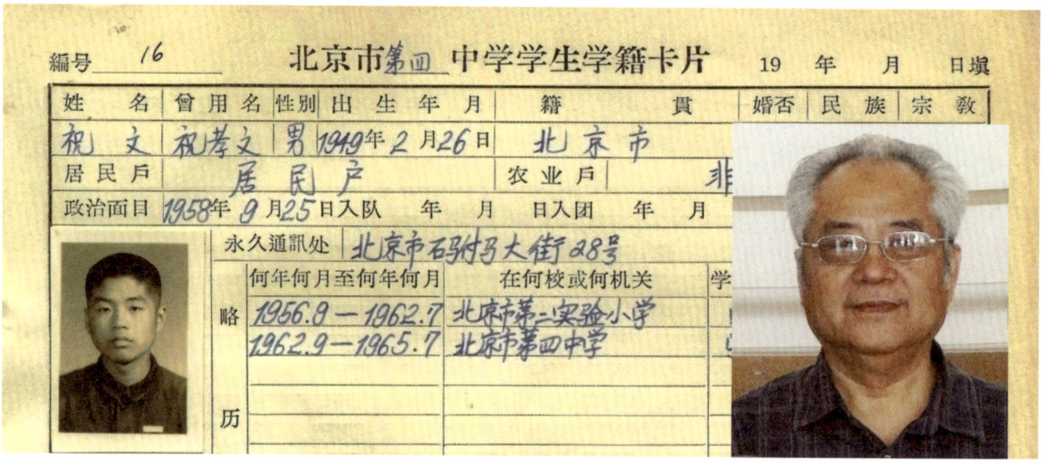

编号 16　北京市第四中学学生学籍卡片　19　年　月　日填

姓名	曾用名	性别	出生年月	籍贯	婚否	民族	宗教
祝文	祝孝文	男	1949年2月26日	北京市			

居民户　居民户　农业户　非

政治面目　1958年9月25日入队　年　月　日入团　年　月

永久通讯处　北京市石驸马大街28号

何年何月至何年何月	在何校或何机关
1956.9—1962.7	北京市第二实验小学
1962.9—1965.7	北京市第四中学

简历

1949 年 2 月 26 日生于原北平外一区崇外翟家口胡同

1956 年 9 月—1962 年 7 月，就读于北京市第二实验小学

1962 年 9 月—1969 年 3 月，就读于北京市第四中学

1969 年，户口迁至陕西省延长县安沟公社朱家河村（农业人口）；其间，曾从医（赤脚）三年、任教（民办）一年，以及任村副支书、支书职务

1978 年，户口迁至陕西西北农学院农机系（集体户口）四年

1982 年，迁至该省延长县中学（非农人口）任教数学

1986 年辞去县统计局干部职务，赴京经商；先后在外企驻京机构、中外合资、外商独资企业谋事任职

1998—2008 年，曾任全国消防标准化技术委员会监测及控制分技术委员会委员

经历四中

（文 / 祝文）

上世纪的1965年，共和国满16岁。同龄的我们，怀揣着青春理想的躁动，步入四中高中学业殿堂，开始人生一段重要经历。

四中，是我们报考高中孜孜以求的第一志愿，这意味着成功和荣耀。内心喜悦的张扬，外溢出的却是争相低调的谦逊：洗得泛白的蓝色制服外衣，打着恰如其分的几块补丁；郭（沫若）老书写的《北京四中》校徽，要别在衣服上兜翻盖儿内侧，若隐若现；平头短发、高座低把（自行车）、礼貌矜持，才是那个年代四中学生的亮丽风景。

初中到高中，是从少年成为青年的分水岭。班主任刘文明的教学理念是“创造教育”，鼓励学生之间相互学习、自我教育，调动全体同学的学习积极主动性。张延宏自学过高等数学“微积分”，是“渊”的典型；赵康康兴趣广泛、聚览群书，是“博”的模范。生动地诠释了“渊博”的深刻含义。在班级里树立“一帮一、一对红”，力争德智体全面发展，增强群体凝聚力。

插队时期照片。

进入四中，自然成为了学业精英，然而仅仅的学科尖子，未必得到各方尊崇。田径场地的成绩，才更能获取同学、老师的垂青。能够“为祖国，健康工作50年”！成为了付诸行动的人生信念。今天，到达了这个时间节点，多数我们，是不是交出了合格的测试卷？

四中课堂之大，今天的孩子们难以想象：开门办学，直接搬到了田间地头和工厂。无论怎样，开拓了一种尝试，除了基础专业，要了解社会底层的现实情况。在崔各庄、下辛堡，校办工厂：车铣钻床；会动脑、还能动手，才是男校学霸的风范模样。

“文革”宛若幽灵，悄然而至：昨日天清气朗，今朝风骤雨狂；我们默念着高尔基《海燕》的名句“让暴风雨来得更猛烈些吧”！不容犹豫地投入变幻莫测的政治波浪。学校里开始“四清”和“路线教育”，继而“破四旧”、抄家、串联，校园的和谐氛围一去不返，斗争不断，非要辩出“我是你非”，无休止的“革命”，导致了“拔刀四顾心茫然”。昨日还是革命旗手，转瞬成了被革命的对象。正所谓：你方唱罢我登场，甚荒唐，到头来为他人作嫁衣。

曾几何时，校园的和谐宁静蜕变成“无政府状态”。“军宣队”和“工宣队”以救世的姿态开进四中，整治的“药方”是排练队列的走步和空洞无物的政治学习。那时伴随我们年轻人普遍的是灵魂的缺失、心灵的迷茫；不曾见有人堕落为盗窃、有人打砸抢，有人吃喝为乐，有人泡女生、耍流氓。多年后，这些被写入小说、编成影视，似乎倒成了那个时代的“主流”“时尚”！

四中的我们，那时在哪里呢？驱骑上方山，步行走太行；夏收集结小辛庄，学工每天校办厂；桥牌、围棋练思维，操场四圈单双杠；巧手精心造航模，无线电圈论短长；更有潜心钻政治，小报摊上热收藏；莫道今日君逍遥，他年誓为国栋梁！

逍遥中，终于恋恋不舍地熬来毕业分配。总共 45 人的班级，五方分流：19 人插队，9 人进工厂，8 人去兵团，5 人当兵，两人到五七干校，另有两人不知所踪。离校之前，合影留念，无论观点派系，亦无血统高低。此时此刻，仿佛时光倒流回 1965 年，不就是在这座标志性的大门前，留下团结、友谊、青春、奋进的一瞬间！

劫波过后，仔细思量：“文革”那些校内的种种荒唐，触目惊心往事，不堪回首！母校却以她大海一般宽厚的襟怀，包容孩子的肤浅、暴戾、多端无良；尽力抚摸、抚平他们心灵的深深创伤。50 年过去了，回念四中，始终不离不弃，为什么呢？她的核心价值在哪里？

四中，如同一只“魔法棒”，浸透着不可言喻的自信。明明钻进了学业的象牙塔，却颠覆地号召推翻“高考制度”，真真地革了自己的命！普天之下，舍我其谁？是豪迈，还是狂妄？头破血流终不悔，骨子里还是透着怎么也抹不掉的“自信”。

这种自信，伴随着我们走出学校大门。即使到了穷山恶水、边疆野林、海防舰艇、铸造炉前，我们都视为另一种历练，那种自怜自艾、自暴自弃的心态，永远和我们绝缘。那种豪迈，化为了与自然的征杀搏斗，与命运的不屈抗衡。即使面对那根压倒骆驼的最后一根稻草，想到四中，就又焕发起力拔千钧的勇气。“天生我才必有用”，畏惧枉为四中人！成为了坚持、坚守的信念支撑。

这种自信，来自对社会责任的自觉担当，来自“勤奋、严谨、民主、开拓”校训的精神食粮；无论人生道路平顺或是坎坷，“达则兼济天下；穷则独善其身”。是我们不变的宗旨和选择。有此信念，为官，则可立功业为万民；为学，则可立箴言卓识而垂世；为师、为父母、为百姓，则可立德范而传承后代子子孙孙。

50 年，半个世纪时光荏苒，四中高中的三四年（1965—1969 年），不过是生命长河中的一段经历，然而却令人终生难忘，思绪绵长。四中，成就了我们的信念；四中，是校友们心中的一座丰碑，让人景仰。四中，某种意义上已超越了母校的范畴，升华为我们的信仰！

2015 年 7 月

共同历练

（文 / 张铁铿）

同学交往中，我和祝文多相处一些。一是喜欢他的脾气秉性，二是自认为在诸多问题理解和看法上与他多有相近。相近则多相处，多相处则多有所获。

大城子之行

1967 年，班里自发组织去密云县大城子公社程各庄村劳动，祝文和我打前站。早晨，驮着铺盖，骑上自行车，从学校出发，出东直门，走京密路，前往大城子。

那时的公路非常狭窄，一旦有汽车经过，我们就要往路边躲闪避让。一路上，我们始终保持匀速前进，祝文估量着骑行状态对我说，速度每小时 15 公里。我看着手表计时，果真每小时 15 公里！惊讶他神算的同时，心中暗暗钦佩不止。

骑到密云已是晌午时分，我们到一个餐馆“打尖”，临桌端坐着一位汉子，身材魁梧、相貌堂堂。待餐之际，与他攀谈起来，得知叫刘殿湖，原是游泳运动员，现在密云县体委供职，还给我们侃了一通陈毅元帅在密云水库钓鱼的趣事。近 30 年以后，当我再次见到祝文，谈起那段往事，我俩都还记得那位偶然邂逅的刘殿湖，多么奇怪！

离开县城，路变得更加难走，沙石铺就的路坑坑洼洼，车轮压在上面左右摇摆，屁股上下颠颤，好不难受。在穿越了一段长长的满是鹅卵石的河滩路之后，进入山区，再穿越两道山隘，晚上 9 点多钟，来到村里，我们已是人困马乏，饥肠辘辘。

第二天，趁早号了房子，又做了一些其他准备，静候着同学们的到来。这次骑行，我始终处于懵懵懂懂状态，因为跟着祝文，不用操心。过后我忽有所悟，打前站不仅要规划骑行路线，安排打尖歇脚地点，考虑人车安全，还要筹谋同学们食宿，应对突发事件等等。记忆中，潘德震夜晚突发胃痉挛，疼痛至极，幸有人备有颠茄片，做了紧急处置，才确保了安然无恙。第二天，天蒙蒙亮，祝文就护送他回北京了。

在日后的工作中，我曾多次组织大型会议，特别注重细节以及各环节之间的衔接，效果甚佳，追根溯源，无不受益于那次骑行给我的锻炼。劳动大约持续了 20 天，归程没有骑行，是通过铁路把自行车托运回去的，现在想来，若是归程再次骑行，定会另有收获。

初识简谱

1967 年，我、祝文及张康成三人参加了一个跨校的合唱团，主要演唱《长征组歌》和《红卫兵组歌》。其中有一句歌词是“九四上海雨夜寒，松花江畔英姿豪”，曲调坚毅、细腻、悲婉，感人至深，但我并不知道那歌词表达的是什么事，只是凭着热情去参加活动，带有很大盲目性。

记得指挥叫沈自由，据说是《海岸炮兵歌》词曲作者沈亚威之子，从六七岁便开始练习指挥了。他在台上潇洒自如，激情满怀，张弛有度，颇能压住阵脚。钢琴伴奏者叫黄小曼，兼作曲，一个娇小文静的女生，颇有才气，前些年在全国一些歌唱类大奖赛上常见到一个叫作黄小曼的评委，不知是否当年的那个黄小曼。

那时演出要统一穿着黄军装，我没有军装，祝文和张康成张罗着为我借。我和祝文唱得是男声低音部，我不识简谱，便求教于他。他说，你先定准每个单音，拖长哼唱每个单音，然后一个一个连在一起，就可以了。按他的说法尝试，真的可以唱简谱了。在那段时间里，我和他相处得十分融洽和愉快，由于出身有软肋而背上的思想包袱，也丢到脑后了。此后，我内心里更加愿意和他在一起了。

或许祝文没有意识到他对我的影响有多深，但每逢谈起，我脑海里一定会浮现当年和他一起经历的那些事，因为，那是一个时代的记忆。

赤脚医生

插队时候，陕北老区还保持着吃“派饭”的传统，上级公务人员到村里办事，赶上饭点，就按事先排定的顺序（不分贫富贵贱）到农民家里用餐（按规定标准付费）。教书先生和医生不仅可以享受“派饭”的待遇，而且还不用交费。正是在这种土壤环境中，祝文上任，当了大队赤脚医生，可知其在农民心目中的形象。

我们大队合作医疗规定，在既有条件下，社员每人每年交 5 分钱，一切病患包治。这意味着医术越好，为病人看病越多，队里消耗的药品越大，祝文就遇到了这样的问题：药品日益短缺。为满足用药，祝文决定到县城采购一批药品，约我同往。

1971 年初，大雪覆盖了整个黄土高原，漫天洁白。清晨，祝文和我每人拿了一条麻袋和一根麻绳上路了。到县城山路 65 里，我们马不停蹄，下午即到，立即直奔药店采购。祝文有一张采购单子，多是中草药，价格便宜，效果也不差。药品总计 123 斤，祝文的麻袋装了 62 斤，我的麻袋装了 61 斤，虽只差 1 斤，足以显出他对我的关照，毕竟“千里不捎鹅毛”嘛。一切停当，日已西斜，住下无话。

第二天早早起程，匆匆赶路。归时不比来时，来时虽不是闲庭信步，却也是两手空空，回时已是身疲马倦，双肩负重了。好在那时年轻，不知累，也不怕累。踏着没踝的积雪，张着大口，喘着粗气，边走边听着脚踏积雪发出的嚓嚓声，心中充满浪

1972 年 5 月，祝文（后中）和同学一起送别被推荐上大学的赵军（后右一，原自铁二中插队）。

漫激情。累了，歇歇脚吸支烟，这之前我很少吸烟；渴了，躺在雪地上，抓起一把雪就往嘴里塞；边走边聊，边聊边侃，虽不能称惬意，也算舒心，并不觉有多苦。翻过一道山到了安沟，在公社借宿一夜，次日，又继续翻山，到得队里，自豪感油然而生。这个画面至今历历在目，在纪念插队 40 周年的时候，我填了一首《临江仙》，词曰：

涉水延河年正少，挥镢自诩英豪。身披百草踏琼瑶。心坚无逆境，眼阔尽春潮。

净土耕耘飞梦幻，灵魂洗礼云霄。人生五味任逍遥。青春识质朴，花甲敬清高。

其中“身披百草踏琼瑶”记述的便是这次买药，“净土”一词则是借用祝文在 2009 年延安地区知青联谊会上的发言：延安永远是我们心中的净土。

祝文做赤脚医生的时候还曾为我扎过针灸。在我不记事的年龄，开着窗户睡觉，穿堂风袭过，便口角歪斜，医学上称颜面神经麻痹。家人按照传统土方，在患处涂抹鳝鱼血，歪斜被矫正许多，但并未痊愈。陕北的冬天极其寒冷，可达 -20℃以上，我的面部经常痉挛，严重时甚至影响说话，只能不停地用手按摩脸颊，以求缓解。祝文知此后，即刻找来一些针灸书籍，潜心钻研，为我制订了治疗方案：主穴，地仓透颊车；辅穴，合谷和翳风。地仓穴在嘴角，颊车穴在面颊，针从地仓刺入，从颊车刺出。他轻捻银针片刻，停针两穴间，又用另外两根针，分别刺入合谷和翳风，捻针、停针、拔针……一切结束。我那麻痹的面颊颤抖一阵后，控制力神奇般地复原了！这以后，只要面部发生痉挛，我都去找祝文，来陕北后的第二个严冬我过得十分顺利。

告别陕北后，我又在北京朝阳医院做过一次拨动神经的治疗，用一根比针灸略粗且头部略圆的针，似拨弄琴弦般地拨动面颊部位的神经。那方法虽有效果，却感觉不爽，神经甚为疼痛，豆大的汗珠滴落不止，远不济当年祝文下手的疗效，既温馨又不痛苦。至今我面颊仍偶有痉挛，只是祝文已丢弃赤脚医生的行当，令我无处寻觅那简便的治疗了。

祝文在石驸马大街住宅院子里打乒乓球。（王小平摄于 1965 年秋）

1971 年 7 月，祝文（后排左二）和原高一四班在朱家河插队的知青同学，送别张铁铿赴河南省五七干校，图为在田间合影留念。

NO.17

王小平

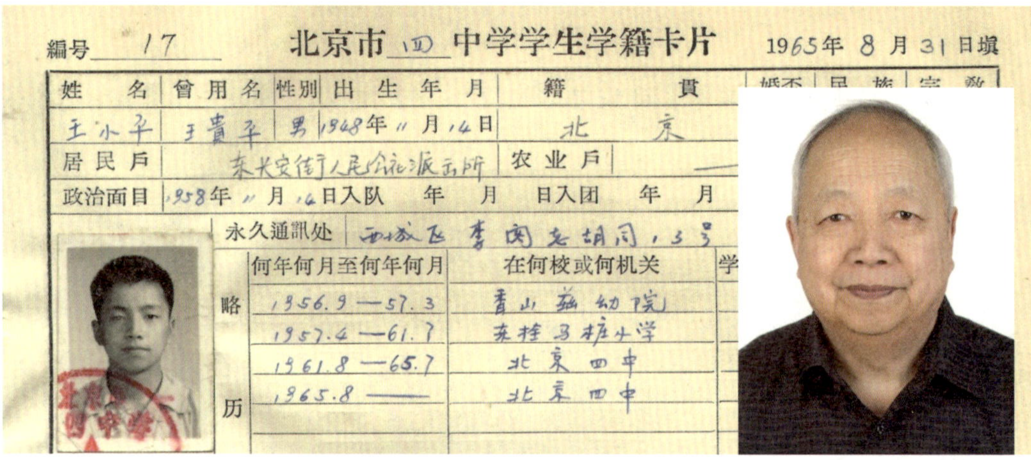
編号 17　北京市 四 中学学生学籍卡片　1965年 8 月 31 日填

姓名	曾用名	性别	出生年月	籍貫
王小平	王贵平	男	1948年11月14日	北京

居民户　东长安街人民公社派出所　农业户

政治面目　1958年11月14日入队　年　月　日入团　年　月

永久通訊处　西城区李阁老胡同13号

何年何月至何年何月	在何校或何机关
1956.9—57.3	青山瑞幼院
1957.4—61.7	东样子桩小学
1961.8—65.7	北京四中
1965.8——	北京四中

简历

1948 年 11 月 14 日，生于北京

1962 年—1968 年，北京四中初中 6 班、高中四 班

1969 年 1 月—1972 年 12 月，陕西延安延长县插队知青期间 1971 年 12 月，入党

1972 年 12 月—1987 年 7 月年，陕西汉江工具厂技术人员

1979 年—1982 年，陕西电视大学机械制造专业专科

1987 年 8 月—2000 年 6 月，中国公路车辆机械总公司管理人员

1991 年—1993 年，中央党校企业管理专业本科

2000 年 7 月—至今，北京一体通探测技术有限公司管理人员

2008 年 11 月，退休

1967 年，王小平在北京四中。

校园随笔

（文 / 王小平）

开门办学

我们高一四班的班主任是教政治课的刘文明老师，教数学课的是田佣老师，教三角课的是李汇川老师。田老师是大学毕业不久的学生，刚刚走上讲堂，后来做了四中的副校长，对我们这些毕业的学生有很深厚的感情。

好像高中第一学期放假以前，学校安排我们到郊区金盏公社参加了一次社会主义教育运动的批判大会，会上对公社里地主分子进行揭发和批判，会上展示了地主的“变天账”、农民的血衣，这是我们第一次到社会上参加这样的活动。

第二学期，四中作为教育改革的试点，进行半农半读的实验，开学以后，全班同学进驻到中阿友好人民公社（东郊农场），在公社的养鸡场旁边的一座小楼里，每天上午正常上课教学，下午参加劳动。在这里劳动量不大，仅仅是在果园里给果树松土除草，采摘出口的草莓，那时市面上根本见不到草莓，所有的草莓全部出口苏联和东欧，据说一吨草莓能够换回一吨钢材。那几年中国正处在恢复经济的紧要关头，所有好的东西都出口换外汇了。

串　联

1966 年 8 月 18 日，毛主席在天安门城楼接见了红卫兵代表。大会结束以后，我与刘达朱、张宝琪、邵明路、夏鲁平（忘了还有谁，好像一共六个人）等，直接从天安门广场去北京火车站登上南下的列车，开始全国串联。

在火车上，人挤的像沙丁鱼罐头，座位下、行李架上挤满了人，我们勉强爬上车厢，站在车门处一动也不能动，一直站了 24 个小时。在火车上没吃没喝，相互挤在一起，大汗淋漓，刚过郑州邵明路就发烧了，车到武汉于是停留了下来，参加武汉的“文革”。我们那时是真的革命，每到一处必定瞻仰烈士陵园，必定到各个大学串联，看大字报，和当地的红卫兵沟通信息，没有时间游山玩水，不像后来的串联变了味道。

武　斗

串联回京后，学校里仍然很乱，成立了各种各样的红卫兵及造反组织，而且社会上观点对立的群众组织的对抗也越来越激烈，有的地方开始武斗，北京也受到影响。

1967 年初夏，在北京展览馆举办红卫兵破四旧的成果展览，实际是抄家展。我和郭世杰约好一同去参观，我们刚刚走出校门，就看见一群“四三”派的敢死队员在拼命的追几个老红卫兵，转眼就到了跟前，有一个老兵借我和郭世杰推的自行车转起圈子，我们两个赶紧扔下自行车躲到一旁，只看见一个“四三”派的队员，抢起手里的木枪，隔着自行车就打到老兵的头上，老兵应声倒地，头上眼看着肿起一道与枪托等宽的血包，那个“四三”派的队员扔下老兵追赶队伍去了，我和郭世杰急忙将受伤的老兵扶到学校校医室进行包扎，因为我和郭世杰臂上带有“新四中公社”的袖标，这个组织当时是中立的，与“四三”“四四”派两边都没有极端对立的情绪，所以往往在激烈的派别对立中能够生存。

徒步狼牙山

由于“革命”串联变味成了不花钱旅游，中央发出通知，停止全国搭乘火车等公共交通工具的所谓大串联活动。但我们几个爱玩的同学突发奇想，一伙人酝酿了去河北狼牙山的徒步串联。记得去狼牙山串联的有张建新、夏鲁平……

我们徒步从学校出发，第一天走到良乡航校住下，脚底打满了血泡，这是我们有生以来第一次徒步走这么多的路。学着红军的经验，用针穿着头发，刺破血泡，用热水烫脚，才好受一些。第二天起程时，腿酸脚麻，几乎迈不动步伐，我们咬牙坚持下来，走到第三天就好多了。每天麻木地在公路上行走，保持每小时12华里的速度，每天都盼着早一点到达目的地。

有意思的是在河北，每走过一个村庄或者一条河沟，都感觉当地人说话的口音有变化，原因是乡下的人活动范围很小，都过着自给自足的生活，因此围着一个水系生活的人往往就有一个地方的口音、习俗，各不相扰。我们打听路径的时候，更让人摸不着头脑，往往第一个指路的人说距离目的地还有七八里的路程，走了好长一段以后，第二个指路人却告诉我们还有十一二里路才能到达目的地。更有甚者，再遇到第三个指路人，却告诉我们还得走20里才能达到，经常弄得我们垂头丧气。

上方山探险

又有一次，不知谁提议去房山的上方山云水洞探险，大家马上决定第二天集合骑车去。房山云水洞在周口店以南，那时还不是旅游区。我们一行多人第一天骑到周口店，当晚住在周口店中学。

次日晨，赴著名发现古人猿头骨的山顶洞参观。周口店纪念馆已无人管理，一片破败景象。而后一边问路一边玩，到云水洞山下时，天已经黑了，我们决定露宿野外，可是随夏鲁平一起来的邻居小同学，已经把圣水峪村子里学校的教室窗户撬开了，我们就进到教室休息。没多长时间，教室被老乡包围了，把我们带到队部审问。那个老兵还挺横，要和老乡打架，被我们严词批评，不许他再发声说话。我们向老乡检讨，愿意为那个老兵的行为道歉，毕竟我们认为撬窗是不对的，摘老乡的柿子也是不对的，愿意留下参加劳动弥补造成的损失。老乡被我们的态度感动，反而从草垛上搬了许多稻草，在队部铺了地铺让我们住下，还熬了一大锅米粥款待我们。

插队随笔

（文 / 王小平）

偏远山村

1969年初，刚满20岁的我和同班其他16人离开四中到农村插队，在陕西省延安地区延长县安沟公社朱家河大队王家沟村插队整整4年，在我的一生中留下了深深的刻印。

朱家河位于延安、延长、宜川三县交界处，离安沟公社30里、离延长县城60里，离宜川县的云岩公社40里，离延安县的临镇公社40里，解放前是红军根据地与国民党军队占领区交界的地方，处于深山之中，生活条件非常艰苦。

1971年，王小平在延安延河大桥下的宝塔山留影。

我们从北京出发时，先坐火车到铜川，然后换敞篷卡车到延安。一路上看到大雪覆盖着山川，非常壮观，但沿路的山坡下和河面上有不少翻到沟里的汽车残骸，也说明这条山路的难行。在延安住宿一晚，抽空参观了王家坪革命纪念馆，我和祝文在“四·八”革命烈士纪念碑[1]下还照了一张合影。

一穷二白

我们插队的村子与外界的通道仅有山间小路，交通运输只能靠瘦骨伶仃的毛驴驮行或者肩挑人扛。没有电，没有广播，没有报纸。有一个民办小学校，学校里配有一个公办教师，教几个能上得起学的娃娃。

村子里的人过去只见过红军，没见过解放军；只见过天上偶尔飞过的飞机，却没有见过火车、汽车。许多人一生没离开过村子，最多也就走二三十里地到官庄或云岩赶集，很少人进过县城。村子里的大人和孩子几乎全是文盲，只几个小队会计识一些字，能打算盘。我们问老乡知道

1 1946年春，国民党政府破坏《国共停战协议》，向解放区发动进攻。当时在重庆同国民党谈判的中共代表王若飞、秦邦宪，为了向中共中央汇报请示，于4月8日和新四军军长叶挺、中共中央工委书记邓发、教育家黄齐生等同机飞返延安，飞机在山西兴县黑茶山失事，不幸殉难。同机殉难的还有八路军军官李绍华、赵登俊、魏万吉和叶挺夫人李秀文等。

"十一"国庆节吗？大家都摇头，只知道十月一（阴历）是"鬼节"。

我们进村之前1968年陕北遭灾，全年粮食收成不好，加上文化大革命，到处乱哄哄的，生产逐年下降。我们到村子时，刚好"大寒"是冬季最冷的节气。刚刚过了年没出正月，王家沟村已经有半个村子断了粮，都靠吃麸皮、荞麦尾（音"yi"）子熬着。另外两个村比王家沟村强一些，但也有断粮户。

插队前半年我们的口粮由国家供给，每个月有44斤商品细粮或者50斤毛粮（玉米豆和麦粒），协议供应到夏粮收割的时候。经过商议，同学们把从北京带来的全国粮票集中了起来交到队里，支援给最困难的老乡，帮其渡过难关。

打坝遇险

村里说的修水利，是在山沟里建拦洪大坝。选好坝址，人们在两边的山坡上刨土填坝，每次填土到一尺半厚时，用石夯或者木夯把土砸实，如此周而复始，一层一层使坝增高。待大坝打到十几米高时，坝面的长度也逐渐增长有几十米了，需要用小车把两边的土运到中间。

这里的劳动工具都是最原始的，刨土用的老镢、运土用的小车，无一不是在北京历史博物馆看到的秦始皇时代修长城时的工具，像小车就不用一根铁钉。车轴是耐磨的枣木旋的，轮子是圆木旋的，车筐是榆树枝条编的。如果送到北京展览，一定不会有人知道这是现实生活中使用的工具。实际上这种大坝是抵抗不了夏天洪水的冲击的，一年里大坝里面就淤满了黄土，第二年种了庄稼，洪水一来，漫坝而过，当年坝就会被拉出一条大口子，如果不及时补救，第二场洪水就能把大坝连根冲毁。

在大坝上，我经历了一次生死锤炼。

那天和往常一样，我一早就爬到大坝一边最高的崖上，在最高的一层刨土。大坝上的土都是两边崖上刨下来的，大概两米半高一个人，每个人负责刨与大坝宽度一样的土层。刨土时，为了获得最大的收益，我们都是围着一块大约5尺宽的土块操作，先在土墙根上掏一道一尺宽一尺深的通槽，然后在土墙左边竖着掏一道一尺宽一尺深的通槽，与横槽连通，再在土墙右边竖着掏一道一样的通槽。因为冬天土层是冻结着的，所以这道悬空的土墙不会自己倒下来，需要外力撬下来，而在做最后这个工序时，底下的人群都会让开，我在最上面的土墙也应该是最后放倒的。

那个时节，天气已经转暖，大坝也打到最后几层，就要完工了，我刨好的土墙因为在最上面，太阳照了一个上午，冻土已经融化，但是我还不知道，当我掏好所有的土槽时，土墙突然扯断了灌木根，整块倒了下来，我根本来不及躲闪，连人带土一起滚了下来，摔下来的高度有近30米，我只看到下面几层的人们一片惊呼，一会儿看到人的头顶，一会儿看到人的鞋袜，我不知在空中翻了多少个跟头，摔在山崖下的松土堆上，连着滚了好几个滚，才停了下来。

我看到人们向我跑来，听到几个同学大喊快打强心针，最后才失去知觉，昏了过去。当时幸运的是经过一个上午的劳动，山崖下已经堆积了很厚的松土，我摔在上面，只是受到剧烈的震动，而没有硬伤。如果早上就摔下来，那时山崖下都是裸露的树桩和岩石，我肯定就没命了。

当我醒来时，浑身酸痛，好像骨头都散了架，那几天，老乡拿出家里仅有的一点白面、仅有的几个鸡蛋为我做饭，在开春大家都没有粮食吃的时候，我得到最好的照料。一个星期以后，我忍着没有完全恢复的伤痛，又回到了工地上继续参加劳动。这个事件，被回京汇报团编进了知青先进事迹中，我的爸爸和妈妈那时才知道我的这个经历，据说在报告现场，不少知青家长都哭了。

各尽所长

为了改变村子的落后面貌，大家想了不少办法。每个人都试着发挥自己的特长，王泰立建立了广播站，当起了播音员；祝文当了赤脚医生；金德本当大队会计；唐华办起文艺宣传队；柏铮进入大队领导班子；邵明路在水利队办扫盲班；郭世杰当了小学老师等等，每个人都尽量发挥自己的作用。我们为扫盲编了几本教材，我为此还画了好几幅插图。当时，我最大的一幅作品，是在村头的影壁墙画了《毛主席挥手我前进》的宣传画。

我们的到来，改变了村里闭塞的状况，使老乡们知道了外面的世界。尤其在第二年，北京派来了支延干部，带来了一些援助物资，使得陕北开始有了些现代化气息。

北京支援的物资，第一批分配到我们队的是一台五马力的柴油机。由于我在学校参加过科技模型活动，被大家一致推选为会使用机械的知青。我利用这台机器改装了村里磨面用的石磨，利用水车的旧机架制作了传动装置，用柴油机带动石磨转起来，老乡们觉得特别惊奇。石磨的高效率解放了妇女繁重的家务劳动，但开始没有调整好石磨的转速和石磨间的缝隙，磨出来的面粉里总是掺杂着石磨掉下来的石粉，做熟的食品吃起来嘴里咯吱咯吱直响，可是同学们毫无怨言，忍着把掺着石粉的面粉都自己消化了，大伙没有一点怨言。

知青并队

1970 年北京干部来到延安后，为了便于管理，对当时的各队知青小组做了重新安排。主要是把农村环境条件不好的插队知青调到相对环境好的地方，把年龄小的知青安插到有高中生年龄较大的知青集体中。

1970 年夏，王小平在农村用柴油机驱动谷物脱粒机打场。

王小平（后排右一）与原高 68 届 3 班在蹇梁大队知青白迪琪、张元、周彻等合影。

这张照片摄于1971年初，是知青并队以后人数最多的一张合影，背景为王泰立、金德本、唐华等三人居住的窑洞。
前排左起：张长双、罗万、王德山（北京干部）、赵军、张东、刘之祎、刘之祥、崔希通（上文作者）；
中排左起：张元、郭世杰、廖致杰、金铁鸣、张宝琪、陈肃、王士鑑、宋世昌、金克刚；
后排左起：柏铮、宗培铎、邵明路、唐华、周彻、张铁铿、甘金元、王泰立、王小平。（祝文摄影）

我们所在的村子虽然条件艰苦，但知青集体团结、与老乡关系融洽，所以被选择为基础的知青点。吴家窑科的荣朔南、袁林峰、李秋雨（他们是我校初68届6班的学生）；踅梁大队的周彻、金铁鸣、吴政新、张元、宗培铎、罗万、白迪琪、白矛（白迪琪的弟弟）、宋世昌、王士鑑（他们是我校高68届3班的学生）；还有其他生产队的赵军、刘之祎、张东（3个女生）；刘之祥、崔希通、陈肃（3个男生）等共19人并入了我们大队；加上朱家河原有的14人（其时张延宏、褚维春、姜作栋已先后离队）我们队总计达到33名知识青年。他们加入我们的队伍后，增加了吴政新为新的知青领导小组成员之一。

1972年从北京传来周总理的讲话：知识青年上山下乡就是分配工作，就是长期扎根，与贫下中农一起改造农村落后面貌。这个讲话引起知识青年的极大震动，我们参加了公社组织的安心农村生活的学习班。在这个会上，大家都慷慨激昂地表态：扎根农村一辈子。也就在这个时候，上面又安排了招工的计划，主要是延安地区当地的企、事业单位，我们队里有好几个名额，有人也去检查了身体，但是最后受我们的影响，也都没有去报到。 但是紧接着事情有了快速发展，可能是延安地区已经知道国家将安排部分知青参加工作，于是很快就在知青中大批选拔干部，准备安插到公社、县和地区的各级领导班子中。本来我们准备集体抗争，但是北京干部做工作要求我们服从组织分配。当时，大批招工指标都已经下达，原来表示坚决留下当农民的想法，因为提拔干部的事件使之烟飞云散。于是除了留下当干部的柏铮、邵明路、金德本和吴政新同学以外，大家都开始准备分开了。

NO.18

唐华

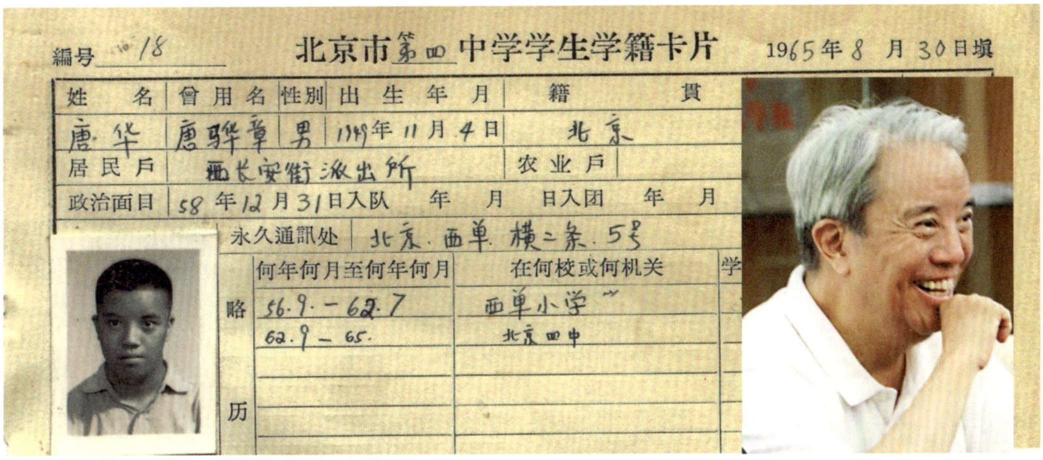

編号 18　　北京市第四中学学生学籍卡片　　1965年8月30日填

姓名	曾用名	性别	出生年月	籍貫
唐华	唐骅章	男	1949年11月4日	北京
居民戶	西长安街派出所		农业戶	
政治面目	58年12月31日入队		年　月　日入团	年　月

永久通訊处　北京西单横二条5号

略历	何年何月至何年何月	在何校或何机关
	56.9.—62.7	西单小学
	62.9—65.	北京四中

简历

1949 年 11 月 4 日，出生于美国纽约，1951 年 3 月随父母回国

1962 年 9 月—1968 年 7 月，就读于北京四中初中和高中

1969 年 1 月—1972 年 12 月，陕西省延长县安沟公社朱家河大队插队

1972 年 12 月—1978 年 2 月，陕西省宝鸡石油机械厂八车间工人

1978 年 3 月—1982 年 1 月，恢复高考就读于西安，西北工业大学飞机系本科学习

1982 年 1 月—1990 年 1 月，第三机械工业部六院及航空航天工业部办公厅工作

1988 年 9 月—1989 年 9 月，公派赴美国纽约长岛大学访问学者

1990 年 1 月—1993 年 6 月，航空航天工业部国际合作司人才交流处主持工作

1993 年 6 月—1999 年 6 月，中国航空工业总公司国际合作贸易局智力引进处任处长，贸易局副局长

1999 年 7 月—2008 年 9 月，中国航空工业第二集团公司国际合作贸易部任副部长院长

2008 年 9 月—2015 年 6 月，中国航空工业集团公司任专职监事 / 科技委专职委员

黄土·蓝天

（文／唐华）

1969年1月在四中高中毕业之后，我和同班的16名同学一起到陕西省延长县安沟公社朱家河大队插队4年，1972年12月30日被招工到了陕西省宝鸡石油机械厂当了5年工人。

1977年下半年，我有幸赶上了“文革”后第一批恢复高考，我踊跃报名，顺利通过考试，于1978年2月进入西北工业大学就读飞机设计专业。位于西安的西北工业大学当时是三机部的部属院校，该校集航空、航天、航海三方面的专业，我在五二专业（飞机设计专业）学习了4年。在校期间担任了校学生会副主席，大四（1981年9月）加入中国共产党。1981年12月大学毕业并取得学士学位。

1982年2月，我毕业分配回到北京，在三机部六院工作，从此我步入了中国航空工业的队伍，从职30年。一年后被选调进入三机部办公厅，做时任三机部副部长姜燮生的秘书工作。直至1987年，我经过一年的英语强化学习，通过公派出国考试，本人作为公派访问学者，于1988年9月赴美国纽约长岛大学管理系学习一年。1989年9月学习期满回到三机部机关上班。当时三机部已调整为航空航天部，1990年1月我被调到新组建的国际合作司工作。

我任职在新组建的国际合作司人才交流处，航空、航天两边办公，人才交流处也只有3个人员编制，航空这边就我一个光杆司令，一切白手起家，没有范例。面临新的挑战，我压力挺大，因为人才交流处的工作职责是引进国外智力工作，而引进国外智力工作又分两大块，即从国外引进所需专业的专家到我们这里针对有关型号研制和科研项目进行技术咨询，和派出我们的技术、管理人员到国外的公司、科研部门、大学进行培训和学习。这项工作政策性很强，业务归口在国务院的外国专家局（外专局），当时我的工作一方面要去航空工业分布在全国的各研究所和工厂，了解对引进专家的需求，另一方面去外专局争取专项资金的支持。经过几年横向纵向的奔波，从1990年至1998年，从外专局专项经费引进的外国专家达700多人次，这些专家分别来自英国、法国、德国、美国、俄罗斯、乌克兰等国家。他们来到航空工业系统的厂所，解决了许多重点型号飞机研制中疑难问题，加速了这些飞机的研制进度，提高了飞机的质量。

在国外培训方面，经我们报外专局审批、审核类国外培训的团组达50多个，人数达1000多人，加上备案类培训，国外培训达4000人次以上。我们不仅大量派出到国外技术培训的人员，更注重派遣管理干部出国培训。其中特别值得一提的是，1998 年 4 月下旬，我们选派了平均年龄 37 岁的 17 名青年领导干部，到美国波音公司进行了为期 97 天的“浓缩 MBA”培训，全部是美国波音公司的专家和中高层管理人员用英语直接授课，讲课内容涉猎广泛，形式活泼多样，反响热烈。1998 年夏天我陪同时任中国航空工业总公司副总经理刘高倬出席了结业典礼。这批学员在后来的工作中积极运用所学的管理知识，并在一两年后升任了更高的领导工作。

那些年，我做智力引进工作，由小到大，由单一向多元，承上启下，全面铺开，对航空工业的发展起到了积极推助作用，得到了总公司的肯定，同时也得到了国家外专局的肯定。1998 年国家外专局在全国引进国外智力工作大会上给我颁发了“全国引进国外智力先进工作者”的证书，并受到时任总理李鹏的接见。1991 年、1993 年和 1995 年被总公司评为先进工作者。9 年的引进国外智力工作，使我更加清醒地认识到，中国航空工业要加快发展，必须要走国际合作的道路，引进国外智力就是其中一个重要举措。

1999 年在时任总理朱镕基的要求下，中国航空工业总公司被拆分为两个集团公司，我被指派到中国航空工业第二集团公司（中航二集团）筹建中航二集团对外合作的部门——国际合作贸易部（以下简称“国贸部”）。当时我已经是主持工作的副部长，2001 年 4 月被正式任命为国贸部部长。

国贸部是中航二集团总部直接面对机关和下属单位的一个窗口部门，国家外事管理工作有严格的政策性，航空工业改革开放，创新科研势在必行，外事外贸工作量大，工作面宽，对我的工作提出新的挑战。在主持国贸部工作 8 年期间，我带领同事们在严格遵守国家各项准则和规定的同时，尽责尽力地做好外事联络疏通服务工作。同时，国贸部是集团负责对外航展的归口部门，特别是中航二集团整体参加的历届珠海国际航展，我作为这个项目的总负责人，首先要做好航展的展台总体规划、设计和具体实施的组织工作，还要与外国公司、珠海地方、各兄弟军工集团公司，以及本集团内部其他部门共同协商筹备，时间紧任务重，夜以继日加班加点，为历届珠海航展顺利圆满举行做出了贡献。

我担任国际贸易合作部长的 8 年来，在中航二集团公司几个大项目的国际合作过程中，特别值得一提的是与巴西航空工业公司合作合资谈判中，我从头到尾参与协商、联络、合同文件翻译定稿等重要工作并会同集团有关部门共同努力，促使我们与巴西航空工业的合作取得成功，最终由我国哈飞与巴航公司合资建厂，共同生产出 ERJ145 飞机并很快投入使用，开创了我国自己制造生产的支线民用飞机的新篇章。

回想从 1999 年 7 月至 2008 年 9 月这 9 年多的工作，外事外贸工作逐步展开，得心应手，越干越有感情。我的付出得到了单位组织上的肯定，鉴于我工作中做出的贡献，2005 年中航二集团公司授予我个人二等功。

2008 年 10 月，根据国家部署安排，中航二集团与中航一集团合并，成立了中国航空工业集团公司（中航工业），我的工作再次变动，任职中航工业集团公司专职监事，派驻中国航空技术国际控股有限公司（中航国际），同时兼任中航国际北京、上海、广州、厦门公司的监事会主席。这工作对我来说是一个全新的领域，从外事外贸转为专职监事，一切从头学，快 60 岁的我，又一次面临新挑战。

努力学习，迎难而上是我们四中学子的传统，我毅然报名参加由中航工业和国资委举办的培训班，像当初在四中当学生时一样听课学习，对新知识学习，我依然如饥似渴，顺利通过职业资格考试，获得国家人事部颁发的监事资格证书。在工作中边学边干，尽职尽力站好最后一班岗，为中国的航空工业贡献自己的力量。

2010 年 12 月初，我从职场退休了，回顾在航空工业 30 多年的历程，深刻地认识到中国的航空工业必须坚持走“国际化开拓”的道路，引进吸收国外航空的高科技术和先进的管理经验，不断加强国际合作，中国的航空工业才能真正腾飞，才能满足国内日益增长的对民用飞机的需求。我为自己毕生从事并且热爱的工作而自豪，为我国日新月异的航空飞机制造事业而骄傲。

印象 · 唐华

（文 / 祝文）

教师节这天，收到唐华发来的邮件简历及文章《职场回顾》。文字内容确实很好，以平淡无华的语气，总结阐述了在国家航空工业领域几十年所做的岗位工作。也许因为与唐华从 1962 年在四中相识共同学习，到 1972 年他被招工离开陕北，有整整 10 年的共同经历朝夕相处。作为编辑者，我对他的“回顾”，既赞赏钦佩又觉美中不足。故此征得本人同意后，将文章题目改为《黄土 · 蓝天》，在此，谨对其中的“黄土”，增加一点儿厚重的分量。

熟悉唐华的同学都知道，他的学习天赋很高，杨南征的评价是：唐华但凡俄语问题有问必答，堪称“活字典”。因为一侧太阳穴有道伤疤，同学调侃说缝进去了一本《俄华字典》。但也许大脑过于发达的缘故，唐华的弱项是小脑控制运动神经系统协调性不足，经常身不由己地犯“笨拙错误”：队列齐步走成“顺边儿”，甩手榴弹扔到自己后方，等等。这些“错误”发生在体育课上，最多影响了科目成绩。可到了自然条件恶劣的陕北，弄不好就要“一失足成千古恨”了！

凡插过队的人都明白，知青从城市到了乡下，首先面临“生活关”和“劳动关”。对于唐华来说，“生活关”就不是“吃饱吃不饱”“吃好吃不好”那么简单了：衣服自己洗，袜子自己缝，要会生灶火、担水、磨面、合面、蒸发糕、擀面、切面条。须知唐华打小儿从美国回来，父母都是高级知识分子，家务活历来都是聘请的阿姨（保姆）料理，油瓶倒了也用不着自己扶。自打插队一脑门儿扎到山沟里，这些以前见都没见过，听都没听过的手艺活儿个个儿都要学，还得亲手干！

就连走路也成了一“关”。7 个人的知青灶设在我们住的窑洞，唐华窑洞的位置比我们高些，要经过两家老乡的窑洞外面（当地方言：外起），下三个小坡。冬天雪后结冰路滑，唐华起床后赶早来生火做饭，短短一段路程能摔四个跟斗：一坡儿一个不说，走平平的外起还饶了一个。

“劳动关”呢？光那一大堆劳动工具，就搅得人眼花缭乱：小镢、老镢、斧头、锄头、背绳、簸箕、扁担、麦担、连枷、铡刀、镰刀、粪斗儿、翻犁、耩子、耙子、铁锹、木锨、叉子，如同古代刀枪剑戟、斧钺钩叉的十八般冷兵器，要耍弄得得心应手，不仅要有膀子好气力，更需把握住要领技巧。

就拿打柴说吧，有三个步骤的基本要领：砍、捆、背。

砍柴的工具是小镢、斧头，砍的时候的要避开枝条可能反弹的方向，握紧镢把儿照着灌木的根部斜劈下去，即使手腕儿粗的树径，一两镢头下去也齐根折了。唐华因运动协调功能弱，胳膊只会发猛力，往往冲着灌木丛就横抡过去，虽然口中发着鼓劲儿的声声呐喊，结果树木枝干毫发未损，自己的头脸、手臂却被弹回的枝条抽花了，留下条条血印。

夏季收麦更是考验，一担麦子少说七八十斤，多者上百斤。一般要左右肩膀轮换着担，走起路来忽闪忽闪煞是好看。唐华不会换肩，往往一个肩膀扛到底，后脖颈子的皮都磨烂，嘴快咧到耳边了，看着真让人心疼。老乡劝他放弃担麦，可以像妇女一样采用“绳背”的方法，说破了天唐华也不肯，怎么说咱也是个爷们儿呗！

另一回是队里刨地畔，男劳力站在六七米高的土崖上一字排开，用老镢将崖边的熟土连同柴草刨到崖下边的耕地，借以增加土壤肥力。可能是站得太高眼晕的缘故，唐华一镢头下去，就砍在自己的脚背上，血当时就下来了。大家赶紧帮扶着将他送回村里敷药包扎，嘱咐好好休息几日，痊愈后再说。可唐华在窑洞里根本待不住，一瘸一拐地就又下地干活了。

以当年陕北特别是延长朱家河的自然环境和生产条件，对于北京知青来说，算得上十分艰苦。而对唐华来说，就是 30 分甚至 50 分的艰苦，可谓“苦上加苦”。要有怎样坚强的意志和毅力，才能在那里待住，进而生活和劳动。尤其是在这四年之中，我没有听到唐华说过什么“假、大、空”的豪言壮语，同样也没有过任何怨天不明的幽语怨言，没有看到他有过丝毫的颓废泄气，有的永远是那张由透彻心扉映出的笑呵呵的面庞，或者听到他那只（百乐）牌手风琴鸣奏出欢快的《骑兵进行曲》。

1969 年七八月份，我和王泰立回北京筹备给大队办有线广播站。借机到各家拜访，汇报我们这一行的插队情况。在西单横二条的唐府，见到唐华的父母。二老当时尚年轻，聚精会神听我侃侃而谈地介绍队里的情况，以及我们这些年轻人“战天斗地”的豪迈事迹；同时怕他们为儿子担心，特意回避了唐华面临的种种个人难处。唐华母亲唐笙[1]面带微微的忧色，淡淡说了一句：“我们唐

1 唐笙：上海市人，1942 年毕业于上海圣约翰大学经济系。1944 年入英国剑桥大学纽楠女子学院进修，后获经济学硕士学位。曾任联合国总部同声传对话上同声传译员。1951 年回国。历任国际新闻局编辑，中国文学杂志社英文组组长、编委、副总编辑，中国翻译工作者协会第二届理事，联合国总部口译处中文组组长，外交学院兼职教授。1991 年 4 月 28 日，国务院聘任为国务院参事。2000 年 3 月 25 日，聘期届满离任。2012 年 12 月 6 日，被中国翻译协会授予“翻译文化终身成就奖”荣誉称号。2016 年 5 月 1 日，唐笙先生因病在北京逝世，享年 94 岁。

华不行……”真是“知儿莫如母”！

由此当我们今天看到唐华步入蓝天事业，在国家航空领域担任重要职务、做出突出业绩时，为他由衷地高兴和祝福。当初插队曾屡遭磨难的那只“丑小鸭”，一往无前地涉出泥淖，成为曲颈高歌的“天鹅”。不能说昔时的“黄土”与今日的“蓝天”，存在什么因果关系。但那种坚忍不拔的毅力、积极乐观的豁达、融会贯通的智慧和无私忘我的精神追求，不正是引导人们走向成功的基本保证？！

也许百年之后，世界的民族之林中曾有这样的国家成功模式——唐华[1]！

夜幕琴声

（文 / 张铁铿）

祝兄对唐华的记述真切、准确，字字句句流淌着深情。看罢，为之动容，我头脑中有关他的印记也不禁清晰起来。

唐华小脑控制运动神经系统协调性不足，本不该去插队，但他却来到了陕北，而那时学校还没有分配我们这一届学生的计划。这对他真是一种磨难，所有人都担心他的安全，要知道那里是千山万壑呀。而唐华没有一丝退缩，没有一丝畏惧。

我与唐华在“文革”中有过交集，共同担任过新生连九排的辅导员，他身上展现出的风采，常令我暗生敬佩。我敬佩他的为人：真诚、正直，带着他那特有的童心；我敬佩他的处事：认真，有责任感，敢于直言，丝毫也没有违心之隙；我敬佩他的为己：从未要求过特殊照顾，在布满积雪的羊肠小道上一同去打柴，上坡时踉跄不稳，下坡时数次滑倒，以致柴捆压身；我敬佩他外语娴熟，专业精深；还敬佩他具有现代理念、现代意识和高雅的审美情趣。

然而，留给我印象最深的还是他的手风琴。入夜，吃罢晚饭，大家散坐在窑洞前，遥望着繁星点点的天际和偶尔坠落的流星，聆听手风琴优美旋律划破夜空，荡进深深的沟壑，荡进高高的山峁，荡进静静的心田，荡进翻飞的思绪……劳作一天的疲惫和困顿立即烟消云散。我尤其喜欢他那首《骑兵进行曲》，那是初中我在田径队训练和比赛中，经常回响在耳边的旋律，它令我想起秒表、跑鞋、发令枪，令我想起跨越、蛙跳、反复跑……

插队前，已经很久没有听到这首曲子了，在唐华这里我又听到了。现在，骑兵部队没有了，《骑兵进行曲》也逐渐从礼仪进行曲中消失了。我怀念那首曲子，我还有机会再从唐华那里聆听一次这首曲子吗？

1 旧时海外华裔自称为“唐人”（Chinese），故借此将唐人之中华简称为“唐华”。

1969 年 2 月 4 日，唐华和同学到延安王家沟插队，在宝塔山合影。左起：唐华、郭世杰、甘金元、金德本、王泰立、王小平。（祝文摄影）

1969 年，唐华（右）为老乡们表演手风琴。

2015 年春，唐华和母亲唐笙一起在日坛公园赏花。

NO.19

褚维春

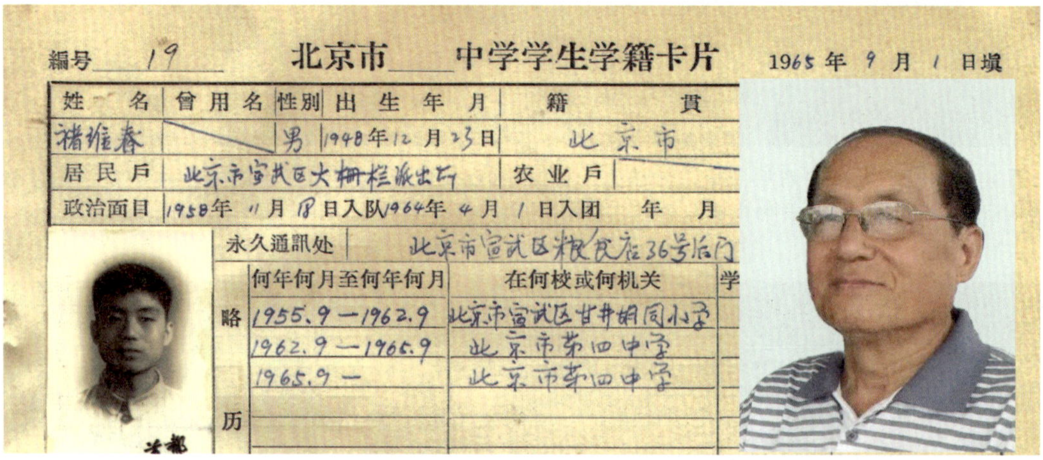

编号 19 北京市____中学学生学籍卡片 1965年9月1日填

姓名	曾用名	性别	出生年月	籍贯
褚维春		男	1948年12月23日	北京市

居民户：北京市宣武区大栅栏派出所　农业户：

政治面目：1958年11月18日入队　1964年4月1日入团　年　月

永久通讯处：北京市宣武区粮食店36号后门

何年何月至何年何月	在何校或何机关
1955.9—1962.9	北京市宣武区甘井胡同小学
1962.9—1965.9	北京市第四中学
1965.9—	北京市第四中学

简历

1962 年 9 月—1968 年 12 月，北京四中学习

1969 年 1 月—1970 年 9 月，陕西省延长县安沟公社朱家河大队插队

1970 年 9 月—1984 年 6 月，陕西飞机制造厂工作，其间在西北工业大学学习四年

1984 年 6 月—1998 年 11 月，华北油田工作

1998 年 11 月—2008 年 12 月，北京鹏达制衣公司工作

楔子

右图照片展示的这 27 本《工作日志》是褚维春在一所民营企业“鹏达公司”10 年间每日的工作情况，一天不少。记载了每天包括涉及有关单位、部门、物品、人员等各方面详细资料，曾经发挥了重要作用。也使得他至今翻阅，还常引发对那一段热火朝天日子的许多美好回忆。

如同他从学生时代成就的生活习惯，哪怕一点一滴亲身经历的印迹，他也一定以实物形态留存下来。以致当年的不经意，变成今日难得的历史鉴证。

故此，征得本人同意，我们以另一种实物档案的形式，记载褚维春的学习和工作简历，其中大部文字说明是其亲自所起草。

褚维春《工作日志》

1967 年，褚维春（中）和柏铮（左）、赵东平在颐和园。

左起：褚维春、盛朗、张春年、金克刚。

褚维春（后右）和知青同学及北京干部王德山（前排中）在打麦场上合影。

1969 年，褚维春在田间吆牛耕地。

1979 年，褚维春（右二）在“运八”飞机前（在“陕飞”，印象最深的就是加班加点，休息很少。一个接一个的“大会战”，为了许多崇高的目标无所求地奉献。此为 1979 年参与飞机设计定型工作，与同事留影纪念）。

字、歌与词语

（文 / 张铁铿）

看褚兄保存资料之完好，顿觉其情依依，其心可鉴。挽不住的是青春岁月的流淌，记录下的是对阅历的珍重，对历史的珍惜。这，也唤起了我对他的记忆。

插队初期，全国农村正在学习贯彻《全国农业发展纲要》，我们所在的朱家河村要“上”《纲要》，亩产要达 400 斤。大队决定组织开荒，因为荒地多为沟地，土地肥沃，特别种“双杂交”玉米，极易达标，且三年之内不用交公粮。但上边规定，开荒必先筑坝，防止水土流失，不筑坝不允许开荒。

于是，我有缘与褚维春一同来到水利队。但他的主要任务不是筑坝，而是在坝址侧上方，开凿一条口号式标语。那时，凡有大一点的活动都要书写毛主席语录或一些政治性的标语口号，我们曾多次参与过书写。但这条标语字体硕大，每个字近一人高，约有十余字（具体内容回忆不起来了），采用篆刻阴文方式刻凿出来。褚维春极善写美术字，他能迅速而流畅地用勾边方法，书写各种漂亮字体的美术字，令我极为叹服。水利队在取土筑坝时，特意掏留出一堵平面墙，约有三、四十平方米。褚维春就在那面黄土墙上开始凿字，类似黑体，大气、醒目、匀称、舒展。其后，每逢经过那里，我都会不由自主地望上一眼。（褚维春似乎还在村口一座高坡上画过一幅宣传画？）[1]随着“知青”群体在社会生活中逐渐淡出，那条标语也会逐渐消失，只是不知现在是否还在?

褚兄天生一副好嗓子，唱出歌来悦耳动听。中共“九大”前夕，陕北流行着一首《满怀激情迎九大》的歌曲，那是一首节奏舒缓，较为抒情的歌曲，在战斗味、火药味充斥歌坛的时代，那首歌给人带来了清新。褚维春教水利队唱过那首歌：“长江滚滚向东方，葵花朵朵向太阳。满怀激情迎九大，我们放声来歌唱。”他还教过《重新安排河山》《延安儿女想念毛主席》等歌曲。有一次，我在他身旁唱歌，他对我说，你的声音叫“羊颤”。“羊颤？什么是羊颤？不好吗？”我追问。他说，没有什么不好，只是有这么个叫法。但我依然觉得“羊颤”是个问题，以至于以后很长一段时间都不敢在公开场合唱歌了。

褚兄驾驭词语亦有特别之处。

陕北地处高原，晴天，天色湛蓝，偶有几朵白云飘过，点缀点缀，大美无比。伟人曾用“天高云淡”描绘陕北的天空，但你若没到过陕北，没见过那蓝天，是无法领略其中的大美的。一个大美之天，褚兄仰天凝视，长语道“多么清彻透亮的蓝天，真想用小刀割下一块珍藏在衣兜里”。用小刀去割蓝天，还要存放在衣兜里！多么质朴的浪漫，只有褚兄才会有！

褚兄身板挺立，衣着齐整，气度优雅，一表人才，若青春年少在当代，必会粉丝无数。其人、其歌、其字、其语言，令我辈叹为观止。我等有时赞誉他的歌似某某名家，他的字可与某某名人媲美，他定然答曰：“不敢掠人之美。”“不敢掠人之美”是他经常使用的词语，这词语甚为儒雅，透着谦虚，又含着自信，以至于我在很长时期也以此语应答各类恭维。只是随着阅历增长，渐渐远别了它，因怕别人说“拽词”。

他的歌甜美，他的字隽永，他的词语浪漫，回忆他是一种享受。

1 郭世杰注：我记得当年朱家河沟口那个影壁上的毛主席像，是小平、维春等几位的手笔。我记忆中，维春在学校时喜爱并经常唱起的歌有郭颂的《新货郎》及歌剧《江姐》中的歌曲。对维春几个方面的特长，铁铿兄把握很准。

偶感三则

（文 / 祝文）

团 徽

褚维春保存的这枚团徽是铜质，搁在手里显得沉甸甸，他是当时初中（四中六二级六班）班里最早的团员之一，让人羡慕不已。1965 年进入高中以后，团徽改为铝制，金黄色是经电镀工艺处理加上的。虽然看着还行，但材质比重由 8.9 变成了 2.7，轻飘飘没什么分量了。

到了 1966 年“文革”开始后，“共青团”让位于“红卫兵”，在校园里和人的心目中不但没了分量，一时还成了政治的“负资产”，想起真是历史的悲哀。青年理想缺失，并非缘自今日始！

搭伙单

褚维春、郭世杰、张钊和我四个人“串联”去领到的车票本来终点是南昌，我们在行李车厢里被挤得沙丁鱼般实在忍耐不下去，哥儿几个一商量，我等从浦口码头火车轮渡过江到南京，就下去吧。看来这个决策绝对正确，下车后看到道路两旁梧桐树宽阔的树叶密遮成荫；秋高气爽的紫金山、中山陵、明孝陵，让人心情豁然开朗。这里连东西都显得比北京便宜，褚维春在街边摊儿上买了个心仪已久、物美价廉的军用水壶，高兴坏了。回到住宿处清点账单时，发现钱少了，不知是不是买东西时遇到了小偷。我们揶揄他高价换得个二手水壶。

这下褚维春的经济状况一下紧张起来，吃饭眼看都有问题。到上海下榻在师范学院，和伙食管理科说了遇到的困难，人家收了三天的三斤三两粮票，开了这张搭伙单，就上灶吃饭了。

待回到北京，褚维春立即将所借的饭费钱款，一分不少地寄了去。上海人够大度，四中的褚维春更是“局气”！

奖 牌

褚维春自打离开华北油田以后，很多年和校友同学失去联络，以致 2007 年四中的百年校庆活动都未参加，让人想念。

怎样能找到他呢？一下想到互联网：我在谷歌的搜索页面输入“褚维春”三个字，发现昌平区阳坊镇党委有一页关于“保持共产党员先进性”的表彰名单，其中有“鹏达制衣公司”的褚维春！

继续搜索“鹏达制衣公司”，单位地址、电话都有了。拨电话过去，总机转分机、那边喊话叫人，听筒传出一声“谁呀”？可不就是咱班的褚兄嘛。

多亏了这枚奖牌！也更敬佩他的坚守！

NO.20

邵明路

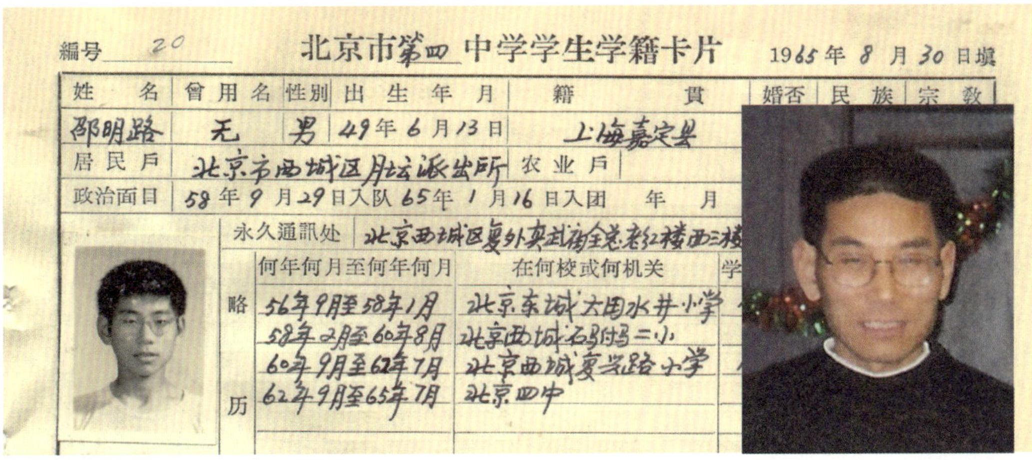
編号 20　北京市第四中学学生学籍卡片　1965年8月30日填

姓名	曾用名	性别	出生年月	籍貫	婚否	民族	宗教
邵明路	无	男	49年6月13日	上海嘉定县			

居民戶 北京市西城区月坛派出所　农业戶

政治面目 58年9月29日入队 65年1月16日入团 年 月

永久通訊处 北京西城区复外真武庙全总宿舍红楼西三楼

略历 何年何月至何年何月	在何校或何机关
56年9月至58年1月	北京东城大甜水井小学
58年2月至60年8月	北京西城石驸马二小
60年9月至62年7月	北京西城复兴路小学
62年9月至65年7月	北京四中

简历

1949 年 6 月 5 日，出生于上海市，1950 年随父母迁居北京市

1956 年—1962 年，先后就读于北京市大甜水井小学、石驸马大街第二小学、青龙桥小学、复兴路小学

1962 年—1968 年，就读于北京四中初中、高中

1969 年 2 月，赴陕西省延长县安沟公社朱家河大队务农（插队知识青年）

1972 年 12 月，进入陕西省延安地区革命委员会办事组工作

1974 年 12 月，调任中共陕西省延长县交口公社党委书记

1976 年 12 月，被撤销公社党委书记职务，调回延安地区革委会办事组

1978 年—1981 年，转入延安师范学校做数学教师

1981 年—1982 年，转入山西省太原化肥厂供销科，做油库计划员

1982 年 9 月，移居香港，先后做製衣厂熨工、贸易公司送货员和推销员

1984 年，自行创业至今，先后创办过进出口贸易公司、消防报警系统工程公司、不锈钢餐具厂、房地产开发公司、后勤服务管理公司、公益性的创业培训机构和管理培训机构

1997 年，移居加拿大，现在温哥华居住

摄于 2015 年夏的温哥华。

回忆高一四班

（文 / 邵明路）

我是1965年从北京四中原初三七班考入本校高一四班的。我们初中那个班只有8人考上本校高中，其中盛朗、张延宏、甘金元、王津、陈超和我6个人分到高一四班，所以一开学班上绝大部分都是生面孔。和我第一个熟起来的是张宝琪，可能是彼此都嘻嘻哈哈，性格相投吧。他是一个率真的人，颇具运动天赋，开学不久就教会我三步上篮。他还有一个让我仰为观止的科学家姨父——中国射电天文学当时的最高学术权威程茂兰先生，他是宝琪量子物理学兴趣的启蒙者。近朱者赤，宝琪后来也让我对相对论产生了好奇心，这影响了我看事情的方式。

邵明路（左）和张宝琪在陕北。

邵明路（左）和廖致杰曾在一起插队3年。

四中的校风是刻苦上进，外加一点深藏心底的骄傲或说虚荣，不论知识学习、身体锻炼还是政治进步。初三时我就入了团，上高一后心中佩服的，除了张延宏、李家康、甘金元这几位学习尖子，还有当时班里的团支书柏铮。柏铮成熟稳重，遇事总是为别人着想，他宽容大度，这是我至今都自愧不如的。

在“文革”之前本班不论同学关系还是师生关系，都是很融洽的，我至今怀念那种氛围。“文革”一开始，“老子英雄儿好汉，老子反动儿混蛋”的对联，使大家一度有了距离和隔膜。我们的语文老师黄庆发成了“牛鬼蛇神”之一，被在全校范围批斗；班主任刘文明老师也因为日记里写了几句在当时政治上不正确的话，站在教室讲台前被同学们声色俱厉地质问。好在本班的“老兵”中未出现极端分子，和外校外班相比，情况属于温和。事隔多年后，那时我已移居香港，回大陆第一次见到赵康，他告诉我“对联歌”的作者刘辉宣[1]写了一本书深刻反省当年自己的行为。刘辉宣当年不在本班，不知道他们班的同学们今天是否已尽释前嫌?

高一四班还有一点挺特别，就是全班45人中竟会有17位同学后来插队到同一个地方——陕北延长县朱家河生产大队（今天的朱家河行政村）。一个班里有这么高比例有机会在一起生活和劳作，留下很多难忘的记忆。插队第三年我离开本村作为县上抽调的“农村积极分子”，参加整顿落后队的“路线教育”运动，被派往其他公社一个叫栏杆的穷村子[2]，在那里一住就是半年。由于我们工作队是上边派去整基层的，基层干部和大部分村民都对我们有戒备。时近春节，工作队的其他人都离开栏杆回家过年去了，我却因为患了痢疾，三天只拉不吃，躺在土炕上，可是村民，包括我的房东却并没像朱家河的乡亲那样，过来对我表示什么关心照顾，让我感到格外孤独。那一天早上爬起来算算今天已是大年三十了，决心咬牙也要回朱家河过年。我拄了一根木棍，顶寒风踏积雪翻山60多里，到“家”时几乎已是半夜。踩进窑门，同学们的年夜聚餐已近尾声，看到精疲力竭的我，有人帮我脱衣，有人扶我上炕，有人端上热腾腾的饭食，还有人倒了一满杯劣质的红酒。我只记得我喝干那杯酒就倒下，醒来已是次日上午太阳当头，而且好多天来第一次觉得饥饿，也就是说我的痢疾不治自愈了。那次我真的感受到“家”的温暖。

我这几十年因为移居海外做生意，和当年的同学们来往稀少，现在年过花甲也该退休了。感谢老同学还记挂我，王小平、祝文、赵康、郭世杰、潘德震热心张罗本班的再聚和班级纪念册，在此谨致由衷的敬意和感谢!

1 刘辉宣，笔名“礼平”。1965年考入北京四中，在学校经历了“文革”初期的红卫兵运动。1969年入伍，1980年在北海舰队某部任职期间发表中篇小说《晚霞消失的时候》，引起争论与批评。回到北京后，先后在市政府、工人日报社、光明日报社工作。陆续发表过中篇小说《走过群山》《小站的黄昏》《无风的山谷》《海龟的崖》及电影文学剧本《含风殿》。1988年加入中国作家协会，2008年在鲁迅文学院退休。

2 栏杆村在塬上，吃水要下到100多米的沟里才有水源，用驴驮木桶装水沿陡峭小路崎岖上山。邵明路作为驻队干部，为了不增加村民和牲畜额外负担，每每都自己担着百十来斤重的木桶到沟底去打水。

诤言寄情

（文 / 张铁铿）

邵明路外号“耗子”，建班伊始，听到不少关于他的传说：少年时在长春电影制片厂译制的苏联影片《小儿子的街》中配过音；60年代学习时传祥，背着粪桶掏过粪；严厉的爷爷指导学习写毛笔字，会突然走来提抽他手中的笔，以检查是否专心致志；不拘小节，一次坐公交车，不小心碰了老者的头，他一边道歉，一边轻抚老者头，场面尴尬……

我曾一直保存有一张邵明路在长春电影制片厂一辆厢式客车前吃东西的照片，表情生动、活泼。那张照片只有135毫米底片那么大，数次搬家后不知裹在哪里，这次没有找到。

丰富的阅历，勤奋的实践，及时的总结，深入的思考，造就了他独特的视角和开阔的思路，形成了他洞察敏锐的思维方法，这使我受益匪浅。

插队第二年，我和他同住一个窑洞，知青开展的扫盲识字活动，他是策划者之一，并直接负责水利队扫盲，他离开水利队后，我接了手。1971年，我离开朱家河到河南息县五七干校，随即开始了与他通信往来。当年10月，他回了我一封约有1500字的长信，祝我在干校“安居乐业，渐渐深入”，又写道“五七干校到底如何？我对这种环境抱着很大的好奇心，只是没有亲历的机会，只有等待你通过自己的实践体会，告诉我们了。有各方面的比较，好，能使我们的思想更开阔，更深刻，干起来更有劲。”他父亲所在的全总五七干校在紧邻息县的罗山县，他曾两次嘱我有时间去看一看，但终因干校纪律严明，加之那时交通不便而未果，留下遗憾。

我在干校生活一段时间后，没能真正融入新的集体，认为陷入了“小资产阶级的汪洋大海”，

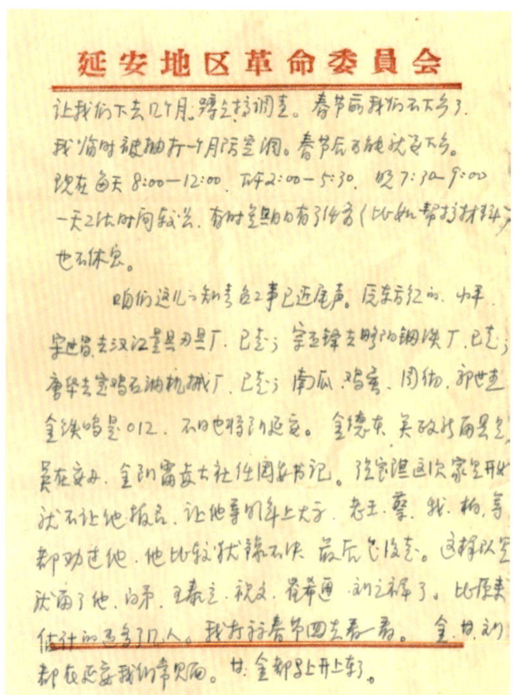
延安地区革命委员会

让我们下去几个月，蹲点搞调查。春节前我们不下乡了。我临时被抽去一个月防空洞。春节后可能就要下乡。现在每天8:00—12:00，下午2:00—5:30，晚7:30—9:00，一天工作时间较长。有时星期日有了工作（比如帮搞材料）也不休息。

[illegible]

1973年邵明路写给张铁铿的信。

1971 年，邵明路、张铁铿、柏铮、张宝琪在朱家河。

在给邵明路的信中表露出这种情绪。他觉察我的低沉，1972 年 1 月回信写道“接到你的来信多日了，一直没有回信，实在不对。只是因为总想写长点，敷衍了事的信我不想写”，又说“你最近的来信中情绪不太高，我和几个同学看了，都感到你似乎脱离实际地把环境要求得过高了。你太急躁了……我劝你‘牢骚太盛防肠断，风物长宜放眼量’”，对我进行了批评。

不久，我再次写信给他。其时，他正在栏杆大队搞领导班子整顿，把与地方干部相处的感受写给我“这些干部，有老婆、娃娃，生活负担重，同知识青年自然不一样。同时，长期在延长工作，受着上级、下级乃至同级的许多东西制约，可能也在工作中碰过钉子，一些毛病是可以理解的。我们不能片面地要求他们完全同我们一样”，又进一步说“所谓理想境界就是积许多经过斗争，得到比原来较为理想的结果的总和……正确地看待现实社会——主流、支流、发展趋势，正确地看待自己周围的环境和同志，我们就会永远积极、乐观、向上，朝气蓬勃，就会工作得很稳、很扎实、很有成效，就会生活得很愉快，很有意义。”

过去总讲，成事在天，谋事在人，邵明路给出的回答是：谋事在思，成事在实。这种认识启迪了我，在以后工作中，我时时提醒自己是否真正认清了所处环境的特点，是否看到了别人优点，是否理解他人的缺点，不断调整自己的视角。

1972 年，邵明路、张宝琪、袁林峰、荣朔南，1972 年在陕北插队合影。

姜作栋和邵明路（右）在颐和园合影。

NO.21

柏铮

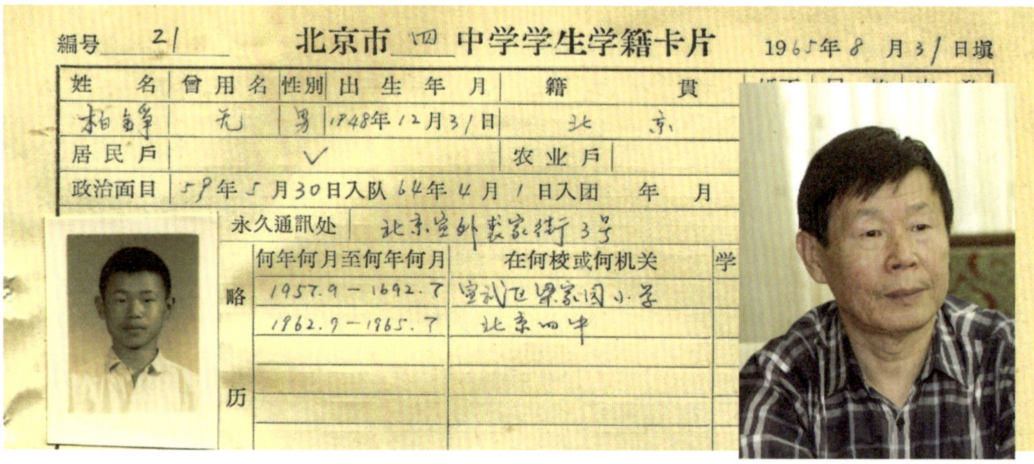
编号 21　北京市 四 中学学生学籍卡片　1965年 8 月 31 日填

姓名	曾用名	性别	出生年月	籍贯
柏铮	无	男	1948年12月31日	北京

居民户 ✓　农业户

政治面目　59年5月30日入队　64年4月1日入团　年　月

永久通讯处　北京宣外裘家街3号

略历	何年何月至何年何月	在何校或何机关
	1957.9—1962.7	宣武区梁家园小学
	1962.9—1965.7	北京四中

简历

1948 年 12 月 31 日，出生于北京市

1956 年 9 月—1962 年 8 月，北京宣武区梁家园小学学生

1962 年 9 月—1968 年 12 月，北京四中初高中学生

1969 年 1 月—1972 年 12 月，陕西延长县安沟公社朱家河大队插队

1973 年 1 月—1977 年 12 月，陕西延安地委办公室干部

1978 年 1 月—1981 年 12 月，甘肃兰州大学学生

1982 年 1 月—1984 年 12 月，中央党校研究生

1985 年 1 月—1996 年 6 月，中央党校经济学教研部教师、干部

1996 年 7 月—2000 年 5 月，北京光华长安大厦有限公司公益事业部

2000 年 6 月—2015 年，中国扶贫基金会员工

1971 年柏铮在陕北插队。

忆校趣二则

（文 / 柏铮）

外 号

外号是学生时代的重要遗产，它往往生动、准确地反映一个人的特点，同学之间叫外号比叫名字更亲切，更具同学之情。外号的产生有时更充满智慧和喜剧性的情景。

高一四班有几位同学的外号是经久不衰地叫了好多年的，历史最悠久的当属张建新的外号“大米”，那是一直叫到今天的。一般来说，外号都是别人起的，而“大米”这个外号却是张建新给自己起的。那是初中的某一天临上课前，张建新忽然兴之所至跑到黑板前，用粉笔画了个大大的米老鼠头像，还给这个米老鼠画上了一副眼镜。他转向教室同学问“像不像我”？那时张建新瘦高的个子，也是消瘦的脸颊，戴着一副眼镜，加上滑稽的动作，简直和黑板上的米老鼠一模一样，于是大家一致认为“米老鼠”的外号对张建新来说是实至名归。“大米”则是“大米老鼠”的简称，从此叫开来了。

张建新通过画漫画给自己起了外号后，还没尽兴，又画了一个大大的河马头，宽厚的脸庞上嵌着两只圆鼓鼓的眼睛，然后写上“唐华”两字，大家不禁莞尔，一致认为很贴切，于是另一个著名外号诞生了。不过大家觉得“河马”叫起来太直露，不够艺术，当时正好学物理，有个“γ”（伽马）射线一词，于是大家就将唐华的“河马”外号音译为“伽马”。这之后，张建新还不尽兴，又画了个仙鹤，说是给班上一位五短身材尤其是腿短的同学的拟人像，但由于这太揶揄了，所以大家没有认同这个外号。正好此时上课的老师进了门，张建新还在讲台前兴致勃勃地进行创作，大家都不提醒他，直到他自己发现了老师，才在大家的哄堂大笑中飞快地擦去了他的作品，狼狈窜下讲台。说实话，在此之前，我们还真不知道张建新有如此的画漫画和给人起外号的天赋，如果老师晚来会儿，说不定还会产生几幅精彩的作品和外号。

当时班上还有几个著名的外号，不过多是初中时代就叫开了的，到了高中继续发扬光大。

比如王小平叫“大嘴”，张延宏叫“老蔫”，都和形象与性格相关，也很直观，不用多解释。也有的外号包含更多的缘由，比如邵明路的外号“耗子”，是因为他经常给同学讲述他家如何闹耗子以及他带领三个弟弟如何与耗子们斗智斗勇的生动故事，于是大家给他起了“耗子”的外号。

可是我从小到大一直没有外号，这真是人生的一大遗憾。

三盘不开张

初识廖致杰是在接到四中（初中）录取通知书后开学前，由班主任齐大群老师组织的全班新同学在北海公园的见面活动上。一般性的见面会后，大家分散活动，我就去了棋牌室，与一位个子不高但十分英俊的同学对弈象棋，这位同学就是廖致杰。

我从小在胡同中就是一个象棋高手，常常杀败大人，因此很有信心打败对方。棋局很快展开，我很认真地思考、布子，廖致杰云淡风轻地随手走子，在走棋期间还不时地四处看，根本就没把下棋当回事儿。不久，我就输掉了第一盘。“偶然”，我心里说。第二盘又铺开了，这次我很小心地应对，但无论怎样，我都无法找出对方的漏洞，相反，很快就陷入被动，顽强抵抗不久就又被下了一城。我不服气，又摆上第三盘，结果与前两盘如出一撤，很快就投子认输。三盘不开张，我彻底服了，真正认识到了我和他之间棋艺的巨大差距。后来得知廖致杰是少年宫象棋班的选手，我才明白正规训练和“野路子”之间的区别。致杰不仅象棋好，围棋也很好。当时班上棋艺好的还有王泰立、孙泓，在他们杀棋时，我也只有看的份儿，是再也不敢下场放对儿了。

有比较才有鉴别。四中教育水平和四中学生智力的强大是通过层层筛选以及高水平的培训形成的。在初中时，我的学习成绩还是领先的，到了高中，则文科还能领先，理科也就是中等水平了。班上理科有两位出类拔萃者：张延宏、李家康，尤其是张延宏，早在初中就把大学的微积分都学过了。在数学考试中，我们还没做完一半，人家就交卷了，而且只写一个结果，从不答过程，得的却是满分。廖致杰是文理科皆优。赵康康和杨南征也是学习异常优秀的学生，与大多数对付功课的同学不同的是，他们在所学的功课之外，还学习了大量的课外知识，是学识渊博之士。其实张延宏也是一位饱学之士，只不过他和他的外号一样，一贯低调。

人才济济的四中养成了学生胸宽志远，有傲气但绝不盛气凌人的特殊气质，即自尊、自信、谦虚、低调，因为深知学海无涯，世上能人也太多。但是无论如何，四中的教育质量还是真实的。1972 年，张宝琪上了西安交大（工农兵大学生）。我们几个同学去看他，并祝贺他荣升学习委员，他讪笑着说：“要是你们来了，那就是横扫，没我的份了。”1977 年恢复高考时，祝文和我都在延安市参考，当时据说录取率只有 1%。祝文笑着对我说：“咱们在的考场，那 49 个考生不都成了陪客？”当年我俩都考取了。据我所知，高一四班同学只要是参加了高考就没有考不上的。

当我后来一次次看到在校期间学习成绩远非优秀的同学成为专家、学者、企业家、高级干部时，也没有感到太奇怪，因为四中给我们打下的底子太深厚了，更何况还有个人的努力和时运在起着更加重要的作用。

扶贫之路

（文 / 柏铮）

1971 年的陕西省延长县安沟乡朱家河村，高一四班 17 名同学曾在此插队。

1996 年，在我 48 岁的时候，毅然放弃了社会公认的良好的单位和职位，走上了扶贫之路。产生这种人生和职业生涯巨大变动的重要动因，是和我的四中学生经历密切相连的。

1995 年 8 月，我参加了党校系统在延安举行的“抗日战争 50 周年讨论会”。其实我参会的主要目的是重返阔别已久但又梦回萦绕的延长县深山中的朱家河村。26 年前，17 名四中高 68 四班的同学，以饱含青春的理想和激情在那里开始了踏上社会后多彩人生的第一步。

这次返乡给我留下了复杂和深刻的印象，总体说是“山河依旧，人事全非”。改革开放的成果似乎并没有在这里得到体现，依旧贫困、落后，当初由我们知青参与建设并办得红红火火的学校、夜校、广播站、医疗室、柴油机磨房兼发电站全部消失，全大队四个村子又恢复了用煤油灯照明的“黑暗时代”。而我最想念的原大队书记杜方贵，却已失去了当年的动人风采，不仅因经营失败导致债台高筑，而且身患癌症已达晚期，坐以待毙。

回到北京，我将这次返乡的情况向插队同学做了通报，并提出援助朱家河村的建议。但插队同学中，绝大多数是普通工薪阶层，力量有限，只有邵明路是“大款”。最后，还是邵明路拿出数十万元，一是将杜方贵接到北京住院动手术，延长了他两年生命；二是为朱家河进行了小学校建设和通电两项援助工程。这些事情邵明路都委托我作为执行人。在陕北扶贫的事情就这样开始了，只不过那时大家都是以业余者身份进行的。

1996 年 5 月，邵明路约我进行了一次认真的交谈，中心意思是他想在其公司内正式建立公益事业部，开展扶贫公益活动，邀请我去主持该部门工作。其实，这是第二次向我提起这个建议了。

早在1992年，在他的事业初见成功之时，他就计划在公司实力达到一定高度时，要做公益事业，并且认为我最适合做这件事。因为当时还是远景设想，我并没当真，但这次他正式向我提出邀请，并且提出他将提取公司年利润的5%用于公益事业。当时，这个额度约有1000万。我必须认真考虑了。要到公司专职从事扶贫，就必须放弃当时的职位和由此带来的一切，从零开始。对一般人来说，这种选择几乎是不可能考虑的，但我恰恰没有过多的犹豫。这是因为，我的贫困家庭出身和人生经历，使我有着深深的平民情怀，为社会底层的贫困弱势群体做事是我的愿望；同时我也不想再把不多的职业生命浪费在价值不高的琐碎行政事务和充斥套话、空话和假话的党务会议上。6月，我办完了辞职手续，到光华公司就任公益事业部经理。几乎同时，四中同班同学好友金铮听说了我的事，表示愿意参加进来一起做扶贫，在邵明路同意之下，这个完全由四中同学组成的小小扶贫机构就这样开始了运作。

经过调查和研究，决定公司的公益事业就从延安教育扶贫开始起步。这是因为，延安是我们插队的地方，我们熟悉它的一切；此外，它也是贫困地区；而扶贫效益最根本的是提升当地青少年的素质和教育文化水平。我们决定从延长县交口镇中小学建设开始起步，逐步一个乡镇一个乡镇地解决整个延长县的教育援助问题。

1996年8月，第一批项目从当年邵明路曾经担任过书记（同班同学金德本任团委书记）的交口镇开始。之所以选择交口，是因为它不仅是一个远离县城的贫困乡镇，教育条件很差，而且和邵明路在交口的经历相关。当年邵明路在交口任书记期间，着实干出了许多轰轰烈烈的事，成为交口历史上的传奇人物，受到大多数基层老百姓的拥戴。此外，交口中心小学校因围墙倒塌压死过三个小学生，这也成为明路心中难忘的伤痛。改善这个乡镇的教育条件问题，即是扶贫大目标的体现，同时也蕴含了邵明路要向交口乡亲们“还账”的心理。

交口项目内容包括新建一所相当于北京中等规模和水平的初级中学；改建一所中心小学和15所村级小学，从而实现彻底改善交口镇教育条件的目标。此外，改革交口中学的教学管理体制，建立董事会，实施校长、教师招聘、竞聘制度。

项目从1996年9月开始启动，1998年底基本完成了全部中小学工程建设，总投资1500万元左右，这种公益扶贫投入规模对于一家民办公司而言是相当高的。新建的光华中学教育改革也很快就大见成效，原先教育质量在全县垫底的交口中小学很快就冲到了全县评比前三名。

两年半的时间，我和金铮基本扎在交口工地组织工程建设和进行教育改革探索，仿佛是第二次插队。我也是从光华公司公益事业部开始了我近20年的扶贫生涯。虽然2000年后，我进入中国扶贫基金会，获得了更广阔的活动舞台，学到了更加正规化、职业化、专业化的公益扶贫机构的管理和运作的知识与经验，但我永远也忘不了在延安交口镇开始的包含信念与梦想的第一步。

位于陕西省延安市延长县交口乡的光华学校，由邵明路捐赠投资，柏铮和金铮组织建设。（2015 年）

1972 年，柏铮（后左三）和七里村知青在肖山沟大坝留影。

1972 年 10 月，柏铮和同学在北京民族宫合影。左起：赵东平、柏铮、金德本、吴文正、张宝琪、王泰立。

NO.22

陈超

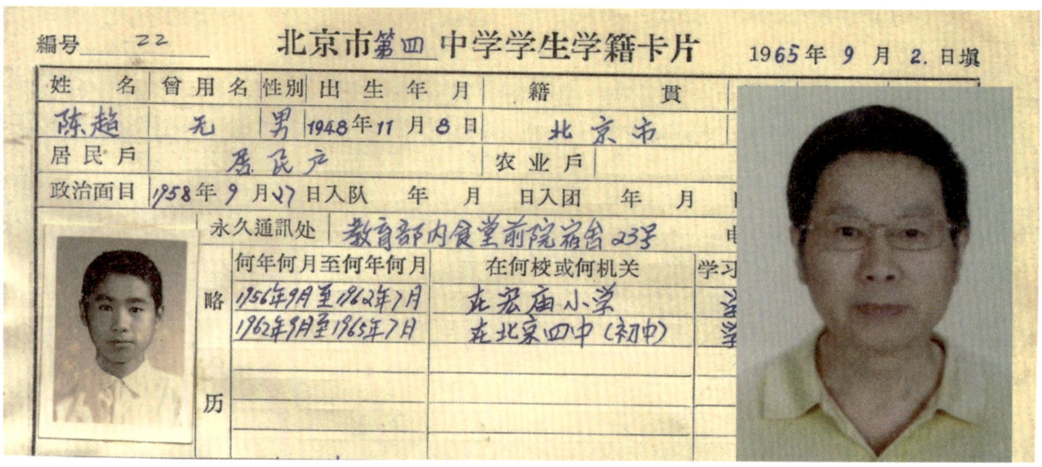
編号 22　北京市第四中学学生学籍卡片　1965年9月2日填

姓名	曾用名	性别	出生年月	籍贯
陈超	无	男	1948年11月8日	北京市

居民户　居民户　农业户

政治面目　1958年9月27日入队　年　月　日入团　年　月

永久通訊处　教育部内食堂前院宿舍23号

略历 何年何月至何年何月	在何校或何机关
1956年9月至1962年7月	在宏庙小学
1962年9月至1965年7月	在北京四中（初中）

简历

1948 年 11 月，出生

1956 年 9 月—1962 年 7 月，北京宏庙小学

1962 年 9 月—1968 年 12 月，北京四中

1969 年 5 月—1973 年，云南生产建设兵团一营三连

1974 年—1977 年，北京丰台区三营门中学任教

1978 年—1982 年，首都师范大学学生

1982 年—1986 年，北京丰台区六中任教

1987 年—2009 年，北京图书馆工作

相约陈超

（文 / 郭世杰）

2015年七八月间，我们着手高中入学五十周年纪念册的编纂工作。自1969年与陈超同学分别后，天各一方，联系不多，对他的工作、生活状况知之甚少。我即给他发了一封邮件，讲明拟出版纪念册之事，请他提供简历、忆文、照片等资料。不久，收到了他的复函：

世杰：你好！

趁夜深人静，抽空给你写几个字。

真是十分抱歉，简历迟迟没有交上，实际上仅寥寥数语，却写得断断续续，只因家中事务实在繁忙，四个老人，均90多岁高龄，不久前刚送走一位，还有三个，且都体弱多病，需我等尽心照顾。

百善孝为先，为报答父母养育之恩，尽孝是第一位的，尽管我们自己也年事已高。趁父母仍健在，还是先尽孝吧！你说是吗？

简历这一两天写完就发到班级邮箱里，就算是凑个数吧。由于历史的原因，我与咱们班的同学不太熟悉，来往也较少，甚至有些同学都不认识、不记得了，我在班里亦是无足轻重。

历史是漫长的，简历是简述的，老同学互相有个大概了解就可以了吧，我也没有更多故事可以描述，连相关照片都很少，望谅解。

夜深了，先说这些，说话不当之处，请多包涵。

陈超

陈超：你好！看了你的信，很是感动。照看几位老人，十分辛苦！切望你也要注意自己的身体，多多保重！简历、照片等发至班级邮箱即可，如能抽空，还是写点儿文字吧！再祝健康！

世杰

祝文：你好！

按要求交上我的简历，我实在没有时间、没有精力、没有内容来写我的经历，至于原因我与世杰大概讲过，请大家包涵和原谅。如果我写的简历不符合要求，你可以任意删改，拜托。

照片找了几张，你看着选吧，能用就用，不能用就不用，没关系的，很切合主题的照片也找不到，真抱歉。

陈超

2015年9月25日夜

读了他的信，才知道多年来他一直在照料四位年事已高且体弱多病的老人，其繁忙辛苦可想而知。

即便如此，陈超仍如约很忙发来了关于他

五十年经历的文字，这篇命名为“简历”的文章，记述了他几十年间在“三所学校、四个单位”的学习、工作的经历。

简约的文字，概括了他“风雨飘摇几十年”的人生，陈超的坎坷经历，不正是我们这一代人在动荡的年代，奋斗搏击的缩影？

我的三所学校和四个工作单位

（文／陈超）

风雨飘摇几十年，弹指一挥间。三所学校，四个工作单位，概括了我一生学习和工作的全部历程，简单且平凡。

以下简要叙述我的简单经历：

1956 年离开教育部幼儿园，踏入我人生第一所学校（小学），就近入学北京市西城区宏庙小学。

1962 年考入我的第二所学校（中学）——北京四中，初中和高中。

1968 年 12 月，毛泽东发表“知识青年到农村去”的最高指示，拉开了上山下乡的大幕。

1969 年 5 月，我与数千北京知青一起融入“上山下乡”的大潮，奔赴云南生产建设兵团三师十一团一营三连（瑞丽农场勐卯分场），这是我第一个正式的工作单位。

1974 年“文化大革命”使北京市的中学师资青黄不接、严重匮乏。为解决这一问题，部分高中毕业知青被抽调回北京任中学教师。我被安排在丰台区三营门中学任教，担任高中数学教师（我自己高中都没读完）。这是我第二个正式的工作单位。

1978 年恢复高考制度后，经过短暂复习，仓促上阵，考入首都师范大学数学系，再次进入学校读书。

这也是我人生的第三所学校（大学）。

1982 年大学毕业后，分配至北京市丰台区第六中学任教，教高中数学课。这是我的第三个正式的工作单位。

1987 年由于工作需要，调入中国国家图书馆（原北京图书馆）报刊部工作，受聘为馆员。这是我的第四个也是最后一个正式工作单位。

2009 年退休。

陈超（右）在四中百年校庆与燕纯义老师久别重逢。

四中同学在瑞丽合影。
左起：陈征然、金以键、陈超、李荣华、王彦君、王建新、张大力、陈洪、陆肖龙、王津、诺木汗、俞启定、张小贝、潘德震、濮家蔚、杨家柯、王瑜、閪坚力、崔维征、杨长生。

2009年陈超（前左一）和王津（后左一）参加北京知青下乡40周年聚会活动。

NO.23

王津

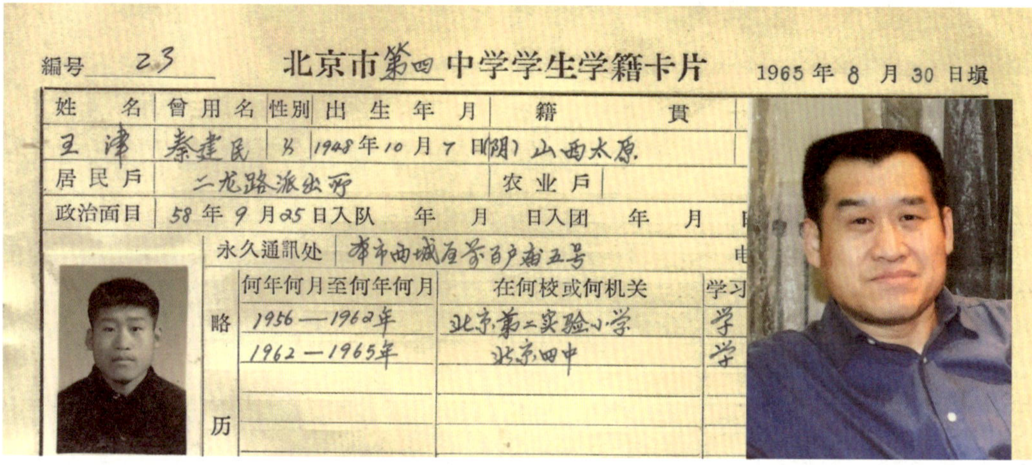

简历

1956—1962 年，北京第二实验小学学生

1962—1969 年，北京市第四中学学生

1969—1976 年，云南生产建设兵团三师十一团（瑞丽农场）

1976—1995 年，宣武区天桥医院医生、院长

1996—2011 年，宣武区京新医药公司总经理

老照片遐想

（文 / 王津）

时光荏苒。翻箱倒柜找出了几张老照片。照片让我有机会与自己失去的青春对视，还有照片后面的故事，那都是无法割舍的记忆。我没有什么值得炫耀的历史，只有一些值得自己回味的经历。

我们每个人都经历了风风雨雨，甚至可以说是饱经沧桑。艰难困苦的三年自然灾害，命运跌宕的文化大革命，刻骨铭心的上山下乡，轰轰烈烈的改革开放。50 年历史，弹指一挥间，我们看到了天翻地覆的变化，经历了过去几代人不曾经历的变迁。

一张张照片反映着我们的成长经历，记录着我们的欢乐、悲伤和感动；见证了我们的友情、亲情和友谊；承载着我们的心愿、彼此间的牵挂和祝福。

高一四班对我们来说弥足珍贵，我深深怀念高一四班。

尘封记忆

（文 / 王津）

我和陈超在云南瑞丽同住过多年。我们的住所极其简陋，只用竹子编成篱笆再盖上草顶而已，四面透风。

瑞丽半年雨季，屋里阴暗潮湿，夯实的泥土地面总是湿漉漉的，永远不会有灰尘，永远是一股霉气味儿。衣裤和鞋子，只要两天不洗就会长出细细的白毛和绿毛。与我们结伴而居的是蚂蚁、老鼠和蛇。冬天的瑞丽夜间气温也只有 5℃左右窸窸窣窣。晚上睡在床上，头顶上茅草经常发出声音，总觉得有点恐怖。

我和陈超都当过割胶工。种橡胶劳动是艰辛而漫长的，从开荒种树，从胶苗到开胶，大概要七八年时间，所以人与树之间是有一种难舍难分的感情的。

在云南七年我印象最深的是1970年连队橡胶林失火。

傍晚，全连正在开会，突然有人喊：橡胶林着火了！火光就是命令，火光就是战场，大家一起奔向着火的对面山。大家心中只有一个念头，不能让国家的财产受损失。但火借风势迅速蔓延开来，而山上又没有水源，只能用树枝、衣服和锄头扑打。瞬间，大家就被包围在火海中。

其他连队也闻讯赶来增援，数百人几乎奋战一夜才把火势扑灭。第二天一看，绿山变成黑山，红土变成焦土。

我们四中的张小贝同学在那次惊心动魄的救火中被严重烧伤，几经辗转在瑞丽、芒市甚至昆明治疗，至今他仍然留有疤痕。但当年被上级领导认为不能与家庭划清界限，所以连个表彰都没有。

今天我们宽容大度地领受岁月的馈赠，无论是丰厚还是菲薄，深情地咀嚼着曾经的幸福和磨难，7年云南生活难以忘怀。

橡树林中的割胶工，陈超和王津（右一）。

同学、兵团战友潘德震（左一）和王津。

1973年获昆明军区运动会乒乓球单打亚军。

NO.24

盛朗（1949.12.8.~2005.8.24）

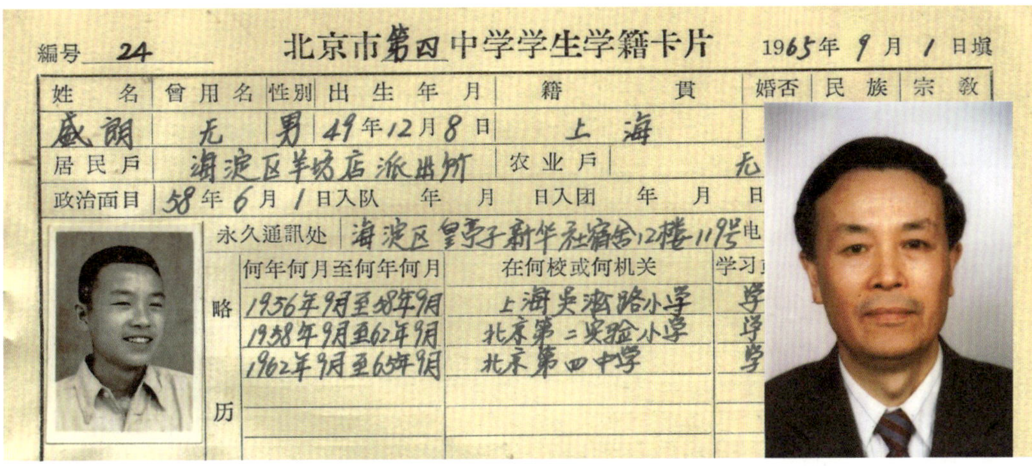
编号 24 北京市第四中学学生学籍卡片 1965年9月1日填

姓名	曾用名	性别	出生年月	籍贯
盛朗	无	男	49年12月8日	上海

居民户 海淀区羊坊店派出所 农业户 无

政治面目 58年6月1日入队 年 月 日入团

永久通讯处 海淀区皇亭子新华社宿舍12楼11号

略历：何年何月至何年何月	在何校或何机关
1956年9月至58年9月	上海吴淞路小学
1958年9月至62年9月	北京第二实验小学
1962年9月至65年9月	北京第四中学

简历

1949 年 12 月，出生于北京市

1966 年 3 月，加入中国共产主义青年团

1997 年 3 月，加入中国共产党

1969 年，从北京四中毕业后，分配到北京第六建筑公司工作

1975 年，调入北京燕山石化总公司任宣传干事

1978 年，考入北京经济学院

1982 年，毕业后留校在人口经济研究所从事教学和研究工作

1990 年，调入中国人口信息中心工作

1999 年—2001 年，任《人口与计划生育》杂志编辑部主任

2001 年，试聘中国人口报社副总编辑

2002 年 6 月，担任报社总编辑助理

2005 年起兼任新闻研究室主任

2005 年 8 月 24 日 21 时在北京逝世，享年 56 岁

深切怀念

（文 / 吴文正）

1978年4月5日，我收到了老同学盛朗的一封信。在信中，盛朗告诉我，他参加了1977年的高考，被北京经贸大学录取，正在大学学习。恰好那一天，报纸上刊登了1978年大学招生简章，所以记忆十分深刻。

真是一石激起千层浪。盛朗的来信，给了还在建筑工地当工人的我很大的震撼。

我是1977年10月1日结的婚。自1977年恢复高考的消息出来后，我的父亲就多次提出，让我参加高考。但我却一直当作耳旁风，没往心里去。我那时的想法其实很简单，就是觉得当工人不是很好吗？再说自从离开四中，参加工作10年，再没碰过书本，过去学的数理化，忘得差不多了，能考上吗？然而，盛朗的来信，却使我思想发生了很大的变化。我的爱人当时就说："盛朗能考上大学，你就不行吗？"极力主张我参加高考。但我考虑刚刚结婚半年，一旦高考，如果录取了，不知会上哪儿。心中犹豫，下不了决心。但盛朗的来信和爱人的期盼，最终改变了我，于是决定参加1978年的高考。

那时候，单位领导并不太支持我参加高考，不能请假，只能一边工作，一边复习。10年没碰过书本，一旦要拣起来谈何容易？既使要参加高考，4月到7月，只有短短的三个月，其难度可想而知。那时我每天4点钟起床，晚上十一二点睡觉，凭着在四中学习的底子，经过三个月的不懈努力，我参加了当年的高考，总成绩达到了385分，被大庆石油学院录取。当年10月，我踏上了上大学之路。

从此，我的人生轨迹发生了重大转折，我由一名建筑工人成为了一名石油战线的技术人员。由工厂到机关，成为一名中层管理干部，为中国

1992年，盛朗（右一）和祝文在北海公园。

石油工业的发展做出了自己的贡献。抚今追昔，直到现在，我仍十分感谢盛朗同学，是他的来信，改变了我的人生轨迹。

1982 年 7 月，我大学毕业，被分配到北京 621 厂工作，1985 年 3 月我被调入中国石化集团销售公司，一直工作到 2009 年退休。我和盛朗两家保持了密切的关系。遗憾的是 2005 年 8 月，盛朗同学因肝癌晚期去世，终年 56 岁，盛朗的英年早逝，使我十分伤心。

我深深怀念盛朗同学。

1967 年，盛朗（右一）和同学在天安门广场，居左一者是吴文正。

1969 年 1 月，盛朗（右一）送同学上山下乡在北京四中校门口合影留念，左起：王小平、王泰立、张春年。

NO.25

廖致杰

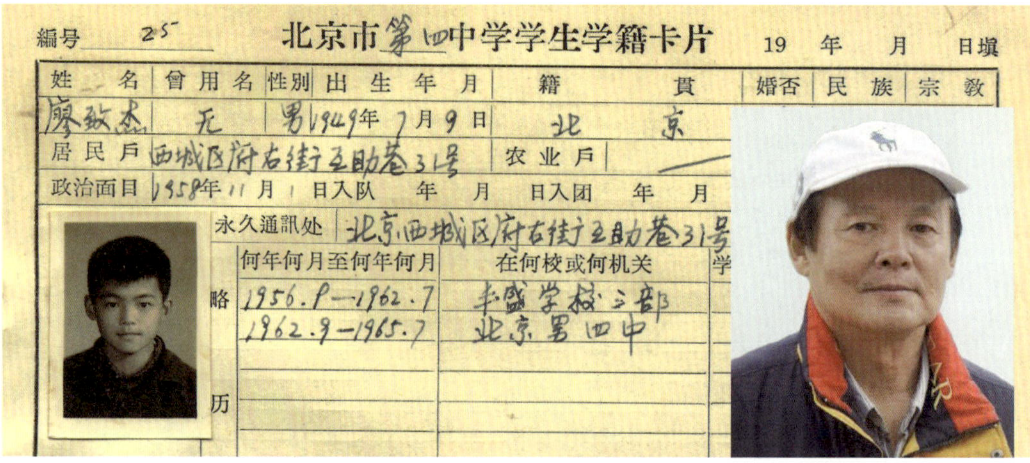
編号 25　北京市第四中学学生学籍卡片　19 年 月 日填

姓名	曾用名	性别	出生年月	籍貫	婚否	民族	宗教
廖致杰	无	男	1949年7月9日	北京			

居民戶 西城区府右街王助巷31号　农业戶 —

政治面目 1958年11月1日入队　年　月　日入团　年　月

永久通訊处 北京西城区府右街王助巷31号

略历

何年何月至何年何月	在何校或何机关
1956.9—1962.7	丰盛学校三部
1962.9—1965.7	北京男四中

简历

务过农，
做过工，
上过学，
教过书，
经过商。
浪迹世界，
乏善可陈。

我和苍鹭一起看夕阳

（文 / 廖致杰）

上中学的时候喜欢读唐诗，背了许多，也忘了许多，有些诗句却不经意间就会蹦出来。那首杜工部的七绝：“两个黄鹂鸣翠柳，一行白鹭上青天。窗含西岭千秋雪，门泊东吴万里船。”就让人咂摸再三，意犹未尽。

年轻时是四中的学子，风华正茂，对头两句击节叫好；两个黄鹂柳间啁啾，清脆悦耳，声情并茂；一行白鹭振翅飞翔，蓝天白云，披着阳光。黄、翠、白、青，画面缤纷，春光明媚；恰如同学少年，结伴远行，让青春熠熠生辉。万类霜天竞自由。

光阴荏苒，日月如梭。“浩劫”以10年为单位结算，知青岁月以近50年缅怀，改革与开放也成了“后30年”……10年又10年，10年不堪多，时间都去哪儿了？

记得一首俄罗斯诗歌表达一个老奶奶与孙女儿的对话：“奶奶缓缓向我道：‘大夫根本不需要，也无疾病要煎熬，只是身体有些老，老人腿脚不再好，灰白头发随风飘……我在神秘的地方丢失了青春年少。遥远的地方，丛林的深处，高山之中，深水之底，何处觅踪，无人知晓。’孩子奶声奶气急切道：‘奶奶，奶奶，听我说，神秘地方快记起！跋山涉水我要去，青春岁月归还你！’”

青春年少丢失在神秘的地方了，人生留下沧桑，也总有人留下诗意的回答，是金色的。

温哥华很美，推开窗遥看远山的积雪，那不是岷山的千秋雪；门外车水马龙通向国际机场，也不见驶向东吴的万里船。白鹭见不到了，却有一种苍鹭（英文名 Heron）在不远处的 Terra Nova 自然保护区、滔滔的 Fraser River 大江边、入海口，低空飞行，清癯伫立。我每天傍晚在大堤散步，都能碰到它们。有时机缘巧合，就一起观看夕阳西下，追寻那炽热、瑰丽的火球一直到海天相交的尽头。

和苍鹭很熟了，太阳落到了海的那一边，它就悄悄飞走了。清新的海风中似乎只弥漫着泰戈尔的那一简洁诗句：

天空不留下鸟的痕迹，而我已飞过。

2015 年 9 月

读书，读人，读灵魂

（文 / 廖致杰）

从小喜读书，几十年下来就成了生活的一部分，开卷有益，成了习惯。

在国外（特别是俗称发达国家的）生活、行走时有一个现象司空见惯：阅读。

读书似乎融入了人们的生活，渗透到方方面面的生活细节。你看公园里绿色的草坪上，三三两两总有人在休憩时阅读。干净的路边长凳上，不分长幼男女，也多有有滋有味儿的读书者。

每个社区都有整洁优雅、丰富方便的图书馆，随便谁都可以在那儿像吃五星级酒店的自助餐一样尽情享用，甚至可以“打包”回家，只是要记得到了还书的时间完璧归赵。那也很方便，根本没有任何手续，你开车到图书馆门口，连车都不用熄火，把书一股脑儿往门前摆放的类似邮箱（说整洁的垃圾桶也行）的几个大桶里面一扔，然后您上车，挂档，踩油门儿，走人，就齐活了。

和阅读有关的细事儿太多了，就连出门儿等个飞机，上了飞机坐定，很多人都捧着一本书，静静地享受着。馋得我呀，盯着他们的面孔和手中的书，一个劲儿发呆。我琢磨着，这帮人一定觉得享受读书的乐趣比东亚人（像中国、日本、韩国）爱到 KTV 去吼两嗓子抒发感情更惬意吧。

记得少年时，有两个事儿至今记忆犹新。一是看完俄国高尔基的自传体三部曲《童年》《在人间》《我的大学》后，让我懵懵懂懂地领略了什么是文学，什么是读书。从此记住了老高的一句名言：“我扑在书上，就像饥饿的人扑在面包上。”要知道老高自幼历尽生活艰辛，面包从小对他就无比重要，而他读书的渊源也跟一个厨子有关。他十几岁时在一条船上当洗碗工，碰到了善良、正直的厨师斯穆雷，引导他开始了读书。老高把人在面包（物质）和书（精神）二者间的“饥饿感”用 16 个字就说透了。就凭他这一句话，指引了我这辈子满世界找“面包”和“书籍”。另一件小事，也是大概在十几岁，我读过一本几十页的小书，记得名字叫《一束智慧的花》，大抵是格言警句的汇编。偏偏就记住了一句：“读一本好书就像和一个高尚的人谈话。”那个时代的教育，好像高尚的人不多，听的较多的是“思想改造”“狠斗私字一闪念”之类的“标语”。所以就一门心思地找好书看，读一个“不亦乐乎”，高尚的人那事儿倒没刻意较真儿。

走出校门，迈进社会大门，书还是继续偏爱，经历的事儿多些后，也不知从哪天开始，突然悟到《一束智慧的花》里那句话有“可逆性”，倒着读不就是“碰到一个高尚的人就像读一本好书一样”吗？！当年老高在轮船上干了五年杂工，体验了“在人间”的甘苦、炎凉后，16岁背着铺盖卷儿就离乡背井奔喀山市去圆《我的大学》梦了，虽然很快梦幻破灭，他不得不住进了“大杂院”，与三教九流为伍，同形形色色的人打交道，为生存奔波，为理想求索，最终还是“读”完了社会大学，成了一代文豪。细细品味，老高面包没少吃，书也没少读，但他的阅历更出彩的地方是“读”人，读各色人等，造就了他的深厚文学（人学）基础。依照这个思路，我也痴迷“读”人，只是调整了一下那句话，不刻意读“高尚”的人，只求读“有意思”的人、“有内容”的人、“有特点”的人，反正是要生猛鲜活的。日积月累，也成了习惯，真获益匪浅。读书是作者把他的思想编好了给你看，读人是你自己先把一个个人的“素材”拆解了，提炼了，编好了给自己看。所以读人更难，但也更有意思。我就是逐步把读书与读人“混为一谈”了，书和人在我的脑子里是频频转换的。

读书和读人，是一辈子有用，有乐的事儿，也是实实在在的“功夫”。读书好的人，那叫做学问；读人好的人，那叫有阅历。千好万好，还都是生动而有限的世界。随着1994年我在美国开始接触“信息高速公路”（那时还没时兴叫互联网），我就暗暗称奇，这玩意儿流行起来还不得改变人类的整个生活呀，这个世界一方面会变小，另一方面也会延伸得没边了。无限的世界，令人神往也夹杂着恐惧（现实世界的通行“游戏规则”要是被突破了，也够人类惊喜又乱套的）。

2008年11月14日，原在朱家河插队的部分同学（共12人）在廖致杰（后排左三）经营的酒楼聚会，听取唐华、王小平、郭世杰和祝文国庆期间回访延安及朱家河的情况汇报。图中电视播放的画面是原知青灶房所在窑洞旧址。

可不是吗，没几年的工夫，我们都进入21世纪的信息时代了。网上什么不能干啊？！整个网络世界就是一个虚拟世界。且不说网络的其他特性，单就像信息的爆炸（核裂变、聚变级的），思想的交流而论，就颠覆了古往今来的现实束缚。思想的传递、交流不再受地图上的红线或蓝线阻隔，人们思想的互动性是即时的，格林威治的时区也没意义了。大的不讨论，但就人的匿名权、虚拟性，就使思想的“载体”更自由了、更开放了，也更真实生动了。小到博客，你随便上，只要你愿意。你根本不知道你的思想能飞多远（就像人类的宇宙飞船载着地球人的一些物品送入太空一样），会有什么结果。你甚至不知道与你碰上、交流的人物是男是女、是老是少、是好是歹，反正你不用太在意“具象的”东西了，你在乎思想的表达和碰撞，以及你的领悟就行了。

你可以继续读书，虽然闻不到纸香了，但手段更丰富了。你也可以继续读人，但更需要揣摩了。按逻辑推理，你进入了“读”灵魂的时代，这岂不是一个更让人自由、更令人沉静的兴奋的时代吗？“独立之精神，自由之思想”，那不正是人类孜孜追求的文明精粹之一吗？

人的生活无外乎物质的与精神的两方面。物质方面说起来五花八门，吃啦、穿啦、老婆（老公）呀、儿孙呀、房啊、钱啊、官啊、命啊……“饮食男女，人之大欲存焉”，说得天花乱坠也没什么新鲜的。眼儿一闭，没睁开，就全结了。

倒是精神生活可分成色，无止境，折磨着人类少说也几千年了，还会继续折磨下去。没定义、没标准、没……反正人人都有一本难念的经，谁都自己心里清楚。灵魂嘛，要么翻飞着，自己上下求索；要么相互碰撞着，溅出思想的火花，各自领悟生活的精彩与无奈。大自然是那么广袤、深邃、神秘，一个人又算什么呢？非常志顺平常心，找到内心的宁静与和谐就很知足了。

2011年10月

NO.26

金克刚

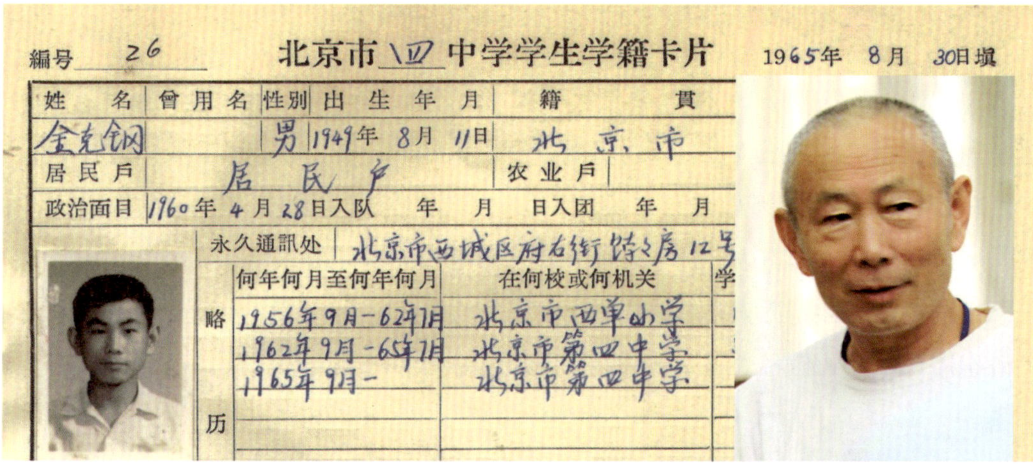
编号 26 北京市四中学学生学籍卡片 1965年 8月 30日填

姓名：金克钢　曾用名：　性别：男　出生年月：1949年8月11日　籍贯：北京市

居民户：居民户　农业户：

政治面目：1960年4月28日入队　年　月　日入团　年　月

永久通讯处：北京市西城区府右街阵房12号

	何年何月至何年何月	在何校或何机关
略	1956年9月-62年7月	北京市西单小学
	1962年9月-65年7月	北京市第四中学
	1965年9月-	北京市第四中学
历		

简历

1949 年 8 月，生于北京市西城区，7 岁（1956 年）就读于横二条小学、西单小学

1962 年，考入北京四中的初中；1965 年考入北京四中的高中

1969 年 2 月，到陕西省延安地区延长县安沟公社朱家河大队插队落户

1971 年 10 月，经贫下中农推荐到延安地区汽车运输公司任卡车、客车司机

1983 年，落实知青政策，于 1986 年 2 月调回北京。在城建四公司任司机、材料员、食堂管理员、消防保卫干事等，一直以工代干，2000 年转正

2004 年 8 月，年满 55 周岁时退休至今

感悟担当

（文 / 张铁铿）

插队时与金克刚同住一个窑洞，这次编辑纪念册专页，祝文对我说，写写他吧。

思索一下感觉他的确值得去写，他是一本奇特的书，果敢与冲动并存，激情与激进同在。同时他又的确很难写，我和他相处既久，却始终觉得在云里雾里，不甚了了。我一直试图了解他、理解他、读懂他，却发觉需要等待，等待时光流转，历史沉淀，阅历累积，环境宽松……

2015年的7月5日，为编辑建班55周年纪念册，在四中会议室召开了一次特别班会，我与金克刚正好并肩而坐。与他忆旧往事，件件桩桩历历在目。听他聊天伦之乐，养育孙辈之情趣；听他聊调理身体，颐养天年之心得；听他聊当年争取返京落户之努力与奋争……洋洋洒洒，无拘无束，尽显同窗之谊。

班会上决议每人分别写出自己的简历，并预先认缴500元作为启动资金。会后不久，虽因中过风，金克刚行走已经步履蹒跚，但在老伴陪伴下，专程从居住地——北五环外的黑泉路乘公交车至阜城门，亲手把钱款和个人简历交给应邀而来的秘书长郭世杰。由此，我感到了他的乐观与豁达，感到了他心底那扇窗口里依然跃动着的丝丝缕缕的激情，感到了他的变与不变。

我感觉突然读懂了他，脑海中飘出两个字：担当！或许这最接近于对他的解读。

金克刚是一个普通的人，却演绎过叱诧风云的往昔，是偶然？还是必然？在那个工人阶级当家做主、领导一切的年代，出身于工人家庭的金克刚踌躇满志、一马当先地全身心投入了那场滚滚洪流。他要有所作为，要弘扬主人翁精神，要体现坚定的革命性，要站在时代的制高点承担历史赋予的伟大责任。“担当”附在他身上，成为那个特定时期言行举止的主旋律。

他错了吗？他知道担当是需要条件的吗？审时度势，知识谋略，品格智慧，组织人脉，理解、把握和驾驭……担当同时还是领头羊、出头鸟，风险

金克刚（左）和张铁铿

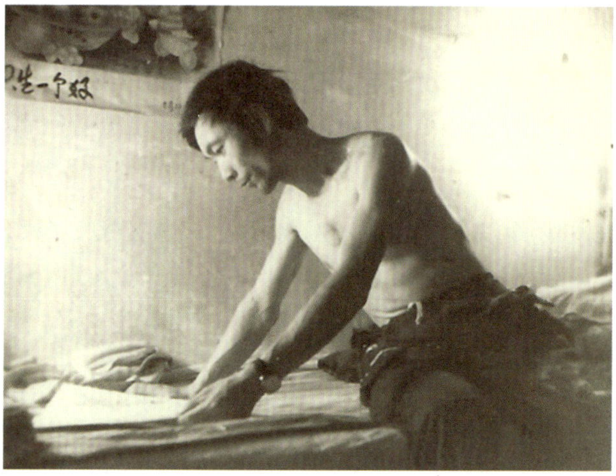

在工作中学习的金克刚

1966年10月1日，金克刚（左）在北京景山公园留影。

承担……显然金克刚没有准备好，其实全社会都没有准备好，整个“精英”群体也没有准备好。金克刚被卷入了“担当”，深陷于“担当”。当他把那尚不完备的个性与伟大的担当捆绑在一起的时候，他的果敢就会过度，他的作为就会越界。他为自己描绘出了大有作为的耀眼轨迹，也为自己规划出了坎坷与磨难的艰难历程。值得庆幸的是他越过了坎坷，走出了磨难，没有陷入沼泽。当老年悄悄降临的时候，他可以坦然回忆，可以饶有兴味地品咂心中的五味杂陈。我非常乐意和他相对而坐，一边品着清茶，一边倾听他发自肺腑的感慨与心声，和他分享昔日的峥嵘与今朝的夕阳。

金克刚家境并不宽裕，每逢假期，学校和社会都会寻找一些机会，安排他去勤工俭学，到一些商业系统的零售网点售货，取得微薄收入，以资学业。这给他提供了接触基层、了解社会的窗口，加之工人出身的天然纽带，他对基层有着深厚的平民情结，基层的生存能力非常强。在崔各庄、小辛庄农村劳动时已有体现。插队时，他常常精力充沛地往来于农民家中，与农民交往，他特有的炽热与担当会感染很多人，颇有些人缘。

金克刚有他观察问题的独特视角和分析问题的独到逻辑，他极其善于发现矛盾的存在与弱点的存在。有一次，我们谈论一个问题，我显出犹豫不决。他脱口而出“你呀，只适合当参谋，不适合当司令”。我不得不承认，优柔寡断是我身上的弱点，有时思虑过多，缺少当机立断的范儿。他的直击，使我更为清醒地认识了自己，而从中受益。后来，我努力修补这个弱项，锻炼独立行事的能力，多有所获。

我们的村庄，漫山遍野生长着杏树。清明前后，你若登高远望，会欣赏到一片杏花的海洋。那些杏树多在碗口粗细，是冬天砍柴手中小镢的对象。砍它们令人倍感心疼，我们曾疑惑地问过老乡：不砍行吗？他们答道：不砍烧什么？六七月间，麦子熟了，杏也熟了，男人们去收麦，婆姨们去打杏。杏肉酿醋，杏仁卖钱，杏叶喂猪。这时你若来到老乡家，杏肉随便品尝，杏核留下。麦地旁，伴生着许多杏树，大的、小的、甜的、苦的。

只要队长一声呐喊：歇晌了！音未落，老乡们便已现身树下，攀爬、折枝、伸臂、拧拽，一连串动作，那些透着金黄色泽、诱人垂涎的山杏便连同杏叶顺顺当当整束成捆。金克刚对山杏情有独钟，有人送杏给他，来者不拒，尽兴品尝，哪知杏越送越甜，于是收口不住。莫道田边山杏美，更有极品在后头。回到村里，老乡们房前屋后种的杏味道更爽，口感更甜，那可都是经过筛选的上等好树！他禁不住诱惑，不顾肚子抗议，继续品尝。数日后，肠胃已然接受不了突然涌进来的过量美味，胃酸泛滥，肚子造反了！他不得不中止口福，赶忙服用黄连素！那药也真管用，肚子很快好起来。但同时复苏的还有馋虫。于是，你看到，他一边吃着黄连素，一边继续品尝着山杏。金克刚，放任且率性！

担当犹如一座山，你站在山巅就是荣耀，就是雄伟，金克刚为此奋斗过；你若被压在山下就是苦难，就是负担，金克刚为此付出过代价。如今的他，早已告别了崇山峻岭，告别了担当。他的锋芒已被收藏，他的谈吐已见平和，他的步履已然蹒跚，但你会感到：当年叱诧风云劲，不似今朝心静时。

1969—1971 年，金克刚（左一）在安沟公社朱家河村插队。
朱家河村开展业余文艺宣传，金克刚饰演一名骨干民兵，在与敌人进行武装斗争。

金克刚与女儿摄于 1981 年。

NO.27

赵金兴

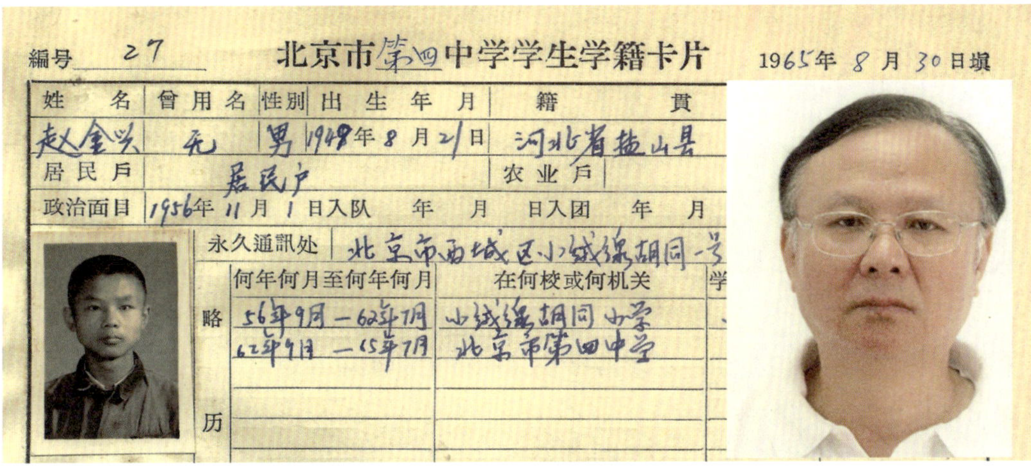

编号 27　北京市第四中学学生学籍卡片　1965年8月30日填

姓名	曾用名	性别	出生年月	籍贯
赵金兴	无	男	1949年8月21日	河北省盐山县

居民户　居民户　农业户

政治面目　1956年11月1日入队　年　月　日入团　年　月

永久通讯处　北京市西城区小绒线胡同一号

略历 何年何月至何年何月	在何校或何机关
56年9月—62年7月	小绒线胡同小学
62年9月—65年7月	北京市第四中学

简历

1962—1969 年，北京四中学习

1969—1983 年，北京电机总厂工作

1982—1985 年，在中央财政金融学院工企财务管理专业就学

1983—1985 年，中国作家协会办公厅

1985—1995 年，中国作协服务中心及文豪大酒店筹建处

1995—2002 年，中国作家协会审计室

2002 年，退休

2002—2008 年，安华信会计师事务所

学生时代的赵金兴

金兴自述

（文 / 金兴）

我的小学六年是在一个胡同里的学校度过的。

1962 年，因哥哥已是四中学生，我也顺理成章地报名四中，并如愿成为了北京四中学子中的一名成员。

说起来在四中六年的学习生活，学习不算刻苦，也没有多少压力，和许多同学相比，水平和能力只能算中下游。但是四中积极好学、勤于思考、知难而上的学习态度和学习方法，为将来的工作生活打下扎实的基础。

1969 年面临毕业分配时，我已做好了上山下乡去农村插队的准备，结果却幸运地被留在北京，分配到工厂当了一名工人。新单位的名称叫北京电机厂，生产制造各类工业用途的交流电动机。

我被分在了铸造（俗称翻砂）车间。主要工艺是模具造型、金属熔炼、浇铸及热处理等。这个工种不仅高温危险，而且又脏又累，劳动强度非常大，我在这个岗位一干就是 10 年。当然，在国营（现在叫“国企”）工厂当工人再苦再累，也无法和远离家乡千里、上山下乡的同学们相提并论。

1979 年，凭借在四中掌握的自学能力和扎实的知识基础，我抓住机会，离开车间来到科室，

2005 年，赵金兴在安华信会计师事务所时的工作照。

成为一名以工代干的管理人员，很快就完成了从门外汉到专业人员的第一步。继而在工作同时，1982年考进中央财政金融学院（现中央财政金融大学）工企财务管理专业学习，进一步提高专业知识水平。

1985年大学毕业后，我得以专业人员身份调入中国作家协会，成为一名国家正式干部。半年后，在全社会大力推行市场经济，纷纷办公司、办企业的大潮中，中国作协成立了一个服务中心，我参与前期筹建并主管服务中心财务。公司成立后与香港商人合资建造文豪大酒店（位于王府井人民艺术剧院对面），全程参与并兼任筹建处财务负责人。后因种种原因尚未完工即将该项目转让，投资获得很大盈利。

1995年，中国作协成立审计室，调我过去，负责作协机关及下属单位全面财务审计工作。

2002年机关机构改革，我主动要求提前退休。之后到一家会计师事务所，主要负责对大型国企审计及国家政府机构委托审计工作。

2008年因故不再外出工作。

两段回忆

（文／祝文）

编辑纪念册的工作接近尾声，终于联络到了赵金兴。尽管微信里还未曾谋面，但遮挡不住大家相闻甚欢，纷纷互致问候，毕竟有10多年没有他的消息了，看到他为纪念册发来的简历和文字自述，使我不由引发两段印象颇深的回忆。

1969年8月，我和王泰立回京为队里筹备广播站事宜。听说赵金兴和刘道福两位同学分配到北京电机总厂当工人，很想知道他们的工作情况，于是抽出时间骑车去位于酒仙桥的工厂探望。在厂门口传达室办好登记手续，赵金兴接到电话不一会儿到外面迎接，我们直接去他的车间。

赵金兴在铸造工艺车间当学徒工，当时进厂上班也就刚两三个月，但对专业技术要领，在我这个外行眼里已颇为娴熟。他热心地向我详细讲解铸造工艺流程，介绍鼠笼式交流异步电机的工作原理，看着他们是怎样将炙热的铝液浇灌进模具的冒口里，不一会儿就脱胎出一个个大小不同电机的转子。不由为自己的同学感到由衷敬佩和骄傲！

中午赵金兴无论如何留我在工厂食堂吃饭，关切询问在农村插队的劳动及生活情况。由于我的“会客单”填写的单位只是铸造车间，刘道福分在了另外的机加工车间，不方便再去打扰，很遗憾这次没有见到道福。

再次与赵金兴相遇大概是1992年了。我因做消防自动化设备的系统集成业务，有个工程项目叫“文学会堂”，不知何故被搁置很长时间。待再次启动时，我去进行业务联络，居然碰到了赵金兴！当时项目已改名字叫“文豪大酒店”（后来又更名“王府井大酒店”），他代表甲方，是财务负责人。形象亦如题头标准像：斯文、睿智、含蓄，对自己、对工作，都谨言慎行，透着老练成熟。犹如所写的简历与自述，可谓人如其文了。

照片摄于1967年夏天，高一四班几名同学自行去京郊小辛庄农村劳动锻炼，和当地农民在田间地头合影留念。赵金兴位于后排右起第一人；前排左起分别为：唐华、夏鲁平、金克刚、王泰立。

NO.28

郭世杰

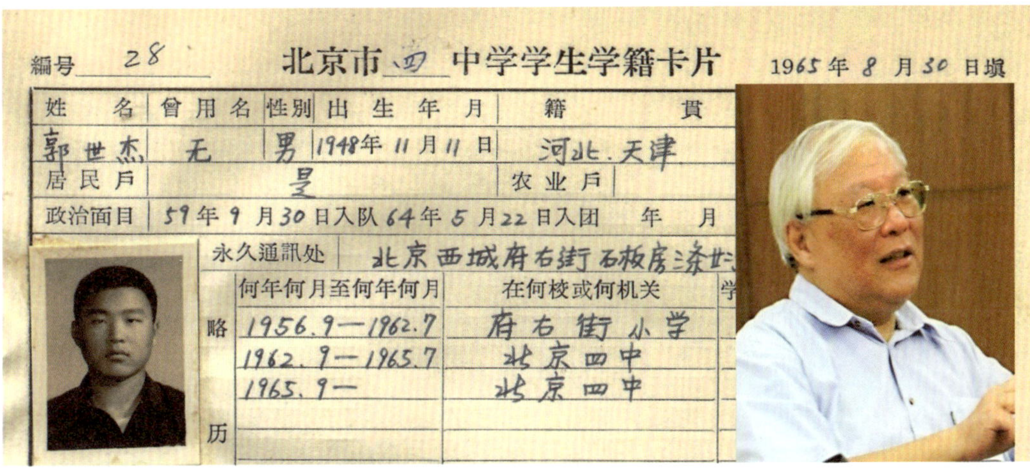

简历

1948 年 11 月 11 日，出生于北京

1956 年 9 月—1962 年 7 月，北京西城区府右街小学学生

1962 年 9 月—1969 年 1 月，北京四中初、高中学生

1969 年 2 月—1972 年 12 月，陕西省延长县安沟公社朱家河大队插队

1973 年 1 月—1989 年 8 月，航空工业部华燕仪表厂（现中航工业集团陕西华燕航空仪表有限公司）工作

期间 1983 年 6 月—1986 年 7 月，电大工业企业管理专业航空部〇一二基地教学班学习毕业

1989 年 8 月—1992 年 9 月，空军军训器材厂（现空军军训器材研究所）工作

1992 年 9 月—2008 年 11 月，中国交通建设集团中国公路车辆机械有限公司工作

1993 年 8 月—1995 年 12 月，中央党校函授学院本科班经济管理专业交通部教学班学习毕业

2008 年 11 月—2011 年 3 月，退休后原供职公司返聘

2011 年 3 月，全退

三线十七年

（文 / 郭世杰）

自 1969 年 2 月 2 日离开北京赴延安插队，至 1989 年 8 月调回北京，我人生中的 20 载时光在陕西度过，有相当多的经历刻骨铭心。三年又十一个月的知青岁月，老友们的回忆中已多有涉及，所谓“前人之述备矣”，不再赘述细表，只说说 17 年的三线军工企业生活。

1973 年元月，告别了延长县安沟公社朱家河大队，自陕北转战陕南，来到了地处汉中盆地南缘南郑县的第三机械工业部华燕仪表厂。此厂始建于 1970 年，隶属于三机部〇一二基地。这个基地遵照毛主席“三线建设要抓紧”“备战、备荒、为人民”战略部署建设，以运八飞机为主产品，有主机、辅机、专业化工厂近 20 家，分散在汉中地区各县。

当时建厂选址以“靠山、分散、隐蔽”为方针，多数企业均建厂山中，有些保密级别高的产品研发实验部门、车间还钻了山洞。华燕仪表厂地处南郑县华山公社，背依华山，紧傍燕子河，故而得名。据厂里老职工说，当年选址时，是空军副司令员曹里怀带队，本还想往更深山中走，但前有高耸之华山水库大坝挡住去路，将军将手中拐杖朝地面一杵，大声喝道：“就是这儿了！”于是，华燕厂便应运而生了。

包建华燕厂的是宝鸡宝成仪表厂。此厂是 50

1967 年，郭世杰（后排左三）与王小平（后左四）在北京四中任 70 届班级辅导员。

郭世杰（左）在朱家河插队时任东方红 小学民办教师，与唐华的合影。

年代初苏联援建的国家重点项目，技术先进，实力雄厚。新厂领导、骨干均来自老厂，首批共88人，号称“88条枪”！据说，工厂通讯地址“88号信箱”即由此得名。

我们一批进厂的北京知青共近30人，其中同来自朱家河的伙伴五人，原高一四班的只我一人。刚到工厂，一切新鲜。

首先是大的自然环境新。汉中地处秦岭以南，巴山以北，虽属西北，但气候、物产、民俗均接近四川。记得我们在阳平关下火车后，乘卡车赴厂，虽时值元月，但仍风和日丽，公路边绿竹、棕榈目不暇接，与刚刚告别的陕北的冰天雪地判若两个世界。

二是小的生活环境新。我们到厂时，厂里基建已基本完成。厂区及生活区均已成型。一座座厂房、车间令人颇感新奇，特别是那座当时国内仅有的超净厂房更是前所未闻。因工厂主要产品是高精度的陀螺仪表，对装配净化条件要求极高，故而配备了此厂房。想到今后我们将在此种环境里工作，自豪感油然而生！

三是身份新。从知青成为国营企业职工，特别又是充满神秘色彩的军工企业，此种身份的陡然转换，让人难免有些飘飘然。在那个“以阶级斗争为纲”的年代，处处讲出身，讲成份，能进入三线军工企业也是件不易之事！

入厂之初，知青很是抱团。记得刚到厂不久的一个周日，五六个同学一起去逛汉中。厂与汉中相距60里地，职工往返，全靠厂里班车。当时我们对老职工及汉中城均不熟悉，只顾游玩，误了唯一的一趟返厂班车。天色渐晚，次日还要上班，于是迈开双腿，步行返回！一路欢歌笑语，60里路一蹴而就！大家都有在陕北翻山越岭的底子，汉中平原区区几十里不在话下！

还记得进厂不久便是春节，当时物资匮乏，食堂伙食很差。某个傍晚，我们聚在宿舍精神会餐，初二的毕林正绘声绘色地背诵《阿Q正传》中的精彩片断，忽闻叩门之声响起，开得门来，只见一干人鱼贯而入，为首的是厂党委书记、革

1966年初，（左起）郭世杰、王小平、祝文在天安门金水桥上合影。

2008年9月30日，（左起）王小平、祝文和郭世杰在黄河著名的壶口瀑布（山西一侧）合影。

委会主任老彭。原来是厂领导前来慰问新职工！领导们不但带来了花生、瓜子，更使举目无亲的我们，感受到了一股暖流！

为期一个月的新学员入厂培训很快结束了，大家都走上了新的工作岗位。我被分到了厂生产科综合室，从事综合计划工作。从此，在这个岗位上干了17年！这期间，随着"文革"结束，党和国家的工作重心转入经济建设，以及波澜壮阔的改革开放，企业也经历了从生产型向经营型的转变，从单一的军工企业向军民结合型企业的转变。我所工作的部门也从生产科调整为计划科。我也从一个24岁的小伙子步入了不惑之年，从新学员成长为业务骨干。

生产计划部门是企业生产经营的首脑机关和参谋机构。在计划经济时期，我所干的综合计划工作主要是根据军方订货编制工厂年度生产计划大纲和经济指标计划。负责与驻厂军代表协调空海军部队订单合同管理、产品交付，负责编制、下达及考核各车间和相关科室的经济指标计划。进入经济转型期后，随着民用产品的研发生产，进行了军品、民品生产能力测算，军品生产线调整、军民品生产经营计划大纲编制及日常管理等工作。

在多年的计划工作中，领导交办的各项工作均能圆满完成，多次被评为先进工作者。使我大受裨益的是，四中传授给我的凡事都要认真、严谨的作风，已渗透到灵魂和血液中，潜移默化地指导着自己行动。因此，当我身边的师傅、同事得知我是北京四中学生而点头夸赞时，我总是难以抑制心中的骄傲。此种骄傲，不是因为自己，而是因为我的母校！

四中的学生总有学习新知识的渴望。由于种种原因，我遗憾地错失了1977、1978年恢复高考的机会。但是学习更多知识指导工作的愿望，当然，也有对学历的追求，让我毅然投入了电大工业企业经营管理专业的学习。1983年入学时，我35岁，班上小的同学，年龄只有我的一半。〇一二基地电大企管教学班设在离我厂百余里外的洋县572厂，往返要坐火车。在3年脱产学习期间，我以四中人锲而不舍的精神，克服了种种困难，以各科考试均一次通过、毕业论文优秀的成绩完成了学习任务，也为回京后再续本科打下了基础。

1986年电大毕业回厂后，1987年党组织发展我入党，并有意安排我到中层岗位。但因当时北京已有解决知青子女户口政策，考虑到孩子的前途和自己总要落叶归根，我们于1989年调回了阔别20年的故土。

人生能有几个20年？我把自己最宝贵的20年青春年华交给了陕西，交给了陕北和汉中！对此，我遗憾又不遗憾。遗憾的是，我最美好的青春年华没有赶上迅猛发展的好时代，这些年，社会、生活都好多了，可我们也老了！不遗憾的是，17年间，为国家的三线建设、为航空工业的发展贡献了自己的微薄之力，我问心无愧！

2015年，当我看到“9·3”阅兵时各型战机翱翔长空，看到我工作、生活过的中国航空工业华燕航空仪表有限公司持续发展的好消息时，我只有自豪与骄傲！

NO.29

袁塞路

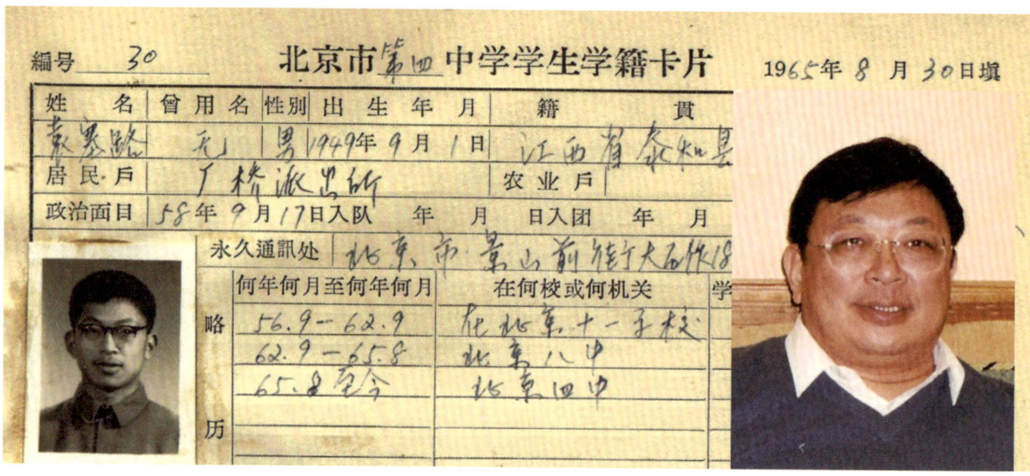

简历

1949 年 9 月 1 日，出生于陕西省富平县

1956 年 9 月，入新北京十一小学

1962 年 9 月，入北京八中初中

1965 年 9 月，入北京四中高中

1969 年 2 月，入伍海军航空兵三师水鱼雷队

1977 年，退役到北京市公安局地铁分局工作

1978 年 3 月，入北京大学法律系学习

1982 年 2 月，回北京市公安局工作，先后担任派出所指导员，所长，分局长，法制办公室副主任等职。

2009 年 9 月，在宣武分局副局长任上退休

纪事抒怀

（文 / 袁塞路）

我生在解放战争的炮火硝烟里，兰州战役催生了我，母亲用“路”字入名，纪念行军路上十月怀胎和分娩的不易。巧合的是，我的出生地恰是习仲勋同志的老家，江西爸爸和四川妈妈得了我这个陕西富平娃。有道是：

八一军旗，所向披靡。大军西指，陇原霹雳。兰州血战，富平婴啼。
马背摇篮，随军东西。北京成长，人民哺育。就读十一，八中继续。
初入四中，惶恐好奇。同学才俊，分明差距。勤学苦练，三好看齐。
“文革”苦难，秋风迅疾。发人深省，思考分析。从军从警，北大学习。
逝者如斯，岁入六七。唏嘘感慨，抚今追昔。不甘边缘，志犹千里。
忧国忧民，江山社稷。腔血尚温，自当尽力。民主进步，富强可期！

北京大学法律学系 1977 级毕业合影照。袁塞路是当时班级党支部书记，位于第四排右起第一人。

趣事四则

（文 / 袁塞路）

中学时期的袁塞路

“块大膘肥”是金克刚同学对我的印象。的确，从四中起，我的体重即为周围最出众者，只有刚入学时班中郭世杰和我有一拼。一身肌肉，也成就了我的体育成绩：西城区中学生第一（铅球）；北京市中学生第二（铁饼）；当兵参加运动会，山中无老虎，我竟然取得海军选拔赛第一名（铅球）；上了北大，每年争一个北京市高校冠军（铅球）。但体重亦招来许多趣事，有的还颇有点戏剧性，成为别一章。

“你是标枪第一名”

1967年夏末秋初的一天，我家中门铃响，开门一看，是高一3班胡东平和初二2班的范西峰。他们说在离我家不远的北海前门被七八个海淀的中学生劫了，要钱。他俩一看寡不敌众，便假称前面即到家，可以取钱，因而来此求助。我听后出门，打量了一下跟进来的小伙子（其他人在胡同口）：一身国防绿，带个金丝墨镜，锰钢车一把钢丝锁，一看就是小玩闹。他见我明显大块儿，气场之下怯了几分，说是借钱吃个饭，便盘道问我贵姓。我说“我叫袁塞路”，他紧接着“知道，知道，中学生运动会标枪第一名”。看来他对我真有点耳闻，知道是投掷运动员，但又不太清楚具体项目。我见他有服软意思，便教育几句放他走了。他飞也似的骑车出胡同，和那七八个孩子一窝蜂开溜了。有趣的是，去年我和胡东平一起到一个老同学那儿赴约吃饭，聊到这一段，在座的一个人涨红着脸说：“那个骑车进胡同的就是我。”大笑之下，握手言欢。他说我比那时更壮了。

两声响亮

大学刑侦课法医部分，老师发下一本尸体照片，有的尸体因腐败膨胀呈巨人观，面目狰狞可怕。一位涉世不深的女同学一看“啊”的一声，吓得够呛。大家把目光一齐投向她，不解、同情、讥讽的眼光，真让人下不来台。无独有偶，阶梯教室我坐的固定铁架折叠椅不争气，在我体重的重压下椅面折断，发出巨响。因为胖，扶手阻碍，我才没一屁股坐到地上。这又引起了众人的目光扫射：谁？！怎么了？！我急中生智也顺势向后看，仿佛也在找发出巨响的座位和同学，掩饰住

1970 年，袁塞路（左）看望在青岛当兵的张小军。

上世纪 80 年代，袁塞路（右三）在北京四中与同学们合影留念。

了尴尬。课间同学们一看，哈哈大笑。

但我“破坏”大学公物不是这一起 。在图书馆自习，塑料板的折叠椅我坐坏了两把。座位不像课堂那么紧密，不好掩饰，我只能在窃窃笑语与指点中，悻悻地收拾书包，另觅坐席。当然，图书馆一座难求，只好打道回府去宿舍。你说说这体重，一方面为学校争取荣誉，一方面损坏公物，情何以堪，令人啼笑皆非。

“你扔个试试”

1980 年底，我们在南京秦淮区法院实习。一次外出乘公共汽车，人很拥挤，时值冬季穿的厚，更使每人空间局促。我前面一位 40 多岁男子背对着我，可能嫌我随着车辆惯性和四周乘客挤压了他，引起他的不满和愤怒，背着我厉声呵斥：“挤什么挤！”我回了一句：“叫什么叫，没看见人多！”这更惹恼了他：“你说谁叫，你才是叫呢！再挤我把你扔下去！”我耐住性子平静地说：“你扔个试试。”这时他方回过头来，一看我比他高半头，将近他两倍体重，顿时不响了，周围响起会意的笑声。之后我才晓得，南方人嚷嚷不能称“叫”，“叫”是狗吠。他认为我侮辱了他，才以扔出去相威胁，但是一看扔不动，只得罢了。

“亏得你没出手”

大学排课，有时一上午两大节课（一节课 2 小时），教室离得挺远，不骑车还真有点紧张。有一次我们到文史楼大教室上第二节课，教室中上节课仍未结束，压堂了。这引起我班同学不满，推门拉门，吆喝怪话，激怒了里面上课的同学。一下课就与我们班吵起来，言语冲突发展到肢体冲突。我骑车后到了一会儿，看到乱哄哄的架势，立即上前劝解。我们班有的同学吃了亏，头破血流，我分开纠缠在一起的同学，制止冲突升级。我是体育名人，不少人认识，见我劝解也就罢手了。在其他同学和我努力之下总算停止了打斗，伤号到校医院包扎救护。下午运动队训练，对方班级有几个长跑队的，见到我，几次表示感念。他们说，下来后班里好几个同学都说：亏得袁塞路没动手，否则，你瞧那块儿头，一屁股还不坐死几个！后来校方处理此事，双方各不相让。对方地球物理系是时任校长周培源任教的系，我们法律系也有人物，就是现任国务院总理李克强，只是当时还不曾闻达而已——这是说笑话，当然更是后话了。记得最终对双方通报批评了事。

NO.30

叶翔宇（1949.4.29.—1975.）

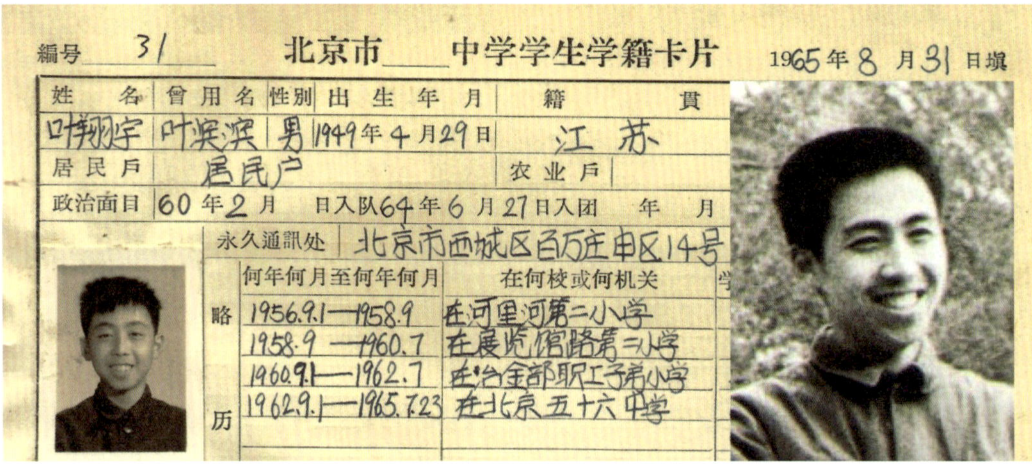

编号 31　北京市____中学学生学籍卡片　1965年8月31日填

姓名	曾用名	性别	出生年月	籍贯
叶翔宇	叶滨滨	男	1949年4月29日	江苏

居民户：居民户　农业户：

政治面目：60年2月 日入队 64年6月27日入团 年 月

永久通讯处：北京市西城区百万庄申区14号

略历

何年何月至何年何月	在何校或何机关
1956.9.1—1958.9	在三里河第二小学
1958.9—1960.7	在展览馆路第二小学
1960.9.1—1962.7	在冶金部职工子弟小学
1962.9.1—1965.7.23	在北京五十六中学

简历

1956年—1958年，北京市三里河第二小学

1958年—1960年，北京市展览路第二小学

1960年—1962年，国家冶金部职工子弟小学

1962年—1965年，北京市第五十六中学初中

1965年—1970年，北京市第四中学高中

1972年—1975年，北京市北郊鸭场工作

1975年，失踪

1970年，（左起）赵康、张铁铿、张宝琪、叶翔宇，在颐和园合影。

翔宇印象

（文 / 杨南征）

叶翔宇相貌清秀：白净的长圆脸，剑眉下一对丹凤眼，唇边两撇与下巴一缕尖尖淡须，总让我联想起画上的屈原。他沉默寡言，偶尔说起国共两党人物却侃侃而谈。

我俩密切起来是由于一张唱片。那是1965年肖华作词的《长征组歌》发表不久，他说刚买到“密纹唱片”。我被这个新奇的概念吸引到了计委礼堂后面的他家里。印象中所有唱片都应该是脸盆大小、黑色、易碎的。但见他从书架上抽出一个5寸见方的“中国唱片”小纸袋，用指尖从中拈出一张巴掌大小、半透明的红色塑料圆片，轻轻放在同样微型的电唱机绒盘上，边操作边解释：“传统的大唱片是虫胶做的，所以容易碎，现在用高级工程塑料做，柔软，纹路极为细密。”他让我借着灯光观察，只见每隔2毫米一圈亮色就有1厘米一圈暗色，“一圈暗色就是一首歌。一张密纹唱片能顶5张传统大唱片”！当时这个结论给我的震撼，远超30年后IT界的摩尔定律。

我正担心能卷曲的唱片会影响音质，他已经把拾音器针头放在唱片边缘了。

“红旗飘，军号响，子弟兵，别故乡……”震撼心扉的旋律宏大地传出，没有一丝杂音。他说，因为采用“石英拾音器”替代了传统的机械拾音器。石英的震动频率范围远比机械宽，超出了人耳50至2万赫兹的感受区，所以声音干净。

“告别”“突破封锁线”“遵义会议放光辉”“四渡赤水出奇兵”……几遍听下来，我俩已经基本上能跟唱了。翔宇捧着唱片纸袋，微晃着头朗诵：“战士双脚走天下，四渡赤水出奇兵，乌江天险重飞渡，兵临贵阳逼昆明……”肖华的词写得真好！恍惚间我俩成了红军战士，跟着队伍急行军在云贵川的大山中。

一年后，毛主席在“8·18”红卫兵大会上发出“大串联”号召，8月底我俩就各背一个军挎包迫不及待地登上了南下的列车。第一站重庆、第二站贵阳、第三站昆明——许是长征组歌引导我们选择了这样一条串联路线。

在重庆，我们来到“中美合作所”——戴公

左起：杨南征、叶翔宇、张康成、张铁铿。

祠杨虎城将军殉难处。

翔宇家的书架底层有全套内部发行的《文史资料》。一年来我经常往他家跑，就是想看这些史料。记得看过一篇特务头子周养浩杀害抗日名将杨虎城的交代：

"杨拯中正要进入卧室，特务杨进兴从身后将匕首刺进了他的腰间，杨拯中一声惨叫：'爸！……'杨虎城猛一回头，还未来得及看清自己儿子被刺的惨状，就被刽子手的利刃割断了喉咙。秘书宋绮云夫妇也一同被害。他们的孩子小萝卜头和杨虎城9岁的幼女跪在地上吓得蜷缩成一团，瑟瑟发抖，苦苦哀求，仍不能幸免。一时血流满台阶，惨不忍睹。凶手们在杨虎城父子二人的面部淋上硝镪水，然后把杨虎城的遗体掩埋在花园的一座花坛里。"

国民党特务的残忍程度超出我当时的想象。今天身临其境，更感毛骨悚然。翔宇从戴公祠出来，一脸煞白，我们一路无语。环视路旁花坛，不知哪一处埋葬过杨虎城的尸骨。

到了贵阳，我俩直奔遵义会议旧址。这是一栋西洋回廊式歇山顶二层楼房。据说二楼就是当时党中央开会的地方。一个大开间里，地面满铺红漆木地板。一圈藤编靠背椅，围着一张大会议桌，桌下一个炭火盆。我俩挨个儿把每把椅子都坐了一遍，猜测当时毛主席是坐在哪一把椅子上。我想应当是坐正对会议桌顶头的那一把，因为遵义会议恢复了毛泽东的领导地位。翔宇连忙摇头：不对不对！遵义会议选举产生的三人小组是：张闻天负总责，周恩来负责军事，毛泽东辅助周。这下我懵了，不知应该坐哪一把椅子。

当时流行"幸福传递"。"8·18"大会那天，谁与毛主席握过手，这只手就成了"幸福手"，大家就抢着握这只手，瞬间就有暖流上身。现在找不着毛主席坐过的椅子，让我颇感失望。

来到昆明时，正赶上国庆节军民大游行。一排排解放军战士步伐整齐通过五一广场。广场边一副大门牌："昆明大学红卫兵除四害破四旧战果展览"。我俩在游行人流的裹挟下被卷进了展览大厅。展台环绕大厅一圈，摆放着各种首饰、金条、银元、古董。作为红卫兵发源地北京"西纠"成员，我曾在学校管理过比这更多更稀罕的财宝，早就见怪不怪了。唯有两样展品令我震惊：一样是一门迫击炮，几发炮弹，据说是从一名大学教授家里搜出来的。另一样是一幅放大的相片，其中亭亭玉立一少女，高跟鞋、连衣裙，头戴插着羽毛的小帽子。竟然是一位男教师的自拍像！相片下摆放着他穿过的高跟鞋、胸罩、连衣裙……

耳听为虚眼见为实，这些物证强烈加深了我对地富反坏右梦想变天，以及资产阶级分子生活糜烂的印象。翔宇却不以为然："那门迫击炮的主人未必是教授。""梅兰芳还男扮女装呢！"这两句话当时听着挺刺耳，今天想起来却满有道理。

我俩"大串联"回到北京时，老红卫兵们已经因为反对中央"文革"小组而失势。叶翔宇的父亲叶林受北京市委指派任清华大学工作组长，与副组长王光美一起被当成"走资本主义道路当权派"打倒，我父亲也被七机部造反派打倒关押起来，我们赶紧各自回家料理，从此与翔宇断了联系。

1982年我从部队探家回京，到处打听翔宇消息，却听同学说后来翔宇离家出走，失踪了！真不能想象，当年那样一个聪慧灵睿、充满理想、朝气蓬勃的青年，竟然在"文革"乱局中人间蒸发了！

翔宇从小性格内向，只有一个年龄差距较大

的弟弟，“文革”前父亲、母亲都忙于工作，他的生活情趣大都来自同学。当我们也离开后，他的孤独感可想而知。我猜想是否如屈原，内心追求与现实冲突，导致了他像屈原一样选择了结束生命？随着他的消失，这永远成了一个迷。

当得知他的老父2010年才以97岁高龄逝去时，我十分懊悔没能更早地主动联系去探望叶林老前辈。这个教训使我对同学之谊倍感珍惜。

那时……

——追思翔宇

（文/张铁铿）

那时，天空湛蓝，云朵洁白，山清水秀，鸟鸣处处。
那时，没有虚伪，没有彷徨，没有哀怨，无需设防。
你，敞着心扉，写着日记，同窗情谊，字字珠玑。

那时，柿子高挂，秋叶如洗，山路崎岖，满目生机。
没有犹豫，没有退缩，不言苦累，蔑视蹉跎。
你，跨骑单车货架，长驱上方，面庞灿烂，眉宇绽放。

那时，你在家中，昵称小胖；
为你带饭，你说，不要丰盛，只要简单！为你添衣，你说，洁净就好，太新不惯！
你，朴实向善，胸怀担当，勇于进取，操练木枪。

那时，泰山压顶，水冲龙王庙，内心纷扰，身体力行。
养鸭场，蓝色职装，映衬着，你清癯的身影。工作日志，一行行，印证了，你不息的足迹。
荣誉证书，透支了，你心中燃烧的，希望与憧憬。

那时，音律简洁，节奏激扬，少有缠绵，远离忧伤。
你，爱好音乐，向往美好，心赞红梅，高挺胸膛。

离家那刻，思绪音符般流淌，摆好唱片，留下永恒音响。

昨天，已随风远逝，已凝固不前，音容笑貌存照，言行举止定格。
而我，却仍旧，在时光隧道里，苦苦追寻。我多想证明，爱因斯坦的光速，不是极限；
我多想对翔宇说，你并不孤单。

今天，当朝霞映红天幕，你，康康、南征、宝琪、康成，还有我，
又肩并肩，一起轻轻地，行走在，昆明湖畔，那明镜般的冰面。
你看那边，同学们来了，一个不少，他们心中装着，对你深深的思念。

明天，我突然感受到明天。
你听，排云殿那边，有阵阵话语，是嬉戏，是倾诉，是私语？俶尔，那声音直上九霄！
我追逐那声音，翘脚遥望，看到天洞那边，是明天！
期待缘续明天，我们重逢！

关于翔宇

（文 / 赵康）

1975 年六七月，我在石家庄实习，设计新的石家庄火车站（清华大学的设计方案没有被选中）。忽然接到家里的来信，告诉叶林夫妇找我，说叶翔宇失踪了，问我知道不知道翔宇的下落。我在石家庄已经近一年了，与翔宇也没有联系，真不知道他去哪里了。我的回复，使叶林夫妇很失望。

抗战前我父亲与叶林伯伯是上海同济大学的校友，一起参加过抗日学生运动。抗战时期一先一后都在 359 旅工作过，解放战争时期又都在哈尔滨工作，他们家的日本保姆都是我父亲帮助找的。没有想到高中进入四中，我又与翔宇分在同一班，关系自然特别好。

翔宇记忆力超好，《人民日报》新发表的胡乔木的诗词，他看过都能背下来。“文革”期间，在他家院子拼木枪的相片成了永远的纪念。他身体不好，罹患胆道感染，家里问题当时还没有解决，所以一直待业没分配。

1970 年我从内蒙回北京办事，与南征、康成、

宝琪、铁铿等人一起去颐和园游玩，在结冰的湖面上留下他与同学的身影。

1972 年 5 月，我上清华大学建工系，他家已经搬到三里河红塔礼堂旁边的经委宿舍。星期六晚上我们还设法混进红塔礼堂看“内部电影”，当时演《山本五十六》《啊，海军》等。

后来翔宇分到北郊鸭场，周六、周日可以回家。养鸭工的工作机械单调，他每日领取鸭食饲料，自己都在工作手册上面留有记录，1974 年被评为单位的先进工作者。

1962 年，叶翔宇（右二）和同学在百万庄家门口合影。右起：祝文、张建新、张康成、张宝琪、叶翔宇、刘兴。

1970 年，叶翔宇（右二）和同学在颐和园合影。

NO.31

赵康康（赵康）

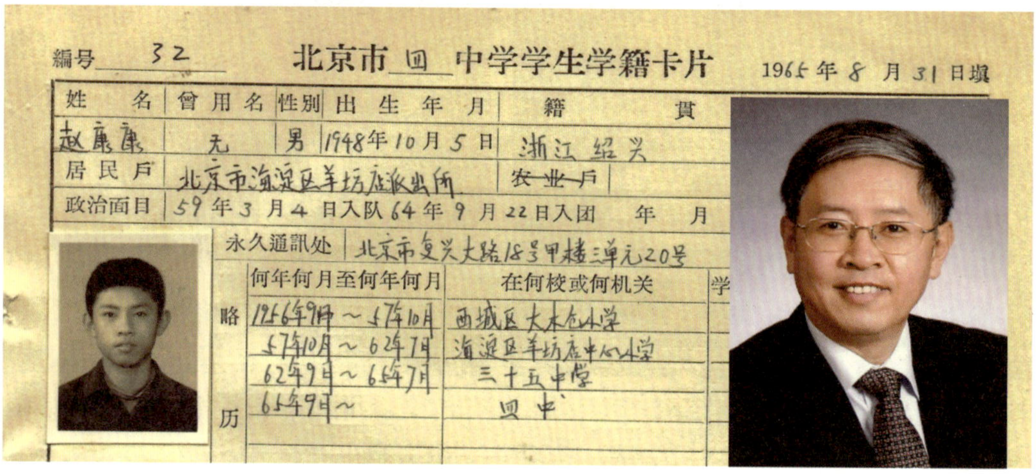

編号 32　北京市 四 中学学生学籍卡片　1965年8月31日塡

姓名	曾用名	性别	出生年月	籍貫
赵康康	无	男	1948年10月5日	浙江绍兴

居民戶：北京市海淀区羊坊店派出所　~~农业户~~

政治面目：59年3月4日入队 64年9月22日入团 年 月

永久通訊处：北京市复兴大路18号甲楼三单元20号

略历

何年何月至何年何月	在何校或何机关
1956年9月～57年10月	西城区大木仓小学
57年10月～62年7月	海淀区羊坊店中心小学
62年9月～65年7月	三十五中学
65年9月～	四中

简历

1948 年 10 月 5 日，出生

1965 年 9 月—1969 年 4 月，北京四中

1969 年 4 月—1972 年 5 月，内蒙古生产建设兵团一师三团

1972 年 5 月—1975 年 12 月，北京清华大学建工系建筑学

1975 年 1 月—1978 年 5 月，北京怀柔县建设局规划科

1978 年 5 月—1980 年 10 月，北京市建委统建办公室规划处

1980 年 10 月—1994 年 10 月，北京市城市建设开发集团总公司

1994 年 10 月—2005 年 11 月，北京城市开发集团有限责任公司

2005 年 11 月—2011 年 10 月，首都开发控股（集团）有限责任公司

2011 年 11 月，退休

图书伴我成长

（文 / 赵康康）

有人说过，书如茶、似酒，品之味、嗅之香，弥久而愈醇厚绵长。现代文明社会有无数乐趣可消磨时光并使人从中收益，我的挚爱是读书。

从上学起就有了这一偏爱，那时课堂读书算得是正业，就不说了。

小学放暑假时，有机会到机关图书馆义务劳动，帮助整理图书，得到的回报是看完了当时翻译的儒勒·凡尔纳的全部科幻小说。

中学在四中，每天的中午休息，我都几乎在阅览室度过。放学后去北海公园西边的北京图书馆，当时对中学生只能阅读，不能借。

“文革”期间，学校图书馆被学生们占据，我趁机几乎把书翻遍。

离开学校去内蒙古乌兰布和内蒙古建设兵团，我带了两个箱子：一个皮箱放些衣物，另一个木箱全是书。

这且不够，进而我们开着解放牌带大篷的卡车，后槽帮放下，稳稳地靠在一个巴彦高勒市图书馆一层窗户前，封得严严实实。打开窗户，“解救”了当时被封存的图书。使得我们有幸足足看了大半年。

1972 年我进入清华大学建工系学习建筑专业，参与过北京图书馆新馆设计方案，最后采纳的是南京工学院杨庭宝的方案。

工作以后，不管在哪儿，我办公室的一面墙，全是装满书的书架。在公司领导里能把书架压坏的，我恐怕是唯一一个。

当时办公地点在王府井南口，中午休息我就逛旁边的新华书店，享受着免费查阅、博览群书的快乐。

遇节假日，去的最多的地方还是书店。

到朋友家，看看他家书架，就知道这朋友的兴趣、喜好。

到同事办公室，看看书架，有什么书，就可了解他的爱好、兴趣、知识和能力。

退休了，公司的办公室要交出去，几十箱书放在哪儿呢？

家搬到河北怀来的原乡，首要的事就是把原先设计的车库改为了书房，靠墙全是打制的书架，但还是放不下那么多书。

原乡社区有各类商店、活动设施、酒店、教堂、红酒庄园。不过分地说可谓物欲横流，但是不是缺点文化、缺点精神？这方面我的想法与付洋先生不谋而合，以己菲薄之力补原乡文化之缺失，捐书办图书馆。给原乡增加些文化氛围，提升文化品质，让图书与众人共享，让图书使人们远离喧嚣。

因为我们热爱原乡。

最后想说的是，捐的这些书都真实纪录了我不同时期的读书过程，也是一种成长经历。绝大多数图书是自己买的，也有各处收集的，如果你们看到有图书馆印章的书，千万不要奇怪。

开卷有益

（文 / 张铁铿）

与赵康的通信，读书是一个重要话题。他1971年11月来信“这两年多来，……工作比较顺利，没有什么挫折和失败，我觉得这样对我以后的工作可能不好，不过我可以利用这段时期，一直是抓紧时间看书，武装头脑，密切注视着国内外形势”。同年12月来信“我认为‘开卷有益’。什么书都看，当然也受坏书影响，但不看怎么知道是坏书呢？”赵康历来重视读书，内容宽泛，在学校时，像基本粒子、反物质、“湮灭”等等这些概念我都是从他那里知道的。上清华大学后，他依然抓紧时间读书，1972年7月来信道“课外的兴趣主要还是哲学、历史、政治经济学等方面”，并推荐我读人民日报《坚持数年，必有好处》一文，强调读书的重要性。正是由于他的原因，我对拓展自己的知识面产生浓厚兴趣，“文革”中，我找来那篇著名的《毛泽东与坂田谈话》，了解基本粒子，随后，又购得一本《高能物理入门》做进一步了解，此后逐渐步入学习综合基础知识的轨道，且有所得，80年代中期，在湖北省高等教育自学考试《自然科学概论》中，以95.5分列襄樊地区第一。

赵康并不仅仅满足于开卷有益，他更注重选择性地读书。1972年1月他在来信中说“事情总是要起变化，时代前进了，人的认识也有发展，不能总是停留在一个阶段上。生活也是要发生变化的，有时去农村，有时去工厂，但也有不变的，就是要把坚定正确的政治方向放在第一位，全心全意为人民服务，不能为自己打小算盘”。并说“目前学习主要是《神圣家族》《德意志意识形态》《哲学的贫困》等书，真正从思想上、理论上分清什么是唯物论，什么是唯心论。书中很多地方不好懂，看好几遍才明白”。

林彪事件后，他在来信中说“马列的书，毛主席的书很多地方都讲到历史，不懂历史是不行的”“要看一点历史方面的书，这是很有好处的”。并结合当时中央77号文件毛泽东讲话所涉历史典故，详细解释了“孙权劝曹操”“竹帛”“祖龙”“山东”等概念的出处及含义。

在往来通信中，他还多次谈到读书感受。“我感到更有认真学习辩证唯物论和历史唯物论的必要，如果这个冬天我还在内蒙古，我计划把《马恩选集》和《列宁选集》再读一遍。”“最近出了一本郭沫若写的《李白与杜甫》，我看了一点，很有些意思，有些观点独特，郭沫若对李白评价较高。”“对中国问题、对世界问题的看法和实践是我们学习马列主义好坏的标准。”“人总是要变的，只有实践才是检验人们认识的标准。”张延宏在给我的信中曾转述过赵康在学习上的体会“学习理论，我同意康康的意见，要着重在历史唯物论的两个问题上，即思想和个人在历史上的作用”。

赵康的博学令人称道，对同学的情谊同样令人称道。到干校后，读书条件同插队相比已是天壤之别，遗憾的是缺少读物，我给赵康写信说了这个情况。他很快回信说“关于经济方面的书，我手头没有，不过我知道北京现在有卖卢森贝写的《政治经济学史》，如果你想要，我托人给你买。这本书我以前看过，对政治经济学的入门，说实话我是从这本书开始的，以后才看的《政治经济学》（第二版）等其他书”。后来，我手头有了卢森贝这本书，是赵康寄给我的，还是自己买的，现已记不清了。

1968 年 12 月 20 日，赵康康和同学在四中校门前合影。
左起：赵康、袁塞路、周坚、朱汉滨、谢鹏。

1969 年 4 月，同学们送赵康康赴内蒙古生产建设兵团。左起：马凯、张小贝、魏晓风、毛幼力、张小原、钟加鸣、赵康康、狄阜平、徐东曦、赵胜利、秦晓、张小翔。

左起：赵康康、张渤海、周南征、袁陕、张品送张渤海赴山西插队，1968 年 12 月；当年夏天，这五名同学曾一起去哈尔滨军事工程学院。

闪光青春

（文 / 魏兆鹏）

1969 年 4 月 16 日，赵康满怀建设边疆、保卫边疆、报效祖国的雄心壮志，和夏鲁平等几位北京四中初、高中同学一道，离京赴北京军区内蒙古生产建设兵团，来到地处乌兰布和沙漠深处的一师三团七连。在蒙古语中，“乌兰布和”是“红色公牛”的意思；公牛的狂躁不羁仿佛正是乌兰布和沙漠气候变幻无常、生存环境恶劣的写照。生活条件差，一言难尽；劳动强度大，白手起家——第一年以营房建设为主，脱坯、挖渠、运石开石、挖沙运沙等；而后是农业劳动。

到兵团不久，赵康主动利用所学的平面几何、数学、三角、地理、物理等知识，自告奋勇，承担新建营房的测绘定点任务。他和战友一道，放弃周日休息，走入漫漫黄沙，根据团部的粗略规范，在划定的范围内，确定东西南北的精准方向，取准水平线，逐一确定连部、营房、礼堂、食堂、仓库等的位置。

1969 年 7 月，赵康奉调到三团团部基建处工作，负责全团基建图纸的绘制和复制，更是如鱼得水，一展身手。他和同事住在沙窝中的窝棚里，为团部迁址全面规划，殚精竭虑，整天在沙漠里趟来跑去，皮肤晒得黝黑，被称之为“跟非洲人似的”。他钻研知识，认真描绘图纸、晒图熏图；他笔下的“工整漂亮的阿拉伯数字，整齐划一的线条，晒出来的蓝颜色”让观看者“万分惊讶”，惊叹他“貌不惊人、无师自通”——其实，谁能知道赵康为了完成图纸任务日日夜夜所下的苦功夫、韧功夫？！在团部，他与现役军人、退役战士、下放干部和知识青年友好相处，如同一家人；他热情接待往来战友，并根据需求提供食宿，让战友感到他仍然是七连的一员。1972 年 4 月，赵康作为工农兵学员，被选送到清华大学建筑工程系建筑学专业学习。

临别时，夏鲁平向赵康赠诗一首：

边疆沃原战恶风，弹指一挥三载整；
热汗滴滴浇大漠，殷血片片染天红；
含笑来送挚友去，红柳一束表别情；
劝君莫忘峥嵘日，拌饭黄沙陋土棚。

赵康 1975 年自清华大学建筑工程系建筑学专业毕业，1998 年起任北京城市开发集团有限责任公司总经理；2005 年起任北京城市开发集团有限责任公司董事长。退休前已是教授级高工。

1970 年冬，赵康在内蒙生产建设兵团水渠旁。

夏鲁平和赵康是一对同学加战友，他俩的共同点是怀有感恩之心，念旧怀旧，尤其是对于付出大好青春时光的内蒙古，有着浓厚的兵团情结。他们与并肩工作过的三团团部战友和三团七连的战友（尤其是北京第一批赴蒙的战友、来自北京四中的战友）保持联系，不时小聚；关注并积极参加逢五逢十的团连兵团战友大聚会，珍视有关内蒙古兵团的信息、资料、史料、回忆录等；当他们获知三团七连位列内蒙古重点文物保护单位，欣喜之情溢于言表。

赵康在 2009 年纪念内蒙古兵团成立 40 周年活动高潮时，专程驱车前往第二故乡探望，途中除了在呼和浩特和白彦花做必要停留外，几乎是马不停蹄直奔目的地。他尤为仔细地观看整个三团硕果仅存的七连大礼堂，察看并拍摄了礼堂的柁梁架构，回忆当年的绘图和建造过程；后来，他听到七连大礼堂部分垮塌的消息，立刻焦急地致电，探问详情。三团老团长李明友患病住院，赵康到病床前问候安康，感谢老团长当年掌握政策，使自己作为“可以教育好的子女”上大学；老团长逝世后，他周知相关战友，并出席了追悼仪式，向老团长致以最后的军礼。

白驹过隙，时光荏苒。弹指之间，赵康和夏鲁平都已年过花甲，六十有六。作为北京四中的同年级学友和内蒙古兵团同连队的战友，我由衷祝愿他们、同时也祝愿所有的高一（4）班学友：

日日开颜，心情舒畅，恰似乌兰布和宽又广；
天天锻炼，身体健康，宛如大青山脉峻且长。

1969 年建的兵团战士宿舍，中间门进去，两侧是宿舍，一排大炕，睡 10 人左右。后来改为农场职工宿舍。

1972 年 5 月，内蒙古生产建设兵团一师三团部分兵团战士们送赵康（前排左二）赴清华大学建工系学习深造；右二为刘龙华（城建集团董事长）。

延安纪行（一）

（文 / 祝文）

春日里的一天，赵康来方庄打球。中午在我家对面的餐厅吃午饭，约好请我过来叙谈，商议班级纪念册的事。

用餐中间提到他准备去趟延安，听朋友讲在王家坪革命纪念馆看到赵康母亲的照片。赵康的父母抗日期间都曾在延安工作、生活过。他早就有去延安参观、瞻仰革命圣地的期盼，但一直没有机会成行，这次无论如何也要实现这一心愿。

我问是否需要有人一起相伴向导？他说此次没有其他人，如果我能一起最好，毕竟我在那里插队和工作过，情况比较熟悉。机票、住宿都由他一并预先安排，告知身份证号即可。

5 月 22 日一早，我从家门口乘大巴奔机场。一路上赵康数次电话，叮咛嘱咐：“上路没有？别晚了！”“记着是一号航站楼！”“别忘了带身份证！”关切之意，溢于言表。

当初去延安插队，我们一路辗转用了四天时间。现在坐飞机，不过几十分钟就从“首都”到了“二十里铺”机场。兰生和他的朋友老山，在航站楼外早已迎候。介绍、握手、寒暄、上车，直奔市区。

兰生姓张，是我大学同窗好友，毕业后在西安工作。此次是接我电话后，专程到延安迎接陪同。老山是兰生发小，在延安办企业，有几辆车好用，人脉更熟。在家靠父母，出门靠朋友，自古有此一言。虽说延安本地有我不少学生，甚至也身居要位，但见面叙旧可以，为私事求方便，不该麻烦。

赵康在京预订好下榻枣园宾馆，半路上我想起曾听说延安在开发建设“延安新城”，不知是否可以顺路看看。兰生说没问题，从尹家沟上山、杨家岭下山，川道对面就是枣园宾馆，还可避开穿城而过的道路交通阻塞。

所谓“新城”，是将延安延河北面清凉山一侧的若干山头削掉，填平沟壑，形成约30平方公里的人造平原，用以开发城市建设。赵康退休前是城开集团（后改“首开集团”）董事长，城市开发建设的行家里手。看到这偌大的一片荒土，我感叹不知猴年马月才能全部完成。赵康则不以为然：只要资金到位，三年足够了！一不留神，显出了城建大家的本色。

赵康预定行程很紧，一点儿不敢耽搁，在外面简单用过午餐，直接先去位于王家坪的延安革命纪念馆。该馆是在旧馆原址基础上拆掉扩大重建，连同被拆除的还有“四·八烈士纪念碑”，想起46年前刚到延安时，我和王小平曾在该碑前面合影留念。（参见“王小平专页”）

延安革命纪念馆里展出有大量珍贵的革命文物、文献和照片，主要介绍党中央和毛泽东等领导同志在延安和陕甘宁边区领导党和人民英勇斗争的历史，资料丰富、内容详实。我们用了一个多小时的时间，参观浏览了全部展馆的展品、图片及文字。赵康看得非常认真仔细，他对其中大部分历史人物和历史事件都有深入了解，对感兴趣内容频频拍照。

遗憾的是，并没有找到赵康母亲——苏兰的照片。但赵康父亲——赵安博的名字、图片及在延安时期的工作背景，在展厅均有介绍。赵伯伯原在八路军一二〇师所属三五九旅任政治部敌工科科长。

1941年，八路军为加强对日军战俘的分化教育工作，在延安宝塔山下办了所“日本工农学校”，校名是毛泽东同志亲自所起；野坂参三（又名：武冈进；中文名：林哲）任校长，赵安博为副校长。

在张兰生的引导下，当天下午我们相继还参观了八路军总部旧址、杨家岭中央大礼堂和枣园领袖旧居等地，最后将车一直开到宝塔山的半山。下车没有顾得去参观那座久负盛名的九层八角岭山寺砖塔，先去探访“日本工农学校”之旧址。

这个旧址即使在延安也很少有人去过或知道，兰生小时候曾在这里生活、上学，有一些印象。顺着一条窄窄的水泥铺就的小路，走到半山阳坡面一座淡赤红色云纹的大理石跟前，上刻有“日本工农学校”几个墨绿色宋体大字，就是这里了！

赵康驻足良久，眼望着不远处那些星星点点业已垮塌土窑洞废墟，脑海里浮现出当年父母在这里生活工作的场景。母亲和战友留有一张在山坡眺望的合影，哪里是她们站过那方土地的位置呢？

头顶上面不远处的宝塔周围游客如织，朝着下方繁华似锦、车水马龙的延安市区拍照留念，那是一个现实的世界，已难以找到当年将士们跨马延河、奔赴前线的感觉。

我们这里一片荒芜，人迹罕至，还是那座山、那片土、那几所破烂的土窑洞。然而正是这些，才使得赵康的赴延之旅，有了更加深刻的历史感悟！我以为。

延安纪行（二）

（文 / 祝文）

第二天（5 月 23 日）一早，我们就开始了比头天下午更为紧张的行程，为的是让赵康在有限时间能去到更多的地方，领略更多的当地风土人情。

第一站　南泥湾

南泥湾位于延安市区东南方 45 公里的云岩河的源头，前一段路程可以走高速公路到三十里铺。后一段过蟠龙山已打通了公路隧道，以前公交车两个多小时的路程，现在只用几十分钟就到了。

南泥湾川流依旧、青山不改，44 年前（1971 年）插队时，我自己曾步行两天到过这里，跟南泥湾大队医疗站的张医生学习种植银耳的方法。

再往上溯 30 年（1941 年），八路军一二〇师三五九旅进驻南泥湾，实行屯垦，生产自救。在短短的 3 年内，由王震旅长率领的三五九旅发扬“自力更生，艰苦奋斗”的革命精神，把荆棘遍野、荒无人烟的南泥湾变成“到处是庄稼，遍地是牛羊”的陕北好江南。

赵康父亲曾是三五九旅敌工科长，但到延安后他即被总政治部调走离开了。尽管如此，赵康对三五九旅的番号仍情有独钟，告诉我这里有个数字规律：八路军一二〇师下辖两个旅，120×3-1=359，120×3-2=358，一个师两个旅的番号就是这么来的。团的番号也可如此类推：359×2=718，359×2-1=717 团，一个旅两个团。

若非赵康指点，真不知道原来抗战时期的部队番号还有这样的学问哩！

第二站　姑姑山

从南泥湾到我们曾插队的村庄朱家河有 60 多公里，但那要走十几公里山间小路，开车距离则更长些。赵康在北京就念叨，这次也到你们插队的地方看看吧。算了算日程紧迫，朱家河在沟里，上下山耽搁不说，到村里见了老乡，哪里一时走得开。2008 年秋和唐华、王小平、郭世杰一行回村探望，花费了整整一天的时光。所以决定，车开到姑姑山停下，站在山上的公路旁远眺即可。

姑姑山是朱家河行政村的边界地域，方圆几十公里都能望到的最高山峰，海拔 1391 米。由于其顶峰是由并峦的两座浑圆山包组成，酷似青春女性的一对乳房，并由此演绎出不同版本的美丽传说。

自从 1998 年国务院决定在三北地区推行“退耕还林”政策以来，17 年的时间对延安来讲已然大见成效。原来耕作的山坡地，栽上了果树或各类绿化植被，可以说黄土不露天了，比之当初插队时的景观，强过不知多少！

看着通往朱家河的那条村级公路，路面已做过沥青硬化处理，赵康问到朱家河村还有多远？我说大约七八公里吧。赵康感觉过门不入总是遗憾，看我坚持也只得悻悻然作罢。

第三站　安沟

过了姑姑山，一路全是下坡。当初从村里去公社，只要将自行车扛到公路上，一步不蹬就能滑行十几公里到公社。

从安沟街镇上行五里路的村子叫高家川，当初孔丹等一行老高三的同学就在这个村插队。赵康与孔丹多年来过从甚密，朱家河没去成留有遗憾，这个高家川不能再错过，看看他们住过的窑洞，留下张照片也是好的。

高家川算是个大村，以前一村分两队：前队和后队，有几十户人家。现在村民要么出外打工，要么陪娃们到县城或市里读书，村落已然高度的“空心化”。我们想找个人打听当初知青所住的窑洞在哪儿，却一个人都没有！家家几乎都是“铁将军”把门，偶尔几户不上锁的，喊破嗓子也无人应，到了路不拾遗的境界。

终于，一个额头上扎着白羊肚手巾的老汉出现在崖畔，见我们招呼，步履蹒跚、一步一摇地挪了下来。听说我们要找原先知青住过的窑洞，领着跨壕钻林地走到几眼荒废、早不住人的土窑跟前。赵康一脸狐疑地问道：“孔丹就住这里？”“谁呢？孔丹？孔丹不住这儿嘛，这是别的几个女娃子住的。”真是开的国际玩笑！

“孔丹几个是后队的，不在这儿。”说着，我们又钻林跨壕地出来，去找另一处所在。一路上，老汉自我介绍，他叫刘建雷，和孔丹同岁，都属猪；和刘建党只差一个字，当年都以兄弟相称。孔丹的弟弟叫孔栋，1969 年时来看过他哥，在村里住了一个多月……

说起知青往事，老汉如数家珍，像叙述自家的哥们儿弟兄。那些陈年旧事，我相信比我们自己还记得清楚。不一会儿，来到一处土崖跟前，这回倒好，连个窑洞的影子都没有！老汉讲：塌完了！大家一时无语，连唏嘘都不唏嘘了。

高家川现在能够出彩的，不是知青窑洞，而是安沟水库！整个村落背山面水，以后应该是个能开发旅游的好地方。说起来，这水库还得益于咱们的德本同志。延长县城区人口密集度逐年增长，城市生活用水越来越显困难，城周围的水源地濒临枯竭。安沟水系水量充沛，水质清洁，但距离县城太远，引水工程成本较高，自己无力解决。况且县委、政府就是个处级单位，级别太低，和省里都说不上话。

不知谁，打听到德本在国家发改委做党务工作，由县委出面请德本帮助协调和省发改委的关系，解决立项以及资金短缺的问题。于是，才有了眼前这座库容 660 万立方米，年供水量 130 万立方米的中型水库；才有了“吃水莫忘掘井人”的感叹！

第四站　交口光华学校

离开安沟，已是午后一点，到了肚皮慌慌的时候。想到交口毕竟是个延长县的大镇，不妨到那里再解决午饭吧。安沟到交口现在一水儿的柏油公路（省道 201），也不再翻山，从白家川顺山沟走到沟掌头儿上，穿过条打通的隧道一路下坡就到了交口镇。

由邵明路捐资，柏铮、金铮主持筹建和参与后期建设、教育管理的光华学校，就坐落在交口镇政府背后的山坡上。校园整洁宁静，学生们正在上课。校长姓白，听说我们一行到访，急忙跑来亲自接待、介绍学校情况。（有关内容参见“柏铮专页”和“金铮专页”）

校园主楼呈U字形布局、坐东向西，赵康细心查看了教室的采光状况，楼顶雨水的排泄防潮等这些极其专业性的设计施工问题，真叫“三句话不离本行”！连操场设在最高处，学生紧急疏散这样的细枝末节，都有所关注。

学校设有电脑室和手工作业室，展览学生们的书画和手工艺术品，有些水平确实不错！在基础教育的同时，注意引导学生全面发展。对这些，赵康也都表现出浓厚兴趣并给以肯定。

第五站　延川梁家河

谢别了热情的白校长，驶过座小桥就进入延川县地界，我们直奔本次行程最后一站梁家河——习近平当年插过队的那个村子。

梁家河离延川县城不太远，地理环境条件与朱家河有些类似，也是山沟里的村子，以沟坝地、山地为主，可以想见当初的贫瘠状况。不过经过多年经营打理，现在已是一片新农村的气象。太阳能光伏发电板、锅状卫星通讯天线，几乎每家每户随处可见。

村里设有两个展室，分别介绍村党史和村建设发展历史。为了应对逐日增多的参观游客，在村外五公里处设立大型停车场，以小型观光车穿梭接送游客往来。文安驿镇派有一名党委副书记在梁家河蹲点每日上班。

在这里，赵康最关心的是每户农舍的厕所配置情况，特别是粪便污水的集排和净化处理，说这个看似简单的问题实际最难解决，直接影响旅游行业的规模和档次。这一点认知，他和随我们同乘观光车下班的镇副书记讲了，希望提供给当地一些专业的参考意见。

我发现，赵康即便退休赋闲，对原从事过的专业技术仍有着无法放弃的痴迷。在宝塔山上，我们从“摘星阁”下来，他回首仰望凝视良久。突然发问：这个建筑你觉得有什么问题吗？余大惑不解一时茫然。他伸手向上一指：那两层挑檐犄角不在一条线上，施工有毛病！

这就是我看到和感悟的认识50年之后的赵康。

一天半行程的延安之旅就这样匆匆结束了，回到延安市区已经夜色降临。算一算，这一天路途整整11个小时，行程300多公里。路线犹如一条项链，跨越了延安的三条流域：云岩河、延河、清涧河，贯穿延安市的四个区县：宝塔区、宜川县、延长县和延川县。作为赵康的首次延安之旅，不仅领略了黄土、蓝天和白云，更有印象深刻的红色记忆和前瞻性的绿色展望，可谓五彩斑斓。

临别时，兰生嘱咐：这次时间太短，下次一定邀上嫂子，再来延安：观壶口瀑布、瞻黄帝庙堂。

岁岁情长

（文 / 祝文）

时间倒回到 2000 年的春节前，赵康打电话邀我到家对面的兰特伯爵餐厅聚会，算是跨世纪的新春团拜。参加人有 30 来个，不是很多，只占了一个大单间。临散场时，碰巧遇到唐华也来就餐，于是凑到一起合了影。

由此开端，以后形成惯例，每逢春节之前，都由赵康和校友基金会联合出面，组织一场四中校友联谊活动，地点先后选在兰特伯爵、基辅餐厅、民族饭店、西西宾馆和四中礼堂等。

这种活动加强了校友同学之间的联络，化解了多年形成的隔膜，增进了相互理解和友谊，功不可没！正因此，才奠定了编制这本班级纪念册的核心基础。

2001 年 2 月 10 日，四中校友会在基辅餐厅举办春节联谊会。
前排左起：赵康康、燕纯义
后排左起：金铮、王小平、金德本、刘达朱、郭世杰、赵东平、张小军、祝文

NO.32

张康成

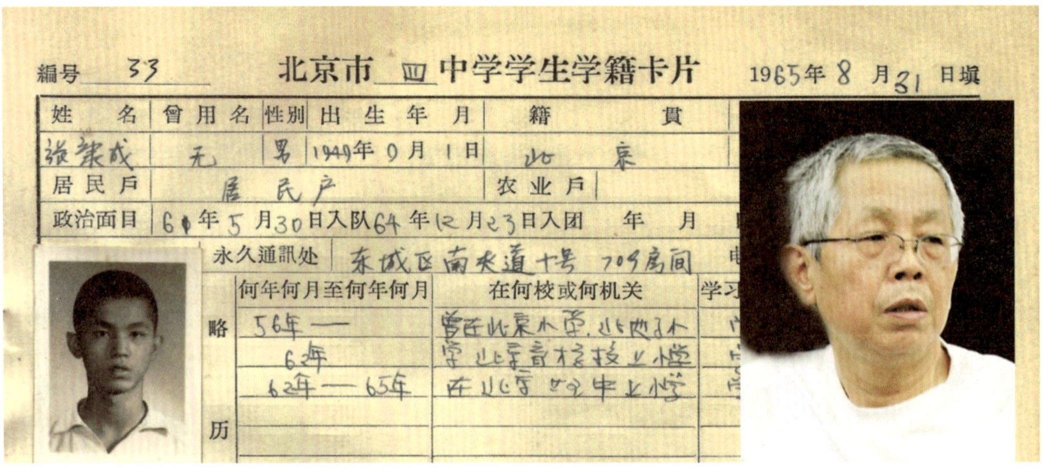
編号 33　北京市 四 中学学生学籍卡片　1965年8月31日填

姓名	曾用名	性别	出生年月	籍貫
張康成	无	男	1949年9月1日	北京

居民戶：居民户　农业戶：

政治面目：60年5月30日入队 64年12月23日入团　年　月

永久通訊处：东城区南水道十号 709房间

略历	何年何月至何年何月	在何校或何机关
	56年——61年	
	62年——65年	

简历

1949 年 9 月 1 日，出生

1962 年—1965 年，北京二十五中学初中

1965 年—1968 年，北京市第四中学高中

1969 年—1975 年，吉林省白城市洮南县瓦房公社长胜大队五小队插队

1975 年—1985 年，北京无线电元件六厂设备科，检验科。

1985 年—2000 年，北京广播电视局音像处

2000 年，退休

直面人生

（文 / 张康成）

1965年夏，我即将从北京二十五中学初中毕业，当时自己的想法是准备报考张家口军事外语学院。不料家里却不同意，在他们要求下第一志愿改为了北京四中。如果按最初的志愿上了军校，也许我的人生又完全是另外一个样子了。

9月1日在四中报到后，开学不久要在班里组建团支部，因为我在初中上初三时已经加入共青团，拟议的团支部书记柏铮来找我，问是否愿意担当团支部宣传委员，我当时的想法是赶紧把学习赶上，在新的班级集体中别被落下，所以没有同意，一心一意地想努力学习。

但才不到一年时间，“文革”骤然开始、一切都变了，原来的想法全部泡了汤。说起来大家都一样，人生中最黄金的一段青春年华，在国家动荡和动乱中度过。

1969年4月12日，我和外校的一拨儿朋友，去吉林省白城市的洮南县插队落户。可能各地知青插队的情况都大同小异吧，首先要过生活关。下乡不久人人都学会了做大锅饭，吃贴饼子、高粱米饭、小米饭，大多时候都是吃咸菜，没有肉，油也很少。

第二要过劳动关，春夏秋冬一年四季的各类农活都统统干了一遍。乡下没有星期六、星期天，除非阴天下雨，天天日出而作，日落而息，面向黑土背朝天，干着修理地球的营生。

我们知青集体户里13个人都是男生，来自四中、五中、一〇一中和其他海淀区学校等，共计7所学校。大家的一个共同点是基本上家庭都不同

1968年，张康成（左）和张延宏在北京四中内合影留念。

1968年8月，张康成（后左一）和同学送别张建新下乡。

程度地受到冲击 。

回想那时一天劳动下来虽然很累，但晚上几乎每人还要坚持看书学习。有学外语的，有喜欢无线电的，有喜欢文学的等等，读书成为一种最好的精神寄托。

1970 年，我们所在的公社也跟随当时政治形势，开始所谓的“一打三反”运动，我被抽调到公社的保卫组。后来还先后担任过大队团支书，公社团委委员等职务。尽管如此，但因父母问题当时还没有解决，始终未能实现上大学继续深造的愿望，甚至连入党也没有政治资格[1]。

尽管人生中遭遇这种种不平的待遇，但我还是喜欢，甚至留恋那一段知青集体户的生活。1975 年，在农村插队 6 年之后我因身体缘由，办病退回到北京，进了一家工厂当上干部。日日点支烟，拿张报纸看半天，反而感到很不舒服了。

1985 年，我离开工厂调到北京市广播电视局的音像管理处工作。2000 年在国务院精简机构的决策下办了提前退休的手续。

2004 年由原单位的退休服务中心发展入党，了却个人的一个人生夙愿。

1967 年，张康成和同学们在北京四中校门口合影。
前排左起：金克刚、张康成、刘达朱、张铁铿、张延宏
后排左起：叶翔宇、张宝琪、张小军、袁塞路

1 张康成的父亲原任北京市委宣传部副部长，1966 年“文革”开始后，第一批就被打倒，被诬为“黑帮分子”。

NO.33

金德本

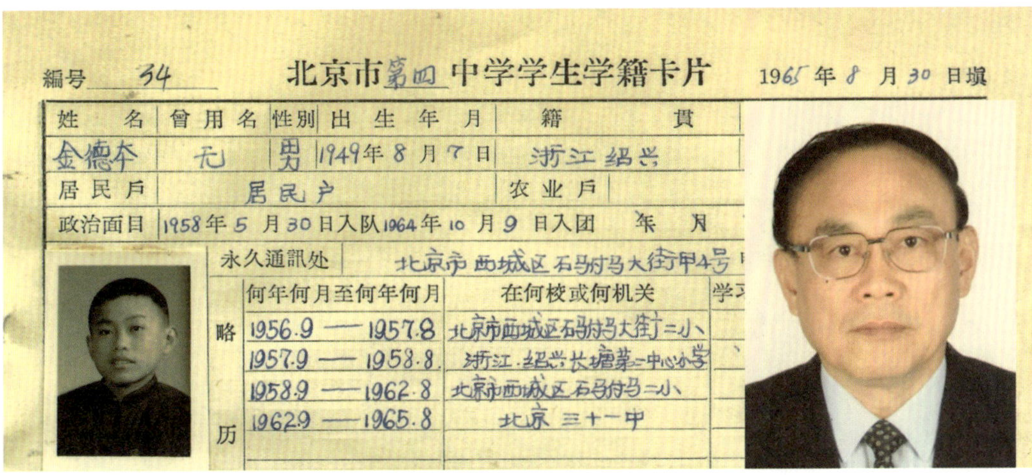

简历

1949 年 8 月 7 日，出生于浙江上虞

1965 年 9 月—1969 年 1 月，北京四中高中读书

1969 年 1 月—1972 年 12 月，陕西延长县安沟公社朱家河大队插队

1972 年 12 月—1975 年 2 月，陕西延长县雷赤公社团委书记

1975 年 2 月—1978 年 2 月，陕西延长县交口公社党委文书

1978 年 2 月—1982 年 1 月，南开大学经济系学习

1982 年 1 月—1985 年 3 月，国务院经济法规研究中心办公室农林财贸组工作

1985 年 3 月—1995 年 3 月，国务院特区办经济特区司工作

1995 年 3 月—1998 年 3 月，国务院特区办沿边和内陆开放地区司工作

1998 年 3 月—2000 年 12 月，国务院体改办经济特区和开放司工作

2000 年 12 月—2003 年 3 月，国务院体改办秘书行政司工作

2003 年 3 月—2011 年 7 月，国家发改委直属机关党委工作

2011 年 7 月至今，退休，中国中小企业协会工作

见证海南

（文 / 金德本）

我在国务院特区办工作了 13 年，见证了我国最大经济特区——海南经济特区的诞生与发展。海南特区的建立与发展中有几个关键时刻，都是依靠小平同志及时果断的决策，才能摆脱困境，健康成长。

在建省、建特区之前，海南岛隶属广东省。岛上的气候与内地差别很大，支柱产业是橡胶，有上百家国营橡胶农场。但岛上经济落后，85% 的日用品都要从广东其他地方调入，居民生活相对贫困。

1984 年，小平同志第一次前往深圳、珠海、汕头、厦门视察。回京后，在同几位中央负责同志交谈时提到："我们还要开发海南岛，如果能把海南岛的经济迅速发展起来，那就是很大的胜利。"

小平同志关于开发海南岛的讲话传达下来后，我们就开始思索怎么开发。最初的设想是比照经济特区，制定特殊的政策给予支持。一开始，绝对没有想到要把海南岛辟为经济特区。因为按照当时的理解，经济特区就是在一个相对封闭的小区域里实行特殊的经济政策，是实验性质的，即使搞坏了，也不至于影响全国。当时面积最大的深圳特区是 327.5 平方公里，汕头特区则只有 1.67 平方公里，而海南岛约有 34000 平方公里。

大大出乎我们意料的是，1987 年 6 月 12 日，小平同志在会见南斯拉夫南共联盟中央主席团委员斯特凡・科罗舍茨时突然提到："我们正在搞一个更大的特区，这就是海南岛经济特区。"

此后，中央各部委便按照建立经济特区的思路，前往海南岛进行实地考察。要建经济特区是定下来了，但具体怎么发展、什么思路，还在争论。1988 年初，小平同志明确提出，中央支持海南岛的发展，但海南岛的发展一定要坚持共产党领导和社会主义道路。小平同志的指示成为建立海南特区的重要原则。

1988 年 4 月，第七届全国人大一次会议批准海南建省，划海南全岛为经济特区。中国最大的经济特区由此产生。

海南特区成立不久，1988 年 12 月 31 日，海南省政府正式向国务院提出开发洋浦半岛。开发方式是一次性划出 30 平方公里的土地，租给外商成片开发，租期为 70 年。一次性出让这么大面积的土地，这在当时还是一种新探索、新模式。

1989 年 2 月，洋浦开发的新方式引起轩然大波。有的说：这与旧中国的"租界"没有什么不同，我们不能刚收回香港又租出洋浦；有的说：这是"引狼入室、开门揖盗"，无视国家主权、民族尊严。呼吁党中央、国务院马上制止。

那段时间，我们给中央报送了许多调查材料。经我手送出的材料摞起来就有一尺多高，我记得有一个很有说服力的例子：江苏无锡一家农工商联合企业在澳大利亚建“太湖农场”，购买了40平方公里土地（包括地上的建筑物）的永久使用权，合一亩地大约16美元，比洋浦准备出让给外商70年土地使用权的价格还低。这个例子是从中国土地勘测规划院一位副院长保存的剪报上找到的。

1989年4月28日，小平同志在仔细审阅了开发洋浦的规划报告后批示：“我最近了解情况后，认为海南省委的决策是正确的，机会难得，不宜拖延。但须向党外不同意见者讲清楚。手续要迅速周全。”小平同志力挽狂澜，使洋浦风波逐渐平息下来。

在小平同志的直接指导下，海南开始大开放、大开发，经过近30年的特区建设，海南岛发生了翻天覆地的变化，已逐渐成为国内外旅游、休闲、度假的圣地。

从政回顾

（文 / 金德本）

1972年底，我在陕西延长县安沟公社朱家河大队插队时，被延长县录用为行政干部，分配到雷赤公社当团委书记，从此开始了从政经历。直至2011年退休，我在地方基层和国家机关工作近40年（上大学4年行政关系还在地方），回顾起来颇有感受。特别是基层工作的5年令人难忘。

可能是对地方干部作风存有成见，我不愿留下当干部。经多方努力（包括在北京泡了半年病号），仍不能辞去干部身份，无奈只能去雷赤公社就职。

“文革”期间，团委的工作多是大轰大嗡、华而不实，形式主义严重。不是不会干，实在是不愿干。因为工作成绩平平，受到县团委的批评，成为全县的后进单位，影响了整个公社的声誉，为此公社党委书记要求我尽快改进。我心里很不

1968年，褚维春、金德本、王小平（左起）在北京四中。

服气。当时县团代会即将召开，经过精心设计、充分准备，我带领参加县团代会的代表背着铺盖列队步行去报到。

雷赤距县城足有120华里，需翻两座山。到第二天下午临近县城时，我整理队伍，打起红旗，高唱革命歌曲，喊着口号，迈着整齐的步伐进入县城，成为街头一景。紧接着我们连夜在县城显著位置贴出准备好的大字报专栏，又引起全县轰动。在团代会大会发言时，我在台上讲，大家在台下呼应，上下联动，口号震天，精神状态就像打了鸡血一样亢奋，与会代表无不刮目相看。马上团代会就对雷赤团委进行表扬，一下子从后进跃为先进。会后又通过全县有线广播宣传表扬雷赤，彻底挽回了公社声誉。

事后，我并未感到兴奋，反而有被当时大环境裹挟的感觉。后来，我报名参加县委组织的路线教育宣传队，在雷赤下面的大队驻队，离开机关觉得实在一些。

1975年初，邵明路到延长县交口公社任党委书记，诚邀我去交口工作。能和同班同学一起，心里当然高兴。恰逢我在雷赤两期路线教育结束，便欣然前往。交口是全县的落后典型，公社原领导班子成员大多数因生活作风问题受处分，干部人心涣散，群众生活困难。我给明路当助手，负责“后院”。我们彼此了解，配合默契，对很多问题认识一致。

和明路一起在交口两年多，我心情舒畅，也从他身上学到不少东西。

首先他通过和群众一起劳动，改变了干部在群众中的形象。下乡时，他要求生产队的壮劳力以他为标准干农活，农村的青年都甘拜下风；在机关，他带领机关干部每天早上5点到水利工地劳动，9点回机关上班，扭转了机关干部的懒散作风。其次他以身作则，在干部队伍中树立新风。他要求干部一律不能搞特殊化，规定在交口干部中不称官职，只叫同志；不搞请客吃饭、特殊招待，和群众同吃同住。上级来视察工作，也必须在公社机关食堂和大家一起吃，搞得有些领导来交口后找我申请吃病号饭（我兼机关食堂管理员），为此得罪了不少县里的干部。他还纠正了干部工作中对群众的态度，遏制了官僚主义作风。

交口的做法在全县产生了巨大影响，干部中议论纷纷，多数是不理解，甚至指责。一贯吃吃喝喝、拉拉扯扯的干部不敢来交口，偷懒耍滑的干部见了明路就像老鼠见了猫（可笑的是明路的外号叫耗子）。而交口的广大群众有口皆碑，直到现在，提起当年的“邵书记”仍赞不绝口。

因为我们之间对当地干部作风有共识，对整顿交口干部的作风，我全力支持配合。但给我留下最深印象的是明路无时无刻不在为广大人民群众办实事办好事。

交口地区自然环境差，农业歉收是经常的。为了使上级下达的公购粮指标得到减免，在预测粮食产量时，他跑遍了全公社的各种不同类型的耕地，详细地调查测算，估算产量，最后带着翔实的资料到全县公购粮指标分配会议上阐述理由，说服了县领导，最终得到减免，交口公社上下欢呼雀跃。

为了彻底改变农业基础条件，明路决定在交口念义沟打坝淤地，坝高33米，在全县也是数一数二的大工程。他亲自带全公社民工到工地，12小时一班，昼夜不停地赶工期，争取大暴雨到来前将大坝清水洞、排洪沟等主要工程完成。因为树立新风得罪了相关部门的领导，工程所需要的机械、水泥等得不到县里的支持，因陋就简使工程达不到应有的质量。黄河水利委员会的专家来检查时提出了严厉的批评，说是玩忽职守，对下游群众的生命不负责任（如大坝垮塌，将冲毁下游延川县的 4 个村子）。

在接受严厉指责的同时，也因祸得福，工程所需的各种机械、材料在黄河水利委员会的督促下，立刻到位，弥补了工程质量的不足，加快了工期。暴雨到来时，大坝经受住了考验，未出现大的事故。后来大坝上游淤起了几百亩良田，为交口群众带来实实在在的好处。明路不计个人得失，一心为群众办实事，百姓事为大，一己官冕轻。事例不胜枚举，在交口百姓口中成为传奇。

明路具有很强的行政能力，果敢干练、勇于担当。他思想深邃，又思路灵活，经常采用常人想不到的措施办法解决难题。与他比肩工作，我更是看在眼里，钦佩在心，奉为榜样，默默学习。

在延长县当公社基层干部的五年岁月，自己不断得到历练，在插队的基础上，更广泛深入地了解基层老百姓的疾苦和诉求，逐步树立起为基层群众服务的理念，并逐渐成为一条原则，为今后的从政道路积蓄下丰厚的正能量。

1971 年，在朱家河大队田间劳动的金德本与一起插队知青及北京干部王德山在田间地头合影。
前排左起：唐华、柏铮、陈肃（原铁二中）、张元（原高一三班）、郭世杰、张宝琪
后排左起：潘角儿（当地）、金克刚、荣朔南（原初一六班）、王德山、张铁铿、祝文、邵明路、金德本

以德为本

（文／祝文）

金德本退休之前负责国家发展改革委员会机关党委的党务工作，听说2008年秋我们原在王家沟插队的几个同学结伴回了趟陕北，很有感触。几次打听那边的情况：老乡生活如何、交通状况怎样、如何选择最佳路线等等；原来他心中开始酝酿一项计划，带领国家发改委机关的党员骨干们，赴延安进行一次红色传统教育及亲身体会当代偏远贫困山区、老区的农村、农业和农民的现实状态。

金德本最初的想法是，一不想打扰当地党及政府相关机构，悄悄地自行前往；二必须要下到插队的村子里，见到村里的乡亲；三要和老乡们一起吃顿当地的农家饭；四想若有可能在村子里住一晚，和几十年不见的乡亲们更多些接触。

也许这样的想法太过于理想，天下没有不透风的墙，何况国家发改委这样振聋发聩的“大宅门”，更不用说还有声势庞大那几十口人的培训阵容。延长县委一时当作大事对待，县委书记亲自出面陪同，一起下到朱家河村，一起与老乡拉话、聚餐。这么多人，在老乡家吃饭是不可能了。现在，早不是过去干部下乡“吃派饭”的年代。

县上想的挺周全，一应俱全的餐厨家伙什儿、米面蔬果、肉食，都从县里的餐厅食堂带来，包括做饭的大师傅。中午开饭时热闹非凡，留在村里、没有外出打工的男女老少都来了，敬酒、吃烟，如同村里“过事情”娶妻嫁女，甚至过大年一般喜庆。

县委书记感慨称道，自己是土生土长的本地干部，在延安工作多年，也下过不少基层。但像朱家河这样偏远贫瘠的村落，还是“沾了”金书记的“光”，头一次领导光顾。不知道当初这些从北京来的知青们怎么待得住？40年后还记得跑来看望，和这些非亲非故的村民们有这般深厚情感！

离开40年后回到原先插队的村庄，当时的青年后生已然成了名副其实的老汉，而当初的老汉大都已不在人世。

人虽不依旧，情意却更浓：王文彩、窦书堂、李庭成、何俊海、祁树楼……这些原先的大队干部、庄稼活的行家里手，都不是那种能言善道的汉子，用他们真挚的目光眼神、颤抖的嗓音，簇拥、问候，那一瞬间几乎每个人都有着说不出的喜悦，一种阔别已久暖暖的幸福感觉油然而生，为事业有成的金德本骄傲、自豪！

如果说，40年前金德本曾带领雷赤公社的团干们以斗志昂扬的精神姿态，令人瞩目地出现在县城团代会是勇敢的创新；40 年后他又能亲自带领国家高层行政机关的党干们，下到最偏、最穷的山里进行言传身教，和当代社会最基层的普通农民百姓同喜同乐，就不仅仅是“创新”和“勇敢”了。那是一种正向的精神境界，是坚定的信念使然，是融透在骨髓中“以德为本”行为规范的自然外溢！

这就是我们的德本！

陕西省延长县的安沟水库，该工程于 2009 年 9 月在金德本协助下由省发改委批复立项和解决部分建设资金筹措。水库建成后解决了延长县城城市发展的生活用水瓶颈障碍。

1997 年 9 月，金德本在中央党校学习时，赶来参加北京四中 90 周年校庆的纪念活动。

NO.34

夏鲁平

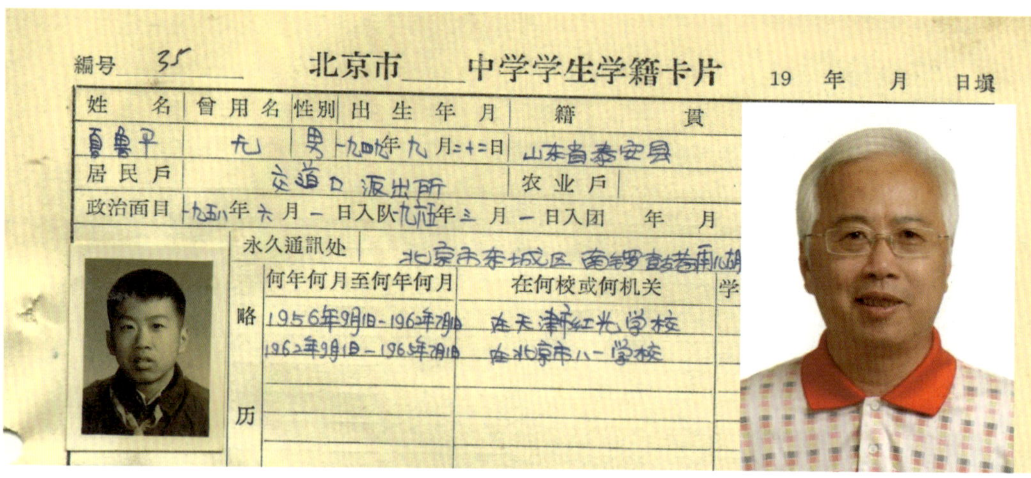

简历

1949 年 9 月 22 日，出生

1965 年—1969 年，北京男四中高一四班读书

1969 年—1972 年，北京军区内蒙古生产建设兵团一师三团七连务农（内蒙巴彦淖尔盟）

1972 年—1975 年，陕西杨陵西北农学院水利系读书

1975 年—1988 年，陕西杨陵西北农学院工作

1988 年—2009 年，先后在海南省委政策研究室、中国（海南）改革发展研究院、海南省经济社会发展研究中心、海南省委党校就职。

2009 年，退休之后倡导创办中国（海南）生态休闲联盟，发挥余热。

蹒跚起步

（文／夏鲁平）

1965年从八一中学考入四中高中部的时候，还有几分得意，八一中学只有两个人获此“殊荣”，一个是后来大名鼎鼎的刘辉宣，“文革”激情造反，其后辗转反思，写下了风靡一时的小说《晚霞消失的时候》。一个就是本人，丑小鸭误入天鹅湖。

我好像是依靠作文拉分勉强考中的，数理化底子薄，一开学就显露了差距，经常成绩垫底。自己出生军旅家庭，父亲早逝，母亲拉扯四个孩子很吃力，一直把自己这个老大树为弟弟妹妹的楷模，“长子大儿顶天立地”，是一种嘱托也是一种压力。现在可好，成了后进生，拿着成绩单都不敢进家门，羞愧十分。

1966年春夏的“文革”导致了停课，最初真是一种解脱，还为青春的激情释放找到了一个发泄点。倚仗着不错的出身，翻出箱子里父亲的旧军装，配上红卫兵的袖章，着实神气了几个月，为中央“文革”接待站站过岗，去天桥抄过家，最难忘的是只身“挺进”中央戏剧学院和一帮大学教师辩论“老子英雄儿好汉”的对联，通宵舌战群雄，居然理直气壮毫无怯意，应了那句老话，“傻小子睡凉炕，凭的全是火力壮”。

9月大串联是高峰，此后便被批判资产阶级反动路线的大棒打入逍遥期，先是无所适从，然后翻杂书，当辅导员。进学校清理阶级队伍的专案组是中学生时代的最后一课。1969年初和原班主任刘文明一道去南方，见识了民国档案的复杂，也见识了苏南冬天的阴冷。回到学校，同学们去陕北内蒙古插队的走了一大批，自己也想出去闯闯，于是用几枚纪念章和留在北京六建的机会换来了去内蒙古兵团的名额。

1969年四月带着一小木箱杂书和一腔激情去了内蒙古乌兰布和沙漠边缘的建设兵团，同班的赵康康是唯一的同伴，而且最初还分到一个连，天赐良友。康康博学豁达，他找到的翦伯赞、侯仁之等大家关于内蒙古河套地区垦荒历史的资料让我大开眼界，而他那套苏联出版的四卷本《欧洲哲学史》则把人引入了西学的博大海洋，食指（郭路生）等人的诗歌也是从他那里抄来的。每天高强度的劳动之后，读书成为最好的调剂，而周末不定期去团部康康处，不但可以打牙祭，更有信息和知识的“会餐”。于是也尝试着写诗、写小话剧、写通讯稿，虽然被团领导“小资产阶级情调自我表现”的评价泼过冷水，激情似乎还没有熄灭。1972年有幸被推荐上了西北农学院，又带着这种幼稚与执着去了陕西，一个传说当年后稷教民稼穑的小镇。

在西农连读书带工作17年，还是激情未泯，天真未泯。读农田水利工程专业，成绩不错，但就是提不起精神，还是爱杂书，如美学、文学，毕业留校编校报，舞文弄墨，但总觉得学校天地太窄，不甘心老死小镇，虽然这曾是隋文帝选中的风水宝地。世界很大，我想出去看看。于是1988年的时候，毅然抓住一个机会，南下刚建省的海南岛，40岁之时再“闯海”。

在海南的经历就丰富了许多，宏观政策发展战略的研究是主业，在省级研究部门的工作中练笔练思维，在国际合作中学习兰德公司、斯坦福研究院、香港科技大学学者们的视野与风格，于是更注重实证精神，不唯上，多唯实，较早提出了海南发展的绿色道路的理念，而且不断修正与充实此理念。60岁退休之后，有了自由之身，更随心所欲地做一些有意义有意思的事情，创办中国（海南）生态休闲联盟，探讨海南长居休闲产业发展的前景与路径，让绿色发展的理念深入人心，造福岛民与国民，忙并快乐着，不知老之将至。

50年前入读四中，在那里真正读教科书只有一年，其后则是造反、逍遥、读杂书、读社会，先天不足，后天来补，一直不敢松懈。知耻近乎勇，好学近乎智，力行近乎仁。跌跌撞撞半个世纪，一直以此言为圭臬。

进入晚年，事情看得更豁达了。我们都是宇宙间一捧普通的泥土，有幸生在地球上，更有幸被组合成最高的智慧生命，在这世界上匆匆走上一遭。真感谢北京四中3年生活留下的痕迹，助我蹒跚起步，脚踏实地走来，只争朝夕前行。

最后，戏改冯内古特《猫的摇篮》中的一段诗，权作对上苍和母校馈赠的感激：

2015年在海南蜜柑基地。

太多的泥土无声无晓
我却可以站立思考
贴着地面一路走来
不在空中玄谈舞蹈
此生收获如此丰厚
谢谢你赐给我荣耀

在海南我一直在省级政策研究机构工作，从省委政策研究室到政府研究中心再到省委党校，包括在名气很大的中国（海南）改革发展研究院也混过几年，从事区域发展问题的研究，和国际知名智库美国兰德公司、斯坦福研究院、香港科技大学也多有合作，可西农养成的泥土气一直不退，用维特根斯坦的话是“贴纸地面行走，不在空中舞蹈”，用胡适的话是“有七分证据不说八分的话”。于是好评恶评集于一身。

一段时间海南高唱建立特别关税区大开放勇闯国际市场的高调，自己就不以为然，特别是上世纪90年代房地产泡沫破裂之后，根据对于海南发展实际轨迹的细致观察，我标新立异地提出海南绿色发展的新思路，市场主要瞄准国内，速度但求温和。为了验证自己的这些假设，特别是探讨海南独具特色的热带农业的发展路径，还和校友合作，搞过一个现代园艺研究所，种早熟荔枝，实验瓜菜的冷链运输，开发鲜榨椰奶技术等等，好在海南政策宽松，领导多默许了：搞软科学的种硬科学的试验田，效果可疑，精神可嘉。

2009 年退休，有了更多的自由，探讨海南绿色发展之路的热情也有了更大的施展空间。研究海南发展 20 多年，最终悟出了两句话，吃特殊政策饭不是长久之计，或者坚持有资源优势的市场开拓，或者坚持有市场潜力的资源开发，此外别无新路。海南背靠 13.4 亿人口的中国大市场，将其凉爽热带的气候优势与生态上佳的环境优势叠加起来，可以建成中国民众的上佳生态养生苑，它可比“国际旅游岛”的帽子更现实。

现在海南每年冬季接待的长居休闲客（逗留时间超过 15 天者）已经超过 60 万人，良好的生态与宜人的气候提升健康延长了寿命，按照每人可能延长 5 年寿命计算，60 万人就延长了累计 300 万年的寿命。如果海南未来的长居休闲接待人数达到美国佛罗里达州 400 万的规模，那可为国人延长了 2000 万年的寿命呢！按照每年寿命

2013 年创办海南生态休闲联盟。

价值 10 万元的最低价格计算，这就是今天 3000 亿元、明天 20000 亿元的贡献，海南对国民做出的最大贡献。

在这个愿景的鼓励下，已经退休几年的我 2013 年倡导成立了“海南生态休闲与乡村旅游企业联盟”，联合岛内的相关龙头企业发展长居休闲，对接国内的大客源，成效蛮大。自己主持规划的白沙“天湖黎寨”高档养生基地得到了新加坡客商的青睐，正在按照国际标准修改规划与扩大规模。

这一切，都是西农传给我的泥土气结出的果子。

鲁平印象

（文 / 张铁铿）

1967 年春节刚过，夏鲁平约我骑行八达岭长城，时间定在星期天，因为只有星期天我才有机会使用家里那辆唯一的自行车。

出发那天，我和夏鲁平在四中门前集合，天刚蒙蒙亮。此时，西北风呼啸席卷，风力五级左右，阵风更甚。我试探地问夏鲁平：还去吗？夏鲁

平言道：为什么不去？这点风算啥，既然出来了就不能打退堂鼓，无功而返。望着他那信心满满的神态，我自然也不会退缩，立即跨上坐骑，毅然顶风“杀向”八达岭。约 4 小时后，抵达南口，行程 40 公里出头，时速略高于 10 公里。

一过南口，我们即刻傻了眼：放眼望去，连绵起伏的公路上覆盖着厚厚的积雪，视野之内，竟无一车一人，竟无方寸裸露的路面。一周前，北京刚刚飘落过一场大雪，雪后艳阳高照，城里积雪早已荡然无存，然而山里的积雪却只是减了减肥，大部分还静静卧在那里，没有融化。进？还是退？夏鲁平再次信心满满地选择了进，我也再次毅然地跟进。战略上藐视，战术上还是要重视：公路平缓处，我们小心翼翼地骑行；起伏处，我们坐在车子后面的货架上，降低重心，让两只脚擦地滑行；上坡陡峻处，我们亦步亦趋地推行。

没走多久，在经过一个大拐弯后，远远看见一辆小轿车正在陡坡上向下退滑，车身已开始倾斜。陡坡下便是悬崖！我和夏鲁平赶忙赶到小轿车旁，与车上的人一起抵住车尾，死命地向上去抗。汽车轮胎飞速地空转，与路面摩擦发出刺鼻的胶皮气味，轮胎下的积雪不断向后飞溅，甩到我们身上、脸上、头上。然而，车还是向后退滑！此刻，有人急匆匆跑至路边，捧起路肩上备用的砂石料往汽车轮子底下垫洒。经过一番努力，终于止住了那辆车的下滑。此时得知，那是一辆外交部的小车，载着客人游览八达岭长城，不幸搁浅。从南口到八达岭长城约 20 公里，我们用了三个多小时。

经过 7 小时 15 分的努力，终于到达了八达岭长城！此时的八达岭长城悄然无息，售票处窗门紧闭，小卖部铁将军把门，停车场积雪覆盖。

我们无心关注那些，直指目的地，兴冲冲地登上城墙。一碧如洗的蓝天下，除却我和夏鲁平，绝无第三者。放眼望去，长城内外，巍峨雄浑，洁白如玉，一派宁静。我们踏着吱吱的积雪拾级而上，边走，边聊，边赏，边感慨。没有一丝拥挤，没有一丝喧哗，没有一丝功利，多么舒展，多么悠然，多么惬意。只可惜，这种景象如今已不再属于八达岭长城了。

想到回程同样艰辛，我们在长城上逗留的时间很短，大约不到一小时，便抓紧时间下城，打道回府了。中午时分路面的积雪被太阳照化，太阳西斜后山影投射到路面上，又把融化了的雪水慢慢冷却成冰，在冰面上留下疙疙瘩瘩的冰瘤。我们返程的时候，正是冰瘤遍地的时刻，为安全起见，我们大部分时间是坐在自行车后货架上，让两只脚擦地滑行。一段大的陡坡非常长，陡坡旁镶嵌着一个美丽的小村庄，几个小孩在公路旁的雪地上玩耍。我们飞快下行的车，在离他们老远时就向他们呐喊，让他们赶快躲开。说时迟那时快，小孩的身影瞬间就从我们眼睛里消失！

又是一个陡坡，坡度更大，滑行过半的时候，我已无法控制车速，感觉就像自由落体，掉入加速度区间。夏鲁平在我后边，向我高喊：捏闸！捏闸！偏偏我那辆车前闸灵，后闸不灵，前闸不敢捏，后闸捏不住！我试图把车向路旁尚未被践踏过的原始积雪上靠，那里的雪相对松软，摩擦力大，可以适当减速。但，公路下方就是悬崖，我的车速太快，不能准确控制车与路肩积雪的距离，只好让车子再次回到公路中心。马上就到坡底了，就在曙光即将出现的那一刻，我跌入了黑暗。车子在布满冰瘤的路面上抖动，幅度越来越大，最终失控，车子翻了！我被腾空甩了出去！没有言语，没有恐惧，也没有动，只是静静地躺在冰冷的公路上，时至今日我也说不清当时为什么是那种状态。

在转入上坡以后，夏鲁平停了下来，随即向我跑来，赶忙把我扶起，关切地问“怎么样？摔坏了吗？”。我渐渐恢复神情，忙说：“没事，没事”，便急切地向自行车走去，此刻最担心的是车，在我心中车比我重要！试想如果车坏了，我该怎么回家呢？还好，只是车子的前轮断了两根车条，并不影响车况，我的心才放下来。我把那两根断了的车条别在其他车条上，推着车和夏鲁平一起慢步缓行，不敢再骑了，连滑行也不敢了，直到把车子推到没有积雪的地段，已经快出南口了，我们才重新骑上车。一路上我一直纳闷，前轮的那两根车条是怎么断的呢？那辆车是英国猛牌，也是世界名牌呢。

归程，依旧是5级左右的西北风。但，这是顺风！长途公共汽车进站的时候我们追上它，而后它又超越我们，它再次进站的时候我们又追上它。竞逐中，我们到了德胜门。从南口到德胜门，两个小时，真有“直挂云帆济沧海”的痛快感觉，按那个年代的路况和车辆条件，那是高速了。

2011年7月9日，我们班十几位同学在朝阳区博大路润京会所为从海南归来的夏鲁平接风，我和他已42年未谋面。席间，聊起同去八达岭的往事，他依稀记得很多细节，只是忘记了同行的那位同学就是我。

青春在荒漠

（文／魏兆鹏）

在“文革”上山下乡热潮中，1969年4月16日，夏鲁平满怀建设边疆、保卫边疆、报效祖国的雄心壮志，和赵康等几位北京四中初、高中同学一道，离京赴北京军区内蒙生产建设兵团，来到地处乌兰布和沙漠深处的一师三团七连。在蒙古语中，“乌兰布和”是“红色公牛”的意思；公牛的狂躁不羁仿佛正是乌兰布和沙漠气候变幻无常、生存环境恶劣的写照。生活条件差，一言难尽；劳动强度大，白手起家——第一年以营房建设为主，脱坯、挖渠、运石开石、挖沙运沙等；而后是农业劳动。

在连队党支部的领导下，夏鲁平积极发挥共青团员的作用，成为众多知识青年中的佼佼者。

每天起床号吹响时和收工后，他都抢在前面，从井里打水，方便战友们洗漱。吃饭时，他礼让在先；饭后，总是留下为大家刷碗（供给制食堂使用公用碗筷）。夜间，多次替班站岗，使其他战友多休息。面对交通闭塞、报刊延误，他是收听北京电台的广播、记录新闻的主力，并在三餐时宣讲。他经常为连队的黑板报投稿，表扬好人好事，弘扬艰苦奋斗。他们积极参加文艺宣传，为本连、附近连队和农场职工表演节目。在劳动中，他吃苦耐劳，是最卖力气的；曾发起“拼100锹”的竞赛——即在中午下工后，自觉为下午劳动备料（沙子），这一竞赛坚持了很长时间。他们不怕劳累，连续作战，几乎没有休息日。

夏鲁平在七连是知识青年中的第一批班长，后来先后担任直属连部的通讯班、文艺班、良种班的班长。作为人所公认的七连骨干和才子之一，他为人实在，脾气随和，对年纪较小的知识青年“更像是热情宽厚的兄长”。他生活简朴，“一身垦服，胡子拉碴，不修边幅”。他斗志旺盛，“劳动时身先士卒，不怕出力流汗”“每天上下班荷锹欢歌，雄赳赳地从渠背走过”。他“文字功底深厚，喜欢写诗”，是七连文学艺术创作的首创者——他在1969年就着手起草文学脚本，记录一群知识青年从北京到内蒙古兵团的经过和初期的劳动生活，主角是赵康平（即赵康、夏鲁平合二而一）等。他热心公益，长于文艺宣传，吹得一支好笛子，为连队文艺宣传班的初建呕心沥血。他疾恶如仇，文锋犀利，被知识青年选为代表，针对个别连级领导的工作作风、生活作风提出意见，却为此受到报复和压制。1972年4月，夏鲁平作为工农兵学员，被推荐上西北农学院。笔者为夏鲁平送行时，曾胡诌了一首顺口溜——“春绿京城柳，霞映军垦衣；并肩战黄沙，同心举红旗；志士安邑舍，英雄艰处觅；天涯与海角，捷报盼朝夕。”

夏鲁平自西北农学院毕业后，1988年调入海南，一直从事海南经济社会发展问题特别是农业发展问题的研究，为海南省党校教授、海南省发展战略研究所所长、研究员。上世纪90年代初，他在全省率先提出重视农业和旅游两大绿色产业发展、重视经济发展与环境协调的海南绿色发展道路的思想。近五年来，他主持完成科技部课题三个，省发改厅研究课题两个，省统计局课题一个；发表论文30余篇，出版专著三本。

夏鲁平上大学后，与连队良种班的战友保持通信，互通情况，以自己创作的《思战友》《别军营》等诗作鼓励战友；甚至在得知内蒙古包头可能地震的消息后，专门辗转近千里回连队，探望住在小树林中自搭帐篷里的战友。退休后，他风尘仆仆，从海南返回第二故乡，看望那里的营房旧址和相识的农场职工；还到天津、济南、保定、浙江嘉兴桐乡，看望返城的战友们，盛情邀请大家去海南做客。仅据笔者所知，他创作了反映兵团生活的诗歌《挖渠工地诗稿》《别友人》《远方来信》《塞北春早》，报告文学《七连的故事》，小说《老王头》和散文《乌兰布和，我心中的绿洲》等多篇文学作品（1971—1986年）。

2011年在成都杜甫草堂。

2012年在泰国清迈。

NO.35

张宝琪

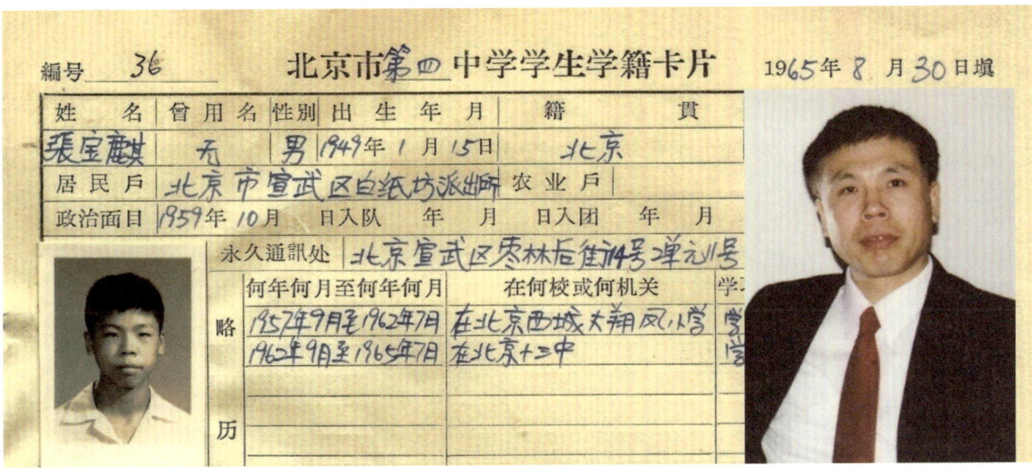

編号 36　北京市第四中学学生学籍卡片　1965年8月30日填

姓名	曾用名	性别	出生年月	籍貫
張宝麒	无	男	1949年1月15日	北京

居民户：北京市宣武区白纸坊派出所　农业户

政治面目：1959年10月　日入队　年　月　日入团　年　月

永久通訊处：北京宣武区枣林后街14号单元1号

略历

何年何月至何年何月	在何校或何机关
1957年9月至1962年7月	在北京西城大翔凤小学
1962年9月至1965年7月	在北京十三中

简历

1969 年 2 月—1973 年 8 月，陕西延长县安沟公社插队知青

1973 年 8 月—1977 年 3 月，毕业于西安交通大学动力系低温制冷专业

1977 年 3 月—1987 年 1 月，机械工业部北京自动化研究所低温超导应用技术研究室工作

1987 年 1 月—1992 年，自费留学美国，获计算机科学硕士学位

1993 年 3 月—2012 年，定居美国，参与中美间商务业务，主要从事国际贸易和金融咨询服务

2012 年，基本退休，偶尔参加一些商务活动

1967 年，张宝琪在四中打乒乓球。

跨洋修学记

（文 / 张建新）

早晨 7：30 从床上跳下来，用不到 3 分钟穿好衣服，到厨房拿两片面包，一边用口水理理头发，一边用手抹掉眼屎，一路小跑，来到学校图书馆，时间恰好不到 7：45。当我把开馆的一切准备工作就绪，我的直接上司——一个黑人学生跑进来，向我重复着几乎每天必说的一句口头禅："Hi, Bao Qi. I'm sorry for the late again. I'm so tired, you know, I have to deal with ten girlfriends."（"抱歉，宝琪。我又迟到了。你知道，我须应付 10 个女朋友，我太累了。"）早晨 8 点钟上班，对习惯夜生活的美国学生来说，是一件很痛苦的事。而正因此，对于我这个刚到美国、英语很差的人来说，却是得到工作的极好机会。

1968 年 8 月，在北京火车站合影。左起：廖致杰、张建新、张宝琪。

张宝琪和儿子在尼亚加拉大瀑布合影。

研究生课程一般在晚上，这正好便于我打工。所以，我的日程安排，从早晨 8 点到中午 12 点，去总校图书馆报刊杂志部；半小时午餐后，1 点到 3 点，去法学院图书馆。如晚上没课，大约 3 点半到学校教授俱乐部——其实就是一个比较高档的西餐馆，去体验我的服务生生涯。这个俱乐部没有固定的下班时间，完全取决于最后一个客人何时离开。一般都在午夜以后，最晚可到次日凌晨五六点。如果晚上有课，3 点后我会小憩半小时到 1 小时，然后准备晚上的课程。至于何时完成作业，就只能见缝插针了。美国大学对研究生的作业完成时间是弹性的，但必须在学期结束前递交，否则这门课无成绩，更可怕的是，可能取消你的研究生资格。

我曾经一个星期打工 87 个小时，外加 3 门研究生课。也曾两次回家后在洗手间昏倒。如此紧张的生活，使我成了现实版的“北京人在纽约”。

不过，不管是在图书馆，还是在教授俱乐部，都有美国学生做我的朋友，生活上助益良多。并且有一个我的指导教授，由于他经常光顾教授俱乐部，了解我的一切，对我后来获得学位给了极大帮助。这些不但赋予我精神上的慰藉，且增添了我求学过程中的色彩。

在上个世纪 80 年代，为了完成学业，同时也为了生存，中国赴美自费留学生的唯一选择是勤工俭学。对比今天大量赴美中国学子的“土豪”形象，不禁令人唏嘘。

1969 年秋，张延宏、张宝琪、邵明路在朱家河队肖家山村插队合影。

1970 年夏，（左起）张宝琪、王小平、张元（高 68 届三班）及张铁铿一起回京探亲，在延安枣园的周恩来故居门前合影留念。

NO.36

姜作栋

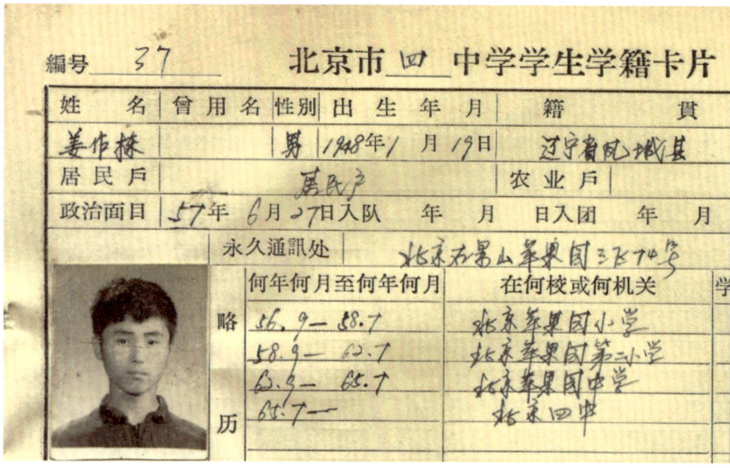

编号 37　北京市四中学学生学籍卡片　1965年8月31日填

姓名	曾用名	性别	出生年月	籍贯
姜作栋		男	1948年1月19日	辽宁省凤城县

居民户　居民户　农业户

政治面目　57年6月27日入队　年　月　日入团　年　月

永久通讯处　北京石景山苹果园3区74号

何年何月至何年何月	在何校或何机关
56.9—58.7	北京苹果园小学
58.9—62.7	北京苹果园第二小学
62.9—65.7	北京苹果园中学
65.7—	北京四中

简历

1948 年 1 月 19 日，在辽宁凤城出生

1965 年 9 月—1969 年 1 月，北京四中，读高中

1969 年 1 月—1970 年 9 月，陕西省延长县安沟公社朱家河大队插队

1970 年 9 月—1973 年 9 月，陕西飞机制造公司，组合夹具钳工

1973 年 9 月—1976 年 12 月，西北工业大学空气动力学专业，读书

1977 年 1 月—1985 年 7 月，彤辉机械厂（即现在的西安飞机制造公司汉中分公司）设计科，任飞机结构设计员，主管飞机机翼的前缘，第一、第二大梁以及襟翼舱等的结构设计。参加了运八机的全部设计定型，工艺定型，运八机的改型，海上巡逻机的设计工作

1986 年 1 月—2008 年 1 月，冶金部建筑研究总院（现在称中冶集团建筑研究总院）在其环保分院从事噪声控制专业，任高工

2008 年 1 月—2010 年 1 月，退休

记 忆

（文 / 姜作栋）

考进四中

从寒冷刺骨的本溪来到北京，我们一家就一直居住在北京西边的郊区苹果园首钢宿舍区。那里是郊区，离城里很远。我在那里读完了小学，读完了初中。成绩还不错，一直是班里的学习尖子。

“北京四中”对于一直居住在城里的孩子来说是如雷贯耳、大名鼎鼎。可对于那时孤陋寡闻的我来说，却是鲜有所知。

1959 年，工地上因为救火，父亲从水塔上掉下来，摔坏了脑袋，导致精神分裂，基本丧失了工作能力。

那时我家人口多：姥姥、爷爷，还有五个孩子。加在一起一共是九口人。因而家里经济状况非常紧张。我是孩子中的老大，1962 年中考填报志愿时最初我填报的全部都是中专。那时候一门心思想早一点出来工作，早一点减轻母亲的负担。

可是老师把我的报考志愿表要了过去，把第一志愿改成了“北京四中”，要我一定报考四中。从她那里我才知道了北京四中的鼎鼎大名。老师说：“四中是名校，有历史，学生聪明，老师智慧，教学质量在全北京市最高、最好的中学。”她说她要和我妈妈一起来供我上学。

中考过后的暑期极其炎热，我解放了，彻彻底底地把自己给解放了。我撒了鸭子地疯玩，完完全全把中考的事抛到了脑后。

每天早晨，我迎着晨曦出门，向北步行两个多小时，一路上要经过好多块菜地。紫色的茄子把茄秧的枝条坠的挨到了地，翠绿色的黄瓜挂满了秧架，鲜黄鲜黄的窝瓜花芯里藏着一只一只的蝈蝈，它们昂着头时不时地鸣叫。还要穿过秸秆笔挺、棒穗儿很长的玉米地，弯得月牙似的墨绿色长叶，用它带刺的绒边不断地拂过你的脸颊，痒痒的，还有点疼。其间还要穿过蜿蜒曲折的水渠，迈过高低不平的畦垅才来到西山脚下。

随后我攀爬到八大处西侧的背阴山谷，山谷斜坡生长着一种可用来打保温草席的又细又长的草（山下的生产队收购）。割满勉强背得动的一大捆山草并捆好后，背着它下到山脚下农民生产队的收购点卖掉，为能挣点学费。

回家的路上再跳进清澈见底的运河里游个泳。直到西下的阳光斜掠在河面上时，才穿上滴着水的衣服往家返。那叫一个惬意，那叫一个放松！那是一个从精神到肉体都完完全全沉寂在大自然沐浴之中的真正的放松。

我把不久前所经历过的紧张的中考抛到了九

霄云外。

直到突然有一天，有人在家门外喊道："74号（我家门牌号3区74号），姜作栋，挂号信！"我怎么会有挂号信？我愣然了。原来是邮递员送来了四中的录取通知书。宿舍区的建筑是一排一排的平房，像数学里的"矩阵"一样排列得非常整齐。如同城里的四合院也会"一家有事全院知道"一样，不一会儿，周围的邻居争相涌了上来，争着抢着看那张"录取通知书"。

那时的情景至今还历历在目。

进校后一月有余，学校发了校徽。我不知深浅地把它别在了胸前。于是乎，无论我走到哪里都会迎来一种目光，那是一种赞赏的、羡慕的，又有点异样的目光。因为在我之前，有史以来，石景山区还从没有人考取过四中。周围你所遇到的人，包括邻居、母校里的老师、同学间的言谈话语让我着实领略了四中的"大名鼎鼎"。

四中给了我一份荣耀。

在四中上学的日子里，我是班里唯一的住校生。小学升初中的时候老师就给我报过一次四中，因为不能住校而作罢。高中了，以为这回住校不会成为问题。可是报到时，才知道满不是那么回事。还是不行，只能走读！从苹果园坐36(现在的360)路到阜成门城楼，然后倒13路在厂桥下。那时公路上虽没有现在动不动就堵车的现象，但是一个单程也要将近三个小时。

下午放了学回到家里，早已是精疲力竭，只想睡觉，哪里还有做作业和消化当天功课的时间和精力了。坚持了一个多月，实在受不了，我找到班主任刘文明老师，向他提出我要转学的要求（九中或苹果园中学）。刘老师只是说："让你妈妈抽空到学校来一趟吧。"他跟我妈妈说："四中很难考的，教学质量很高，要是转走就太可惜了。好多人想考都考不进来，不要转。"后来他在13斋给我挤进了一个床位。

真的要感谢刘老师，不然我就和大家做不成同学了。80年代初，我在陕飞工作，有一次回北京休探亲假，我还专门到学校看望过刘老师。后来过了若干年，好多同学都从全国各地返回了北京。一次同学聚会上有人说刘老师已经不在了。时光荏苒，令人唏嘘不已。

和高一四班的同学能成为同学，每一年都还能够见到一次，真的是一种缘分！

学校里除了校长室所在的那所小院（总务处应该也在那座院子里）之外还应该有两所院子。一所是教师小院，另一所是学生小院。所谓小院其实就是教师宿舍和学生宿舍。两所院子的北边是教学区。在我的记忆里其实那是一座只有两层的红砖长方形小楼。再往北边是操场，可以打篮球、踢足球。东边是一座灰砖灰瓦的古式平房，那是阅览室。管理图书的老师是一位慈祥的老太太，据说解放前她曾当过国民政府驻联合国的代表。此外还有实验室、礼堂、校办工厂。房子都是年代久远的老式平房。灰砖灰瓦，极普通的房子，很破、很旧。学生小院的院子里有几棵老槐树，很粗，歪歪斜斜的，枝叶繁茂。夏天院子里阴暗潮湿，冬季寒冷至极。邢台地震时，波及到北京，小院里有一座房屋脊檐被震落了一个角，尘埃落定之后断口裸露出的碎砖头缝隙里冒出了好多好多的土鳖，涌泉般地四散奔逃，看得人阵阵恶心。

校长杨滨人非常好，和蔼可亲。地震刚过她就来到学生小院进行查看，看到房子太破，有的墙皮都震掉了，怕住在学校的学生有危险，就让我们晚上住在生物实验室的实验台上，白天再把被褥抱回宿舍。

实验室是红砖砌的，解放后建的，还算结实。实验室是个套间，大房间的东边有一道门，过了这道门是标本贮藏室。门后戳着一个人体骷髅的教学标本。挨着骷髅的长桌上靠墙放着几个大的透明玻璃瓶，瓶里用福尔马林泡着几具人体胚胎。我想，这样的教学条件在当时北京的中学，恐怕没有几所学校能够具备。每天晚上，躺在实验台上的我都很难入睡。因为老是担心隔壁房间里的骷髅会跑过来，有时也会觉得自己很可笑，居然会怕鬼！只有一班的王晋周、二班的王伟不怕，还时常开着玩笑，吓唬我们，说骷髅就要过来掐我们的脖子了。说完又哈哈地坏笑。

四中很古老，记得刚刚入校的时候老师就说了，远在清朝的时候四中就建立了。那时候四中叫作“顺天府中学堂”。现在网络上说的是“顺天中学堂”，也不知到底哪一种说法是正确的。四中的建筑十分破旧。四中所在的地理位置是西什库大街后库，还在刚刚进入四中不久的时候就听人说，挖防空洞的时候曾经从操场的地下挖出过水银。水银的比重不是大嘛，清代皇宫库房里储藏的水银渗到地底下了。

就是在“文革”那阵闹哄哄的日子，学校不上课了，我还是住在学校的学生宿舍。四中就是四中，它把宿舍叫作斋。宿舍的排序是第几斋，而不是第几房间。雅吧？还有，管老师不叫“老师”，叫“先生”。我先后住过两间宿舍，先是13斋，后来是35斋。宿舍里的人员很杂，从初一到高三，每一个年级的人都有。现在还能够叫得出名字的有张大力、王伟、朱新增、张潜、王晋周、史康成、费小明。还有两个华侨，一个是从印尼回来的，因为印尼反华。他是高一二班的。另一个是坦桑尼亚华侨，很小，初一的。好像文化大革命开始后他们才来。小同学的爸爸在坦桑尼亚种菜。让他回国接受中国的传统教育。

班里在陕北插队的都知道有个费小明吧？他的外号叫狒狒。插队时吴家窑科的，老初一。还有张大力，高一一班的，他后来也在安沟公社插队。宿舍里，他的床挨着我的床。睡觉时我们的方向是反着的因而头顶着。有意思的是他的蒜头鼻子体积硕大，几乎有我的两个半大。开玩笑的时候宿舍里的人叫我小鼻子青年，因为和张大力相比我的鼻子实在是太小了。

后来，大力走了。陕北窑洞的崖畔前，大力到老乡家里看病，一条狗猛地从窑洞里窜出来，后退躲闪之际大力摔下了崖畔。我见到大力的时候是在王良沟队里参加追悼会那天，离开学校后就再也没见过。大力躺在棺木里，脸肿胀得变了形，整整大了一圈。老乡说他锁骨骨折，身上还有多处骨折，头一天就断了气，太惨了。

我和班里的同学参加了大力的葬礼。他的妹妹哭得跟个泪人似的。妹妹和哥哥在一起插队，爸爸从北京也赶来了。身前身后随时跟着两个人，也没有人介绍他们是谁，是干什么的，听大力队里的知青说他们是爸爸单位的工宣队员。爸爸是中科院动物所的“反动学术权威”。追悼会上爸爸什么也没说，据说是跟来的工宣队员什么也不让他说，因为他还在被专政。

大力被葬在了他插队的大队的山坡上。

80年代末还是90年代初记不清了，我已经调回北京。那时听柏铮讲他在做两项公益事业，一是要在延长建一座知青陵园，将张大力还有李秋雨的墓迁到陵园里去。二是给朱家河大队通电，这件事我知道做成了，是邵明路出了绝大部分的资金。

柏铮和邵明路都是让我十分敬佩的人。柏铮善良、聪慧、有思想。邵明路有抱负、有能力，他们都给过我很多思想的启迪和实际的帮助。

记忆是零散的，话扯得有点远。

去陕北插队

记不得到底是哪一天了，反正是临到陕北插队出发的前几天，我在学校的教师小院碰到了柏铮。他告诉我说：班里16位同学已经商定好了，准备一起去延安插队，好像七天以后出发。问我去不去？

柏铮是我和刘道福的入团介绍人（填了志愿也间隔开了发展会，可惜的是学校团委还没批下来呢，文化大革命就开始了。团委瘫痪，入团成了泡影。现在想来，这一辈子没能入成团实在是人生的憾事）。我对柏铮有着一种颇为强烈的信赖感，我相信和他一起走绝对没错。

我说："去。但是太仓促了，我来不及准备，家里也不知道，也没有办法准备钱。"柏铮说他那里有钱，回头他拿给我。记忆里好像是当下我就让柏铮带着我去工宣队报了名。因为报名有期限，生怕赶不上，随后我就去厂桥派出所迁了户口。

之后，柏铮来到学校交给我30元钱。我拿着那30元钱随工宣队员进了教师小院南侧的一间阴暗潮湿的储藏室，适应了好一阵子我才看清里面堆放的全是破四旧时红卫兵抄家搬来的各种物资。

工宣队员说这里的物资以象征性的超低价格卖给去插队的同学。

他向我推荐了一个黑色牛皮包裹表面的箱子，说是从哪个资本家家里抄来的。虽然旧，很破，但是很能装东西。只要15元钱。后来这只箱子我由陕北带到了陕南，又带到了西安，又带回了陕南，最后又带回了北京，直到七八年前才散了架，彻底不能用了。多年后我从老师那里得知，后来街道对抄家物资进行过返还。她家住在崇文门外大街，姐夫解放前以画虎为生，解放后在少年宫教绘画。抄家抄走的大部分自己的画和收藏的画，凡有着落的基本上都返还了，找不到的也就那么着了。被我买走箱子的那户人家肯定是找不回他们的箱子了，这是后话。

储藏室里杂乱地堆满了各式各样的抄家物资。让我印象最为深刻的是地上零七杂八地散落着的一些信函。这些信件被人随意丢弃、随意践踏，上面布满了鞋印，这些信函有的信瓤还在信封里，有的已经分开了。收信人分别是翦伯赞、邓拓、吴晗、廖沫沙等几位当时的"反动学术权威"、受批判的"三家村夜话"的作者。潇洒、苍劲的毛笔字迹一看就知道是毛泽东和周恩来亲笔所书。字迹是从右至左、从上到下竖着书写的，不受印

间隔48年（1967~2015年）前后的柏铮和姜作栋（右）。

制好的格线的约束，落款分别是毛泽东和周恩来，地址或是中共中央或是政务院。信封和信纸的尺寸和普通的不一样，要大好多。

我当即疑惑了，云里雾里似的，我大惑不解：抄家、破四旧，难道连毛主席、周总理的信函也抄？

储藏室还有一件东西引起了我的注意：那是一本印刷精美的五线谱书。上面的一句歌词如今我依旧记得很清楚："上帝爱小孩儿，小孩儿到我身边来。"

谱书是从四中南边的位于39中校园内的西什库教堂里抄来的。

奇妙的是几个月后我竟然在陕北插队的肖家山上听到了这首歌曲。

一天近午，风和日丽，陕北安沟公社朱家河大队肖山小队湛蓝的天空上只有几丝浮云。我和其他5位知青及其他社员们排成了一字长阵给糜子地锄草。悠然之间有人唱起歌来，委婉、悠长、好听，带着一些陕北民歌的风味。突然间，我听出来了一句和我在学校的教师小院储藏室里看到的那本抄家抄来的西什库教堂五线谱书里的完全一样的歌词："上帝爱小孩儿，小孩儿到我身边来。"

我惊呆了：世上怎么会有这么巧的事儿？我问他歌是从哪儿学的，他说是在"上头"时教堂里的神父教的。（上头就是指的米脂、绥德一带，延长有一些从米脂、绥德逃荒来的人，他们管米脂、绥德叫"上头"）他讲了圣母玛利亚，还讲了好几个圣经里人物的故事，绘声绘色的。突然之间，我觉得自己如同进入了梦境一般。在这么偏远的地方竟然还会有人，而且还是个从来没有读过书的人，居然知道圣母叫玛利亚，知道的比我还多，真的是不可思议！

几年之后，我在西北工业大学读书期间曾到榆林专区的镇川堡空军机场进行实习，中途路过米脂。这时我才知道，远在清朝末年，米脂就已经有天主教堂了。

在柏铮跟我说他要去插队之前，我还没想过离开学校到别处去生活和工作的事儿，好像那些都离自己还远着呢。因为当时学校动员的是老高二和老初二的学生，去陕北插队根本就没有我们老高一的事儿。到朱家河插队的17位同学，都是热血青年，都是自己主动要求到延安插队的。

我性格内向，不太爱说话。和同学们很少交流。但是我在观察，观察同学们的言谈话语、处世为人，看看什么是我所不足的。同学们每一个人都非常的出色：家教好、有涵养、很聪明、有抱负、有思想。每一个人都是精英，都是我的楷模。不夸大张地说同学们每一个人都是出类拔萃的。

记得出发的那天下雪，雪很大，有点小风，雪花敲打在脸上，湿湿的，有点凉，每一片都有小手指甲那么大。坐在车厢里，看着窗外的风景，我很少说话。我静静地聆听同学们说笑。张宝琪总是提起一个叫郑元的人，廖致杰和邵明路不时地揶揄他几句，开他的玩笑。柏铮则眯缝着眼笑眯眯地看着他们。

火车跑了两天才开到铜川，到达铜川的时候是晚上。在一个中学里铺着干草的教室地上，和衣睡了一夜。第二天一早坐卡车近中午到达了延安。在延安，同学们受到了盛情的接待：小米饭、肉。吃过午饭，给了两个小时的自由活动时间。

大家蜂拥往延河里跑去。那场大雪从北京一直下到了延安，没有断，还在往四周延续。延河水面上结了层厚厚的冰，冰面上覆盖着厚厚的雪。廖致杰边跑边扯着嗓子喊："手捧延河水，遥望宝塔山。"三步两跨就到了河底的冰面。只见他双手合拢哈下腰蹲着捧起雪来塞进嘴里。在他的带动下，几个同学，还有我，顿时也热血沸腾、嚷嚷着，大口地吃起雪来。“这是延河的水，是革命的圣地，是党中央、毛主席曾经待过的地方！”我边吃边在心里默念。

到达安沟公社的时候已经临近傍晚，前来迎接的社员早就带着扁担、绳子等候在那里。同样是好吃好喝好招待：小米干饭、猪肉、羊肉。吃罢晚饭，社员们各自带着在自己那儿插队的学生，担着、扛着、背着学生们的行李上路了。我和邵明路、柏铮、廖致杰、褚维春、张宝琪六个人被安排在肖家山村，其余11位安排在朱家河和王家沟。

那是30里山路，走不了拉拉车。记得我的箱子是小队长张连才给背到村里的。他是河南人，逃荒到的肖家山。身材瘦小，个头可能还没有我高。只见他取下绕成一圈搭在肩上的拇指般粗的一根麻绳，眼花缭乱地在箱子上绕了几下，背对着箱子，双腿微蹲，双臂呈“八”字往两侧一伸插入绳索就把箱子背到了背上。月光微弱。大家跟在队长的后边磕磕绊绊，踉踉跄跄，山路的坡度大时就用手抠着、趴着，用脚蹬在自己面前社员们为了爬山而用小镢头刨出来的坑，梦魇似地才走到了肖家山村自己所居住的窑洞。

1969年2月4日，在肖家山插队知青延河畔合影。

有人借着灶里的火光看了表，是半夜两点多钟。队长事前派了人（我记得是孔大爷）守在窑里，待我们一到马上点火做饭。

记得有这样一幕，也不知道是不是准确：大家顺着窑洞的长度方向面朝洞壁背对着炕沿，手举红宝书朗诵了毛主席的语录。记不清了是谁起的头，也记不清了确实是举了红宝书。就连朗诵的内容是不是确实是那句：“知识青年到农村去……”也不能肯定。但是朗诵了毛主席语录那是肯定的。

自此，我们六位同学形影不离地生活在一起了。住的是同一孔窑洞，睡的是同一条火炕，一个灶上吃饭，一同出工，一同收工。

陕北的窑洞纵深长横向窄。窑洞端头的墙角有一个从左至右的台阶，台阶上面置放了一些装着小米、糜子、高粱、玉米、面粉等粮食的瓮，还有一些锅碗瓢盆等日常生活用品。

窑洞的底部是一截儿空地，在那儿靠墙放置盛水、腌制咸菜、酸菜的各种缸以及柴火和其他物品。然后从内向外依次是烧火做饭的灶、睡觉的炕。紧挨着炕就是窗棂，还有木门。窗棂上贴着白色的窗纸。

即使在白天，窑洞里的光线也很暗。从窑外走进窑洞，眼睛要有几秒钟的适应过程，然后才能看清东西。

对于在陕北插队的生活、劳动，其余几位同学在他们的文章中多有描述，这里我就不再赘述。我只讲几件我所经历的发生在我身上的有趣的事，至今想起来有时还会窃笑。

有一次收工回到家里，孔大娘正在烧水做饭，由于水汽只能从门窗一个方向处走，所以散发得很慢，窑洞里湿气很大，云雾缭绕般的。与炕对着的那面墙用木楔子（图钉和铁钉是用不成的，抓不住）

楔着的毛主席像因为吸足了水蒸汽，画面脱离了弧形的墙体垂了下来，因而与墙之间就有了缝隙。

适应了窑洞里光线的我突然发现从缝隙里贴着墙壁爬出来几只蝎子，顿时肌肉紧张汗毛倒竖，一时竟然不知所措。不一会儿蝎子就没了踪影。但是，事情并没有就此完结。

这一天的夜晚睡至半夜突然觉得下体钻心般的疼痛，懵懂之中将手伸进裤衩抓住一物嗖地甩出，只听得挨着我睡的张宝琪，“哎呀”大叫了一声霍地坐了起来满世界地要找火柴点灯，原来是我这一甩把那只蝎子甩在了他的脸上蛰了他一口。他有点急，差点要揍我。

这一年的一个什么节，队里宰了一头猪。我们肖山小队的六位知青分到了两斤猪肉。那一天赶上我做饭。将玉米粒从玉米棒子上剥下，上碾、上磨，再上箩筛出够吃一顿的粮食，距离同伴们收工到家只剩下不到 1 个小时的时间了。我慌得手忙脚乱起来，匆匆地给肉剃了毛，洗净，扔到锅里，加上花椒、辣椒、盐，又上加水，然后点火，添柴。不一会儿，水沸腾起来，又过了一会儿，肉香也飘了出来。得意之间我突然发现肉是整块的！坏了，这要何时才能煮熟？！

我急了，想把肉从锅里捞出来，再切成小块。可是太重又太烫了，筷子夹起来了就又滑落下去。火又停不下来，反复了几次只好作罢。心想那就索性煮熟晾凉了再切吧。

过了一会儿，我用筷子戳了戳肉，戳不动。

又过了一会儿，我又用筷子戳了戳肉，还是戳不动。

反复了几次，仍然戳不透。

我慌了，惴惴不安起来：这可怎么办呢？他们不能一到家就吃上饭了。

懊丧之际，远远地，同学们的脚步声、嬉笑声传了过来。过了一会儿，大家蜂拥而入，直奔灶台。我解释说肉还没烂，要再等一会儿才能吃饭。可是大家饿急了，肉香味儿又刺鼻，忍不住

1970 年代的朱家河大队，图中窑洞是村办学校所在地。

了。就起哄架秧子般地呼着喊着把肉从锅里捞出来放到案板上，好像都没有用刀切，就你一把，我一下地边吃边嘘着手指（烫呀）饕餮朵颐起来。

前半夜大家相安无事，后半夜邵明路拉起肚子来了，一拉就是好几天，人都拉得脱了相。脸颊瘦瘦的，腮帮子瘪了进去。

几十年来，我时不时地想起来这件事。和家人、同事、朋友聊天的时候也会和他们讲述我的这段往事。我一直在懊悔：怎么就忘了先把肉切成小块再下锅煮呢?

时光荏苒，那次事件过后，不知不觉之中，春天来了：草泛绿，树发芽，空气里弥漫着股股清新的气息。

要准备春耕了，大家给了我一个任务：到延安县的临镇去修理老镢头。以前我和柏、邵、廖、张、褚一同随大队书记杜方贵去那里买过农具和一些生活用品，所以知道路该怎么走。整个路程大概是 40 里吧，一天能够打个来回。

清早吃罢早饭，把前一年磨秃了的、砍锈了的、这儿缺一块儿那儿少一块儿的需要修理的镢头用铁丝透过固定木把儿的孔穿在一起扛在肩上就出发了。到了临镇，街头上找了一家铁匠铺子，铁匠把镢头的刃部连同要铆接的铁块一同放到炉子的炭火里烧红，铁钳夹出放到铁砧子上抡起铁锤三下五除二，几下就把铁块儿铆在镢头的刃部，一点儿接痕都没有。手艺绝对精湛。

修好了镢头立马就往回返。走到一个三叉沟口的时候天色开始暗了下来。三条沟，两条沟里的树木、柴草早被砍光，还剩下的一条也已经砍光了近乎三分之一。听老乡说：照这种速度砍下去最多还能砍三年，以后大家就没的烧了。

有树木的那条沟以前打柴来过，其实所谓的树木就是灌木，野生的，千百年来自生自灭。附近的村民，不管是远是近，都到这里打柴。柴打好后并不马上背走。捆好了就放在地上晾着，什么时候需要了再来取。只取自己打的，谁也不会拿走别人的。据说这条沟的沟底藏有豹子，还有狼。

在沟口我迷了路。

走着走着，就发现了地上有一捆以前我打的柴火。错了，那是在往沟底里走。往回返，走着走着，又看到了那捆柴火。还有一座坟。我在那儿转起了腰子。我害怕了，也仿佛听到了像小孩儿哭似的狼的叫声。这时候天色也已完全暗了下来。

坏了，今天恐怕是走不出去了，我心里想。

我摸索着，跌跌撞撞地继续前行，也不知道过了多长时间，应该不会很长吧，我听到了有人扯着嗓子在喊我：“姜作栋，老姜。”声音由远及近，好几个人都在喊。

确实是他们，我的伙伴，我的同学，他们来找我了。他们打着手电筒，举着简易火把，即一束点燃了火的树枝来找我。我赶紧答应：“唉，我在这儿。”也拉长了嗓音，扯着嗓子喊，为的是让他们能够听到。

我的眼睛湿润了，很受感动。从这里回家，还有十来里路呢!

几十年来，那几幕，我时常想起，也时常和人们讲起。我忘不了在一起插队的同学，也时常记起大家的情谊。

愿青春和友谊常在。

NO.37

张铁铿

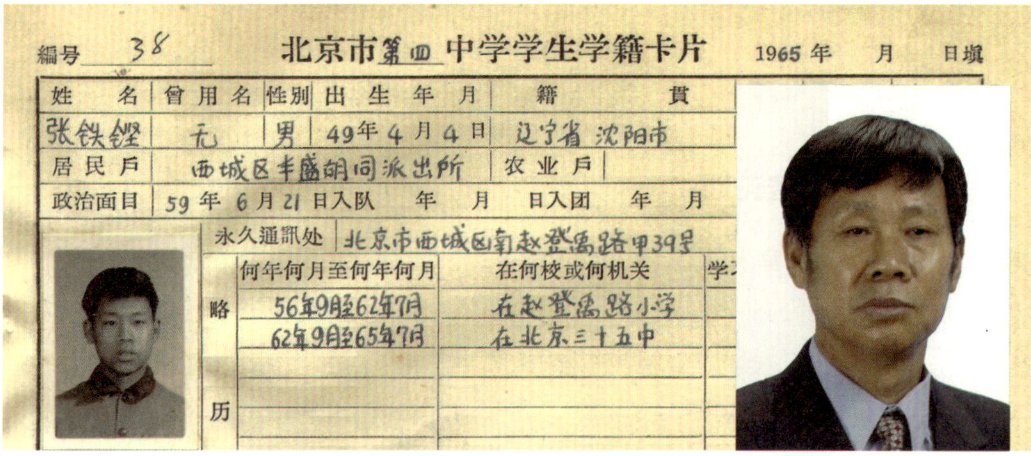

编号 38　北京市第四中学学生学籍卡片　1965年　月　日填

姓名	曾用名	性别	出生年月	籍贯
张铁铿	无	男	49年4月4日	辽宁省沈阳市

居民户：西城区丰盛胡同派出所　农业户：

政治面目：59年6月21日入队　年　月　日入团　年　月

永久通讯处：北京市西城区南赵登禹路甲39号

略历	何年何月至何年何月	在何校或何机关
	56年9月至62年7月	在赵登禹路小学
	62年9月至65年7月	在北京三十五中

简历

张铁铿在延安

1962 年 9 月—1965 年 7 月，北京 35 中初中

1965 年 9 月—1969 年 1 月，北京四中高中

1969 年 2 月—1971 年 7 月，延长县安沟公社朱家河大队插队

1971 年 9 月—1972 年 6 月，铁道部河南省息县五七干校劳动

1972 年 7 月—1973 年 11 月，武汉铁路局司机学校学员

1973 年 12 月—1982 年 1 月，在武汉铁路局襄樊铁路分局襄樊北机务段学员、副司机、司机、司机长

1983 年 5 月—1993 年 10 月，在郑州铁路局襄樊铁路分局党委组织部任职

1993 年 11 月—2002 年 8 月，在北京铁路局机关党委组织部任职

2002 年 9 月—2005 年 6 月，在北京铁路局生活管理中心党委任职

2005 年 7 月 ~2009 年 4 月，在北京铁路局机关党委任职

2009.05，退休

记忆特写

（文 / 张铁铿）

镜头一：逻辑天地

［场景描述：课外活动教室］文质彬彬、面庞白皙，带着雅致白边眼镜的田佣老师站在讲台上，在玻璃黑板上齐刷刷地书写着解题步骤；解题步骤右侧，书写着已知条件和未知条件；再右侧，一连串弧形向下的箭头，书写着未知向已知转化的过程。座位上，同学们屏息凝目，聚精会神地在听讲。

［文字说明］四中的教育绝不局限于课本，四中同学的能力在书外。四中有很多课外活动小组，我参加了数学小组，辅导老师是田佣。田老师毕业于四中，大学毕业后又任教于四中，其功力自不必言。数学小组活动伊始，田老师的开篇不是数学，而是形式逻辑！这大大出乎我所意料！同一律、排中律、充足理由律、矛盾律，我第一次知道了这些定律。这以后，我便知道了，审题就是宏观分析，解题就是矛盾转化。这以后，我意识到，田老师更看重的是让我们掌握认识论和方法论，而不是一城一池之得失。这以后，我更发觉，日常生活和分析判断中，违反逻辑的现象多有所在，甚至比比皆是。这以后，我不仅反复学习形式逻辑，还反复学习了辩证逻辑，并阅读了毛泽东关于否定充足理由律的论述，对形式逻辑中的前提条件有了更深的理解。数学小组对我的影响是终身的，它不仅有助于数学解题，还有助于我提升认识论和方法论，同时还有助于我从宏观和微观的结合上确立人生观。后来，我渐渐知晓，除了数学，田老师在书法、篆刻、摄影诸多方面都造诣颇深。我和田老师接触不多，但总觉得仍有很多才华他没向我们展示。他有如装满七色果料平静摆放在桌子上的一把老壶，稍稍倾斜，便会流淌出奇异无数；也有如一杯陈年佳酿，越经久越会觉得醇厚清香，回味无穷。怀念数学小组，感谢数学小组，向田佣老师致敬！

镜头二：课堂提问

［场景描述：教室］语文老师站立在讲台上，右臂前伸，向下摆动，示意回答问题的同学坐下。对面，一个同学一边坐下，一边仍滔滔不绝地回答问题，意犹未尽。其他同学神态放松，抿嘴轻笑。

［文字说明］初上语文课，老师黄庆发提问，环视四周，除赵康外，无他人举手，便叫赵康回答。赵康性格开朗，其博学在班里出了名，回答问题自然少不了旁征博引，侃侃而谈。黄老师见赵康没有直接触及主题，便示意结束回答。但赵康完全沉浸在自己的思路中，一时收不住话题，

直至黄老师连说数遍“都对，都对，坐下”，才不情愿坐回到座位上。下次，黄老师提问，除赵康外，依然无人举手，只得再问赵康，于是上述情景再度重演。如是，数次后，即便只有赵康一人举手，老师也不再提问他。赵康知识丰富，阅读量颇大，从不放过阅读机会，自然也包括语文课堂上腾挪出的空当。其后，老师提问，定然不关乎他，他便专心致志读自己喜欢的书，增加基础知识的积累。

镜头三：“简”“加”记忆

［场景描述：校园步道与教室，镜头并列］

左侧镜头：清晨，凌老师提着面包圈走进学校，校园里静悄悄，大部分同学还没来校，只有保持早起和喜欢晨练的同学寥寥数人在校园里走动。右侧镜头：教室里，凌老师气度非凡地将左手拿着的一张卡片轻轻放到讲台上，右手持一支粉笔欲做板书，给同学们讲课。

［文字说明］我对凌老师的记忆，有两点深刻无比。一是他的“简”。凌老师是我们的俄语老师，面庞圆圆，脸色泛红，身材魁梧，语调浑厚，言辞简洁，留着平头，穿着一年四季几乎不变的简单的深色服装。就其外貌而言，与其说像老师，不如说像行伍。另一“简”是饮食，每天清晨，你若见他走进校园，就一定会看到他手中提着的面包圈，这是他的早餐，一年四季几乎不变，我还曾偷偷猜想他喝什么饮料，牛奶？还是果汁？而最可能的或许只是白开水。还有一“简”更绝，一年四季讲课从不带书，只带一支粉笔、一张卡片，偶尔会带上钢丝录音机，那是为提高同学们的听力使用的。“简”至如此，你会联想到《口技》中的那块惊堂木，在我所见的老师中属绝无仅有！

另一个是他的“加”。他独创了“循环记忆法”，就是在教学规定的单词外，增加一定量的新单词，并在以后循环出现，不要求你当时记牢，只要形成印象，以后逐渐记牢。好比你和一个不相识的人相处 10 分钟，10 年后再见，遗忘概率极大。但若和这个陌生人每年相处 1 分钟，10 年后遗忘的概率极小。同样的时间，会产生不同的效果。当然这个方法也有弊端，对基础薄弱的同学会产生压力，会越来越跟不上。这也说明，不是什么水平的同学上四中都会有最好的结果。当年，我对凌老师的言行举止和教学方法充满好奇，还觉得有些神秘。后来得知，凌老师不仅精通俄语，还精通德语、英语、日语等等，且待人宽厚、谦和，我倏忽悟出大道至简之理，顿觉凌老师乃凌空高瞩，高人也！

镜头四：定义之惑

［场景描述：教室］三角课老师李汇川，个头不高，面庞偏瘦，头发略长，说话稍带口音，目光炯炯有神，透着精明与干练，正在课堂提问。六七位同学先后被叫起，因回答不出问题而面面相觑，其他同学或旁视或低首，无一敢正视老师，试图回避令人窘迫的提问，课堂一片肃静。

［文字说明］三角课伊始，汇川老师在黑板上写下了正弦缩写 sin、余弦缩写 cos、正切缩写 tg、余切缩 ctg。随后提问，为什么要把正弦记作 sin？无人应答。汇川老师开始点名，一连数人，无人答出。见众人实在答不出，汇川老师自答道：“这不为什么，这是定义，是人为规定。”又道：“你们要牢记这些规定，一定不能超越定义所规定的定义域。”答案竟是人为规定！同学们如释重负。对汇川老师的教诲，当时很多同学不以为然，我

也不甚理解，一个人为规定有必要小题大做吗？光阴荏苒，时光流逝，我渐渐理解了定义与概念的重要。

一次，与友人辩时空，友人说宇宙形成于一次大爆炸，约140亿年，至今仍在膨胀！有霍金的《时间简史》为证。宇宙在时间上有起点，在空间上有边际我是无论如何也接受不了的，我也有《马克思主义哲学》一书为证。我们谁也说服不了谁，查《辞海》解释，亦未果。后来，又多看了一些书，终于明了，我们讨论的“宇宙”不是同一个视角下的概念，我持有的是哲学视角，友人持有的是物理学视角，而现很多书籍在概念的使用上是混淆的，并没有区分清楚。还有一次，我要去神农架旅游，先行做功课，让我不解的是，不同版本的地图在海拔标高上竟然不一样，有的标3005米，有的标3053米，有的标3105米，这是怎么回事？后来我才搞清楚，小神农架3005米，大神农架3053米，神农顶3105米。七八十年代，地图多以大神农架为主峰标注海拔，现在又多以最高峰为主峰标注海拔。这让我想起了汇川老师的话；“这不为什么，这是人为规定！”我们必须在规定下使用定义和概念，不然会引起思维混乱；但也会在一定条件下变更定义和概念，不然就会停滞发展。当我们发现动物有白化现象后，再使用“天下乌鸦一般黑”（已发现有白乌鸦）的判断就不那么准确了。怀念汇川老师！

镜头五：留憾百米

［场景描述：学校操场］叶其鋆老师个子不高，微胖，脸色泛红，面带微笑，嗓音沙哑，粤语口音，喜戴鸭舌帽，有着南方人特有的睿智与聪颖。据说反右时，入党已至倒计时，恰此时，他的女友被划为右派，组织上与他谈话，意在帮他在党票与婚姻间做抉择，最终他选择了婚姻。此刻，叶老师正在指导学校田径队进行训练，眼花缭乱的短跑、长跑、跨栏、跳高、跳远以及各个投掷项目，把操场映衬得绚丽多姿。

［文字说明］在35中初中，我曾是100米、200米和400米冠军，在西城区中学生运动会上100米和400米均进入决赛，100米以12秒7获得第五名，当时业余三级运动员的标准是12秒6，仅差0.1秒。我有一个堂叔叫张庆国，是28中的体育老师，考上四中后他对我说，叶其鋆老师是国家游泳一级裁判，搞田径也很有一套，你若想继续提高可找他指导。我没有勇气去找他，因为在我眼中，仅高一年级就有白迪琪、高毅存、冯鲁林、李克津、张小冲、赵岳崙等成绩在我之上，有的已破了12秒，我自叹不如。一次体育课进行100米测试，在没穿跑鞋和比赛服装的情况下我跑出了12秒8。不久，叶老师对我说，你和学校田径队一起训练吧。也不知是因为体育课跑出的成绩，还是我的那位堂叔私下里打过招呼。我喜出望外，但又一转念，对叶老师说，我差得远，还是不参加了吧。后来，我的成绩一直停滞不前，还略有倒退。1966年在学校田径比赛中，我以12秒7的成绩获得年级第五名，竟和初中在西城区比赛时的成绩和名次一模一样，而初三时我的成绩曾一度稳定在12秒5。

镜头六：秋日骑行

［场景描述：深秋］通往上方山云水洞的沙石路上，11辆各种牌号自行车竞逐骑行，其中一辆自行车的货架上跨坐着一个面庞白皙的高中生。路旁山坡上，熟透的金黄色柿子挂满枝头。

［文字说明］1967年11月，班里有人组织去

上方山云水洞，称：深不可测，不知其端，或通河北，有国外探险队在洞中发现尸骨若干，乃止步退出。我等青春年少，无惧虎狼，何畏险阻，皆愿往。同学中叶翔宇身体弱病，不能长途骑车，但去意坚决，大家商议，轮流带他骑行。同行 11 人，夏鲁平另带年纪稍小伙伴 1 人，计 12 人，11 辆自行车。到云水洞往返 300 余里，多为陈旧柏油路和凹凸不平的沙石路，还穿越了一段长长的河滩路，颠簸不已，与今日路况不可同日而语。在周口店和上方山脚下各宿一夜，登山览胜，入洞探幽，乘兴当日返回，其间乐趣与波折同在，难以言表。长途骑行已不易，再骑带一个同学，艰难可想而知。但我觉得坐在货架上被带行 300 余里，远比轮流骑行的人更加辛苦的是叶翔宇。他朴实无华，谦和率真，每天中午坐在课桌前默默吃着自己带来的盒饭，从不张扬。

插队期间，我回京找过他，他住在红塔礼堂西侧一座单元楼的一层，房间里堆满了尚未拆开的箱子，他说家里刚从五七干校回来，有些凌乱。我们聊了很多、很久，还在一起吃了饭。1971 年 8 月 15 日，我再次回京找他，遗憾未能谋面。以后我在武汉铁路局司机学校学习时，有一位副校长叫吴绵先，做过翔宇父亲叶林的秘书，我们一起聊过叶翔宇，对他们父子的境遇，唏嘘不已。

镜头七：操场晨练

[场景描述：清晨] 学校操场西南角，一个身材魁梧、膀大腰圆的同学正在滑步推出紧夹在颈下的铅球，旁边三四个同学正在观摩他的动作，前方不远处，一个同学凝目对望，准备捡起即将推过的铅球。

[文字说明] 班里的同学普遍喜爱体育锻炼，经常开展的活动有三项：

一个是篮球，赵康康、谢国庆、袁塞路、刘达朱、张宝琪、陈超、赵东平等都是常客。

二是乒乓球，球技突出者是王津，业余二级运动员，北京市少年宫体校乒乓球培训班 1948 年班第一名，曾胜过郑敏之。

再一个就是铅球，因为班里有个大名鼎鼎的袁塞路，他是北京市中学生运动会高中组铁饼比赛的亚军、铅球获得第四名，战绩骄人。

此外，也有很多同学喜爱其他运动，比如刘

袁塞路投篮。

每日课余的篮球赛（背景四中操场）。

道福就可以连续做单杠引体向上百余个。袁塞路每天早晨必在学校操场的西南角上练习推铅球，刘达朱、张宝琪、张春年与本人都是他的粉丝，也都和他一起练习。年少时我左肘摔伤不敢告诉家长，未及时治疗而致错位，初中发现时，骨骼已定型，无法再治，故体育课免上肢活动。但由于经常和袁塞路练习推铅球，右上肢日益壮实，弥补了左臂力量之不足，后来无论插队、当火车司机或做其他事，不落人后，左肘严重变形亦多不为人所知。

镜头八：云岩遇险

［场景描述：汽车站］厚厚的积雪覆盖了整个地面，四五个足蹬回力鞋、留着一边倒发型的壮实知青，围在两个身材瘦小的知青身边，被围的两个知青中一个身穿军装，神态平和，另一个手握扁担，警觉地注视着周围，伺机动作。不远处，汽车站长举目凝望。

［文字说明］1969 年 11 月 2 日，张延宏接家中电报，约我共同返京。4 日凌晨，走出窑门，眼前已是洁白一片，冬雪静悄悄随风潜入夜。这不能阻挡回京的步伐，我们踏着清新的积雪，急匆匆走过 30 里山路，天刚放亮，已来到宜川县云岩镇汽车站，但却不见汽车踪影。此时，一拨当地知青来到面前，劈头便问："哪儿的？不知现在刮地风吗？"警示来到他们地盘，我们没有应答。

一个身材略高的知青，走到延宏身边，伸手去撩衣襟，心怀叵测地说："兄弟，军装不错啊，人字呢的，卖吗？"我在一旁紧握扁担，心想，只要你敢动手，老子就开抡。见我们没有应答，他们又开始"抬人"，问道："哥们儿，认识古岩和卫星吗？"延宏和古岩同住一个大院，我与卫星是初中校友，真是问神问到庙门前，我倒是觉得他们根本就不认识那两个人，抬出来无非是狐假虎威，虚张声势罢了。或许我们的话音软中带硬，也或许其他什么原因，"抬人"后，他们突然来了个 180 度大转弯，语气瞬间变得和缓起来。继续纠缠了一阵，他们才慢慢散开，汽车站长旋即走过来说，汽车不会来了，你们还是快点离开是非之地吧。

于是，我们沿着公路又走了 45 公里，晚上 9 点多才住进宜川县的一个大车店，共行程 120 里。我在给延宏打来洗脚水时，发现他脚上已磨出两个大大的血泡。

第二天，我们取道黄龙，再经渭南，乘火车返回北京。后来，延宏有诗句"絮程百里走宜川""并肩苦斗黄龙"，讲的便是此事。

镜头九：困卧沟渠

［场景描述：沟渠］蜿蜒曲折的山区公路，公路旁的沟渠里，一个知青睡倒在厚厚的积雪上，周围若干知青一边不停地拍打他，一边急切地呼唤他。远处，一所简陋的学校若隐若现。

［文字说明］归队的日子到了，为了锻炼自己，也为了节约盘缠，大家收集各方面信息，看着地图规划了一条穿越京、冀、晋、陕的捷径。1970 年 3 月 12 日下午，众人乘 309 次列车离开北京，至侯马，换乘汽车到河津，步行至禹门口住宿，走钢丝绳斜拉桥过黄河，15 日来到素有"小新街口"之称的韩城，方知北上返队的公路已被大雪封闭。

两天后，公路仍未开通，大家有些焦急。此时，有人提议步行返队，获一致赞同。先到邮局邮寄了部分用品，以减轻负荷，随后，17 日晚 8

时，开始夜行。次日凌晨行进中，邵明路突然斜着身子卧倒在公路旁的沟渠里，厚厚的积雪使他完成了一次软着陆，并未受伤，也未醒来，在积雪上继续酣睡。大家推他、摇他、拍打他，试图叫醒他，无效，他依旧酣睡如初。于是，加重摇晃他，大声呼叫他，好一阵他才醒来。众人亦无不困顿，随行至前方不远处柏峪公社小憩，随后又在红花店打尖，有人带榨菜做了一锅汤，美味可口，至今不忘。

21 日擦黑时返队，行程 10 日。

镜头十：探水延河

［场景描述：延河］河水浑浊，湍急东逝，河面漂浮着洪水冲刷来的大量杂物。近端，河的南岸，一些人牵着一根麻绳，麻绳另一端系在一个身穿白色背心的知青腰上，他正小心翼翼走向河的中间。远端，河的北岸，一只漂亮的毛驴上骑坐着衣着漂亮的新娘子，迎亲的队伍，有立、有坐、有聚，散乱在河滩上，周围聚集着看热闹的人群。

［文字说明］1969 年夏，大队到 45 里之外的张家滩粮站缴公粮，一行 10 余人各肩挑百余斤小麦，并吆毛驴数头前往，下午抵达张家滩河岸。此时，延河洪水尚未退尽，黄流滚滚，不知深浅，未敢造次涉险。见状，王小平提议探河，率先下水。河水浑浊，饱含泥沙和油花向下宣泄，冲力极大，王小平不禁趔趄。众人急唤他上岸，为他系上绳子，反身再次下水，在当地人指点下，摸着石头过了河，知水深齐腰，可涉。随后，众人在队干部窦树堂带领下，沿已探明的路线鱼贯过河，毛驴不敢下水，所驮粮袋也由我们代劳了。北岸那拨迎亲队伍，一直目不转睛地注视着我们，但直到我们把所有公粮运过河，他们也未敢涉险渡河。

后来，王小平那件被河水浸过的白背心，无论如何洗也是泛着黄色，方领略了“跳进黄河洗不清”之故。

1971 年，张铁铿在延安枣园。

张铁铿（右）和同学张宝琪。

乡村扫盲

（文/姜作栋）

我们高一四班的17名同学于1969年2月5日午夜11时左右落户朱家河大队插队，分别住在朱家河、王家沟和肖山三个自然村。1970年初，统一合并到王家沟。插队期间，我们怀着与贫下中农相结合，在农村广阔天地大有作为的信念，开展了一些试图改变农村面貌的生产实践活动，主要包括：建立制种试验田，推广高产“双杂交”玉米；试验种植水稻；建立大队广播站和大队磨坊等。而成立夜校，编印识字课本，开展扫盲识字活动，就是其中的一项。

背景情况

我们先后编印过两本扫盲识字课本：即《农民识字课本》和《夜校课本》。1970年春，大队成立了水利队，人员主要由四部分组成：一是队干部和少数生产骨干，二是农活技术稍差的偏弱劳力，三是年轻女子和少数迫于生计已成为家中劳力的娃娃，四是部分知识青年。

水利队的识字工作最初是由邵明路负责的，他是最早来到水利队的知青之一，发现水利队中很多女子和娃娃处于文盲或半文盲状态，就制作了一块小黑板，每天背到水利队工地现场，教大家识字，开始了最初的识字活动，并于不久后编印了《农民识字课本》。

水利队的识字活动在大队引起较大反响，与此同时，很多成年人处于文盲或半文盲状态的情况也引发了知青和大队的关注，于是一起商议，在更大范围开展扫盲活动，促成了大队夜校的成立。夜校的活动当然不只是扫盲，还包括政治教育、思想宣传、文艺活动等等。

夜校于1970年11月15日正式开学，分为低级班和高级班，使用的主课本就是《夜校课本》。上述两种课本是用当时被称之为“大字报纸”的一种比较脆的白纸印制的，先用钢板刻写蜡纸，然后进行油印。我是在邵明路即将离开水利队时接手识字工作的，编写课本时他已离开水利队。印象中除我之外，金德本、柏铮、王小平、郭世杰等人都参与了课本的编写、蜡版的刻写和课本中插图的配画。《农民识字课本》编印于1970年7月间；《夜校课本》大约编写于1970年11月中下旬，并于12月3日、4日刻写蜡版，5日、6日油印成张，7日装订成册。

课本内容

《农民识字课本》共27页（不含封面），16篇课文，配有题图、插图和装饰图40幅。《夜校课本》共 50 页（不含封面和目录），18 篇课文，封面印有红色毛主席木刻头像，配有插图和装饰图 13 幅。课本的主要目标是扫盲识字，因此在选题上尽量贴近当时的政治环境和生产生活，在表述上尽量通俗易懂，以便于大家掌握。

其内容大致可分为五类：

一是政治教育类。如《毛主席的复电》《一个老红军战士的话》《延安儿女想念毛主席》歌词、《人的正确思想是从哪里来的》等。

二是生产实践类。如《农田基本建设就是好》《庄稼一枝花，全靠粪当家》《植物的生长》《生产文化——庄稼、农具、生活用具、计量用具和单位》等。

三是知识生活类。如《简单应用文——借条、收条》《怎样写信》《下雨是怎么回事？》《人人讲卫生》等。

四是身边变化类。如《水利队学文化》《妇女能顶半边天》《机器好》《一篇讲用稿》等。

受当时极“左”思想影响，课本也编有少量突出政治、强调阶级斗争方面的内容。

扫盲效果

扫盲效果，一是基本消除了青壮年和辍学年龄段人群文盲或半文盲状态。从“翻开书本不认得，拿来报纸不会念”变化到“不到一年，每个人都识下了六七百字，有人还能读书、写信了呢”！（摘引自《水利队学文化》）。一名担任妇女组长的 42 岁的婆姨在知识青年的指导下，自己独立写出了一篇讲用稿，我们依据她的事迹编写出了《一篇讲用稿》的课文。

二是培养了刻苦学习精神和自学文化知识的能力。《水利队学文化》这篇课文对此有着比较生动的写照：“每天早上，你会看到大家坐在坝梁上或者梯田旁，齐声朗读毛主席语录和老三篇；休息的时候三个一群，五个一伙地组织起来，认真地念着先进（英雄）事迹材料，也有的看着描写英雄人物的连环画；晚上大家围坐在自制的小黑板旁，在辅导员的帮助下一起念生字、生词或者在

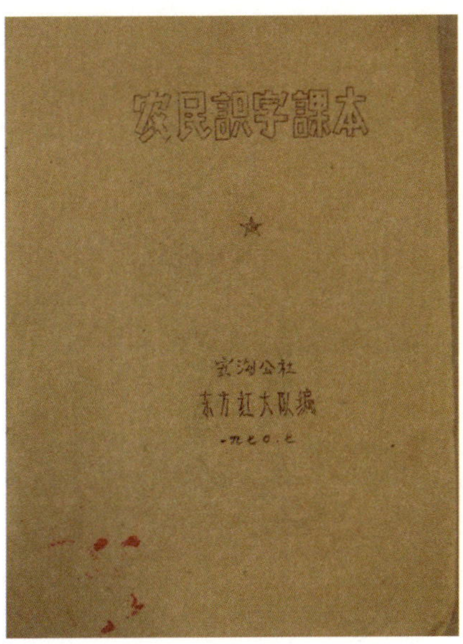

知青编印的《农民识字课本》封面。

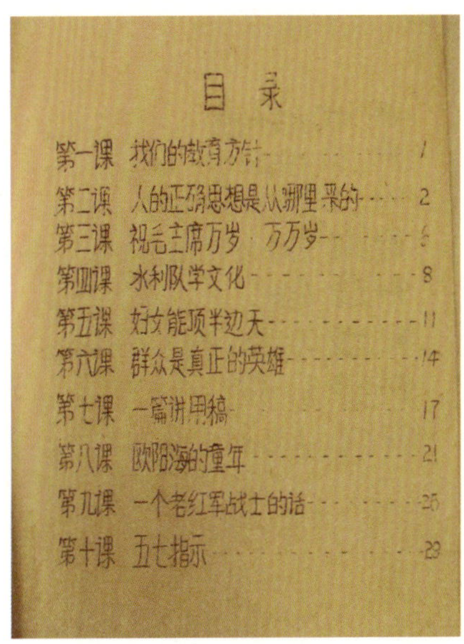

目录

《农民识字课本》目录。

煤油灯下聚精会神地算着算术。”“有的同志不怕苦不怕累，别人休息了还一笔一画地练习；有的同志晚上睡在炕上还要翻开语录念几段；还有的同志学习上了劲，锅里的面条煮成了糊糊都不知道……”

三是促进了大队各项工作。由于课文的编写，开展扫除文盲的活动与当时农业学大寨、大搞农田基本建设、建立制种试验田、推广高产“双杂交”玉米、试验种植水稻、建立大队广播站和大队磨坊等生产实践活动紧密结合在一起，具有很强的针对性，并始终保持同步进行，因此起到了很好的相互促进作用，得到村里群众的普遍支持，具有很好的群众基础，影响面是比较大的。

当时夜校还成立了学哲学小组，倡导贫下中农学哲学，这也促进了群众思想观念的转变，拓展了群众的眼界，推动了群众思想的活跃，对破除迷信，普及科学知识，提高劳动技能，实行科学种田起到了积极作用。

四是得到延长县和安沟公社的肯定。我们大队的扫盲识字工作在延长县作了经验介绍，当时我与大队一名公办教师到县里参加会议，由于没有留下资料，具体时间回忆不起来了。

NO.38

刘兴

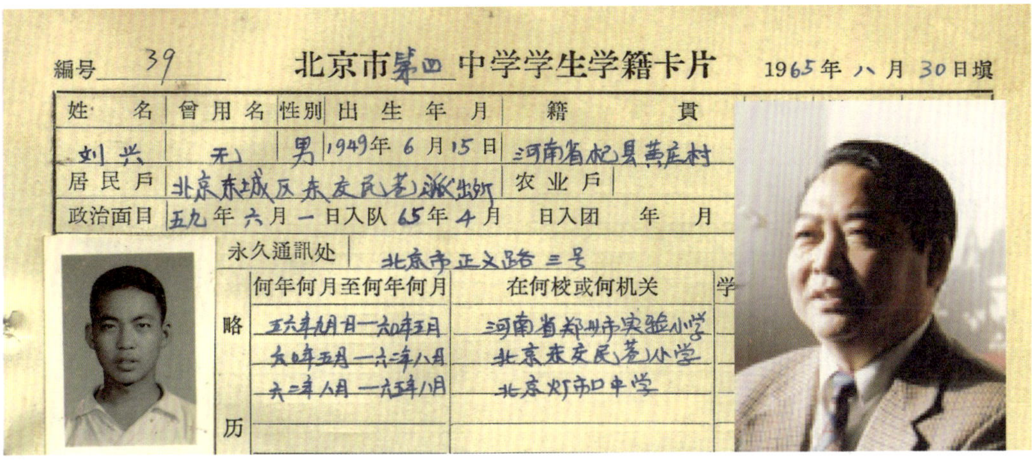

简历

1949 年 6 月 15 日，生于河南省杞县高阳乡东黄庄

1956 年 9 月，河南省郑州实验小学

1960 年 5 月，北京东交民巷小学

1962 年 9 月，北京市第二十五中学

1965 年 9 月，北京市第四中学

1969 年 2 月，海军北海舰队航空兵第三师

1971 年 8 月，提干

1978 年 12 月，北京军区石家庄陆军学院

1987 年 10 月，部队转业

1987 年 10 月，中国银行总行

2009 年 8 月，光荣退休

岁月情怀

（文 / 刘兴）

北京西四丁字路口往北、路西大约 100 米左右，有一家老北京的小吃店——“西四小吃店”。是 1965 年我在北京男四中读高中时，在下午课后不时光顾的一家小吃店。该店的红小豆粥晶莹剔透、美味可口，竟然成了我终生喜爱的美食，成了我走南闯北、经常想念的“一口”。

60 年代，北京四中的大门朝东开，出门就是西什库后库大街；还有一个后门朝西开，出门就是毛家湾。

所以出后门，骑上自行车几分钟就到了西四小吃店。第一次领我到小吃店的，是我的同班同学，外号叫“大米”。因他长得又高又瘦，戴个眼镜，像一颗长粒大米。他的父母是老北京人，家住八大处甲一号，每天骑车上学。他身子往车把上一趴，骑车飞快，40 分钟就到学校。下午放学后，他常常先到西四小吃店喝一碗豆汁或小豆粥，然后再热乎乎地骑车回家。一天下午放学后，他对我们几个要好的同学吹牛说：“你们喝过豆汁吗？真好喝！既帮助消化，又暖和。”我们一听，都没有喝过，嘴里直流口水。

几个人出了学校后门，骑上自行车就奔了西四。当时的西四小吃店门面很宽敞、干净，人也不太多。厅里摆着十几张八仙桌，每个桌前有四把长条凳。“大米”很大方，给我们每人点了一碗豆汁（2 分）、一碟辣咸菜丝（1 分）、一个焦圈（5 分）。我从小喜欢吃甜食，豆汁有个“汁”字，心想一定香甜可口，不然，怎么能叫“汁”呢。豆汁端上来了，淡淡的绿色，热气腾腾。“大米”端起碗来先喝了一口，又夹了一点辣咸菜丝，边嚼边说：“哎呀，美味无比。”

我也迫不及待地端起碗来，“呼”地喝了一口。哎呀！不是香甜，而是酸不溜秋，还有点说不出来的味。我赶紧跑到洗手池，哇的一声全给吐了出来。“大米”得意地笑着：“豆汁就是这个味，这可是大补啊。”我说：“还以为豆汁是甜的呢。”“甜的也有啊，绿豆小米粥（2 分），加糖 5 分钱一碗；小豆粥是甜的，1 角钱一碗。”小米绿豆粥在家经常喝，纯红小豆粥没有喝过，就点了一碗小豆粥。

不一会儿，粥端上来了。是一个小碗，也热气腾腾、不稀不稠，粥面泛着红红的颜色，碗里飘着一股淡淡的香味。我拿起小勺，轻轻蒯了一点，放到嘴里。哎呀！真好喝，香甜可口，还有一点特殊的香味。以前从来没有喝过这样美味的粥。从此，放学后不时到西四小吃店喝一碗小豆粥，成了我高中学习生活的一种美食享受。

“文革”爆发后，学校停课。从 1966 年 12 月开始，我们几个同班同学就自己联系到北京模具总厂学工。我每天三班倒，跟着一个开镗床的老师傅，成了一名义务的学徒工。

当时该厂在崇文门花市南面，西四小吃店就很少去了，但小豆粥使我难忘。我曾经几次督促奶奶用红小豆熬粥，但清汤寡水，豆是豆，汤是汤，总是“乱”不起来，更没有了那难忘的香味。我几次给“大米”打电话，让他向母亲了解制作小豆粥的方法。

终于，他打听出来了。原来，我家熬粥缺了两个关键的步骤：一是在红小豆熬烂以后，要加入少量的淀粉；二是粥熬好后，要放上一匙甜桂花酱。后来我亲自操作，如法炮制。果然，晶莹剔透、美味可口的小豆粥终于制作成功，而且与西四小吃店的相比毫不逊色，我的厨艺品种里又增加了一个拿手的绝活。七八十年代我到外地当兵，偶尔回来探亲，有时路过也到西四小吃店看看。来吃饭的人更多了，小吃店也分摊承包了。先是北京人包，后是外地人包。名字也改成“小吃城”，又改成“小吃街”，人来人往热闹非凡。

我从部队转业回北京后，2012 年 8 月，有一天清早我与爱人到阜成门办事，来不及吃早饭。爱人说：“阜成门立交桥东北角有一家老北京小吃店，到那里早餐吧。”我一听，马上想到了西四小吃店的小豆粥，赶紧说：“好啊，好久没有喝小豆粥了。”

当我好不容易经过排队，终于端起小豆粥时，马上紧皱眉头，对爱人说：“不对啊，怎么不是原来的色、香、味了。”这时，坐在对面也在喝小豆粥的一位老者对我说：“嗨，凑合着喝吧。你看看小吃店的后厨熬小豆粥的，有几个见过、吃过真正的小豆粥。”我一听哑口无言。但也庆幸，小豆粥已是我的拿手绝活，还是自己回家做吧。

书海拾贝

（文 / 刘兴）

2002 年 7 月，我到兰州探亲避暑。一天早饭后，当时在甘肃省人大工作的三叔告诉我：“省人大上午要去甘肃省图书馆文溯阁《四库全书》藏书楼，有兴趣去看看吗？”我一听非常高兴，爽快地回答：“当然愿意了！”但我也很纳闷：以前，怎么没听说过兰州也有《四库全书》啊。

《四库全书》是清乾隆皇帝诏谕编修的我国，乃至世界最大的文化工程。从 1772 年开始，经 10 年编成。丛书分经、史、子、集四部，故名四库。经部收录儒家“十三经”及相关著作；史部收录史书，包括正史类、编年类等；子部收录诸子百家著作和类书；集部收录诗文词总集和专集等。该书共收录古籍3503种、79337卷，装订成36000余册，约10亿字。该书共誊缮七部，分藏于北京故宫的文渊阁、沈阳故宫内的文溯阁、北京圆明园的文渊阁、河北承德避暑山庄文津阁（1950年由中央政府下令调拨到北京国家图书馆）。此为北四阁，仅供皇室阅览。另三部藏于扬州的文汇阁、镇江的文宗阁、杭州的文澜阁，又称南三阁。南三阁允许文人入阁阅览。中国近代，由于战乱不断，七部《四库全书》中完整保存下来的仅存三部。文汇阁、文宗阁藏本毁于太平天国运动时期；文渊阁藏本被英法联军焚毁；文澜阁所藏亦多散失，后经补抄基本得全，然已非原书。1948年，国民党政府撤离大陆，将故宫博物院的文渊阁《四库全书》带到台湾，现存藏于台北故宫博物院内。沈阳文溯阁的《四库全书》怎么会到兰州呢？

在去藏书楼的路上，三叔告诉我：1966年中苏关系紧张，因战备需要，中央下令将文溯阁本《四库全书》从沈阳故宫调出，转移至甘肃兰州附近的兴隆山珍藏。当时24辆军用卡车，拉着文溯阁一部《四库全书》昼夜兼程来到兴隆山。该山一脉原始森林，风景秀丽，素有“陇上名胜”之称，被誉为“陇右第一名山”。早在抗日战争时期，为防日寇的掠劫，成吉思汗的灵棺曾安放于兴隆山达10年之久。《四库全书》在兴隆山珍藏30多年。改革开放后，甘肃省人民政府拨巨款，在兰州市白塔山上，修建了一座现代化、高科技的藏书楼，专门珍藏文溯阁《四库全书》。我们今天去的就是这座藏书楼。

藏书楼坐落在一个向阳的山坡上，当时周围没有什么建筑，是一个独立的院落。主楼是一个古色古香的两层仿古建筑，琉璃瓦、大屋檐，雄伟壮观，主要建筑后面是一个灰色的、图书管护

2005年2月，刘兴（前左三）参加班级春节校友团拜活动，摄于云龙金阁大饭店。
出席有：（前至后，左至右）高中、张小军、刘兴、姜作栋、潘德震、祝文、王小平、唐华、赵东平、袁塞路、刘达朱、郭世杰、赵康、盛朗、金铮、金德本、张延宏、张铁铿、柏铮、刘道福、吴文正、张康成，总计22人。

人员的二层办公楼。两楼中间有一个宽敞的停车场。据藏书楼负责人介绍，该藏书楼建于 20 世纪 90 年代，设计时充分借鉴了国内各知名藏书楼的风格，采用了当时国内外最先进的图书保护设备。藏书楼的书库在地下，利用电脑控制书库的湿度、温度和通风，防火、防水、防盗、防震。书库不对外开放，只有专业人员才能限时进入书库，确保《四库全书》的安全。

我们进入藏书楼的主体建筑，一、二层宽敞的大厅里，是《四库全书》编写历史的展览，图文并茂详细介绍了从征书、选书、抄书、校订、藏书的历史过程。看完展览，我才明白：清王朝作为一个少数民族的统治者，为了巩固自己的统治，必须努力学习中华民族的主流文化，尽快融入中华五千年文明之中。这才是他们编写《四库全书》的目的。当然，在编辑过程中，也对古籍经典中个别不利于清王朝统治的文字进行了篡改，对此，鲁迅先生给予了严厉的批评。

在藏书楼二层的大厅里，专门设有一个玻璃柜，里面陈放着从文溯阁《四库全书》中精选出来的四部代表作的原大彩色影印本。经部，宋代吴仁杰撰《易图说卷（1~3）》；史部，元代李好文撰《长安志图卷（上下）》；子部，明代沈继孙撰《墨法集要》；集部，明代康万民撰《璇玑图诗读法卷（上下）》。四部书，每本书的首页盖有“文溯阁宝”印，最后一页有“乾隆御览之宝”的大红印章，更增添了《四库全书》的庄严、厚重、沧桑之感。

在回来的路上，三叔告诉我：《四库全书》是中华民族的国宝，中华文明传承的源泉，深受全国人民的喜爱。听完此话，我无限感慨，我也有个愿望：既要珍藏，也要让《四库全书》发挥更大的作用，为新时期中华文明的传承服务啊。

NO.39

杨南征

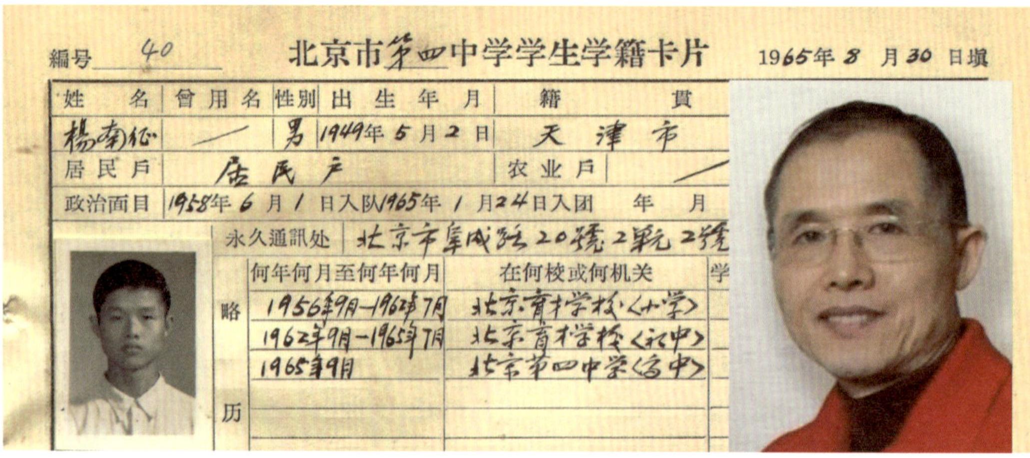
編号 40　北京市第四中学学生学籍卡片　1965年8月30日填

姓名	曾用名	性别	出生年月	籍貫
楊南征	—	男	1949年5月2日	天津市

居民戶：居民户　农业戶：—

政治面目：1958年6月1日入队 1965年1月24日入团　年　月

永久通訊处：北京市阜成路20號2號2號

略歷 何年何月至何年何月	在何校或何机关
1956年9月-1962年7月	北京育才学校〈小学〉
1962年9月-1965年7月	北京育才学校〈初中〉
1965年9月	北京第四中学〈高中〉

简历

1949 年 5 月 2 日，出生

1968 年，参军，历任武汉军区作战参谋、作战副处长，479 团副团长、162 师副参谋长，54 集团军指挥自动化办公室主任，军事科学院研究员

1987 年，著书《智能军队》，推广兵棋遇挫

1992 年，退役，“用兵棋游戏培养中国的智能将军”，成为中国游戏第一人

2006 年，应邀到军事科学院、国防大学、总参、海军、二炮、陆军指挥学院、装备学院、各大军区推广兵棋，使兵棋成为“国防建设重点工程”、列入军队训练大纲

2012 年，开始致力于高校学生兵棋教育，先在清华大学开设兵棋选修课，后在北京 40 余所高校组织兵棋推演大赛

2000 年，基于兵棋推演发明“管联网”城市交通系统

三次参军与兵棋结缘

（文 / 殷海望）

第一次参军：1968 年初，父亲被“造反派”批斗关押，杨南征揣象棋携弟弟冒着“文革”“武斗”的枪林弹雨，徒步行军 200 公里到四川雅安 54 军 130 师自费入伍。这是一支曾在中印边界反击战中全歼印军王牌郭尔廓旅的英雄部队。但年底因父亲定性“走资派”而被退回，随后到内蒙古阿巴嘎旗插队。

第二次参军：1971 年初，父亲被解放，携弟弟重返部队。因能写会画，被选拔参加军参谋集训队获全队第一名。在摆中印边界反击战沙盘时，教员令杨南征去取“兵棋”。他一听“棋”顿生兴奋，可是找了半天也没找到。教员指着一箱模型地堡、铁丝网、红蓝箭头：这就是兵棋啊！“明明是模型，怎么叫兵棋呢？”教员也说不清楚。这个谜从此挂在了杨南征的心上。

第三次参军：1972 年初，杨南征得到西安交大“工农兵”大学生的入学名额，办完退伍手续刚登上列车，不料被赶来的弟弟从车上拉下来，因为哥哥是难得的作战人才，“能在军队建功立业”。后来出国留学的弟弟每提起这段往事都向哥哥道歉。杨南征欣然：“还要感谢你啊，让我这辈子与兵棋结缘！”

因兵棋立功

1973 年杨南征在全军区参谋标图比赛中夺魁，被选入军区作战部主管全军战略预备队的部署和战备调动。1974 年，时任钱学森机关助手的父亲给他寄来译自美军的军事运筹学讲义。在钱学森系统论思想影响下，1975 年他总结作战标图经验，在军内率先出版了标图专著《标图字体集》和《标图手册》；总参颁发的 1981 年版《军队标号》中的标号改进约有一半来自他的设计。

1973 年调入军区作战部的杨南征。

在军区司令部讲解部队调动统筹计划法。

1979 年初，我军展开了对越自卫还击作战。由于计划不周，有 4 个师的后勤梯队被堵在一段公路上达三天三夜，如果遭敌空袭后果将不堪设想！此事给杨南征留下了极为深刻的印象。战后为总结作战经验军区举行了图上演习。杨南征在演习中大胆使用新学会的统筹计划法调动部队，利用现有道路、桥梁和交通工具在 48 小时内将红军的三个集团军渡过黄河，成功躲过了蓝军的核打击。

完全出乎预料的是，在他向军区机关参谋人员讲解这种计划方法时，引起了“计划是否符合实际”的激烈争论。为了找到答案，军区首长决定组织一次实兵检验性演习——用两个陆军师四渡黄河，验证计划结果。他向首长建议，在演习部队中实施数理统计。他还亲自画统计表格，训练统计人员，最终获得了 1000 余种 10 万余个数据。这些数据证实了他统筹计划的正确。实兵检验的肯定并没带来丝毫轻松感，反而让杨南征陷入了沉思：怎样才能让广大指挥参谋人员学会定量分析的指挥方法呢？

1983 年，杨南征被选入军区作战部预提干部第三梯队。时任作战一处副处长（副团级）的杨南征向部长提出请求：下放步兵团任职实践精确指挥。按惯例，军区机关干部提升一级下放任职。但全军区的正团职位暂无空缺，只有一个非主力

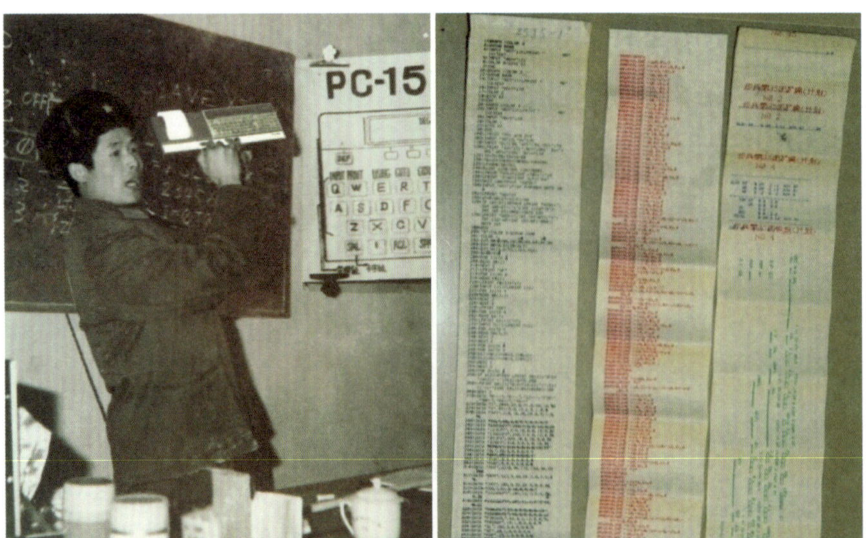

1983 年，杨南征自学计算机编程，举办团、师计算机作战应用培训班。图为他编写的步兵团铁路运输计划计算机程序源代码及计算机绘制的步兵团铁路装载编列图。

部队的步兵团缺一名副团长，他迫不及待地来到这个团。在师团党委首长的支持下，他自学计算机编程，在团、师举办计算机作战应用培训班，培养出了我军第一代指挥自动化军官。

1985年杨南征研发成功我军第一代计算机指挥自动化系统和作战模拟系统，获军队科技进步一等奖。年底推广到北京、沈阳、广州、南京、兰州、成都、济南七大军区八个集团军的军、师、团三级指挥机关。年底发表专著《智能军队》，推动了中国军队信息化的第一波浪潮。

一个团级指挥员自学计算机编程获得科技进步一等奖、多次荣立二等功、三等功并发表专著创建军队智能化理论体系，这在当时的中国创了纪录，引起全军不小的震动。1986年底他被选调进入军事科学院，破格任命高级专业技术职务——军事科学研究员。

1986年至1991年，他陆续研发出《四渡赤水》《淮海战役》等我军战史兵棋，以及《高平与老街》《海湾战争》等现实版兵棋，并开始在部队推广兵棋。1989年杨南征在全军军事谋略研讨会上发表了论文《现代兵棋与军事谋略》，首次面向全军系统介绍兵棋原理和推演方法。1990年底，他用兵棋推演准确预测了1991年初海湾战争的进程，同行们颇感震惊。但是这一番道理在当时难以被人理解。

以兵棋创业

1990年给自己立下一个宏愿：从玩电子游戏的孩子中培养中国未来的智能将军。

1992年退伍，杨南征做的第一件事就是成立“中国兵棋沙龙”，自费印制广告宣传单《兵棋—一种集数学历史地理军事知识为一体的智战游戏》，在公告栏、展览会四处张贴发送。1993年正招募人才的清华大学金盘公司编辑部主任陈宇到军科小卖部打酱油，偶然看到公告栏里杨南征贴的兵棋广告，按图索骥摸到杨南征家里，第二天就领着杨南征见公司总经理陆达。由此，杨南征任经理的中国第一个电子游戏企业—金盘公司游戏部诞生。1994—1998年，杨南征在清华大学连续发表了中国第一款计算机兵棋游戏《神鹰突击队》，以及《成吉思汗》《鸦片战争》《长征》《八一战鹰》等系列兵棋游戏，培养出中国第一代兵棋青少年。2000年受总参邀请，杨南征发表了中国第一部兵棋科普专著《虚拟演兵——假作真时真更真》。

2006年台军用“汉光兵棋推演”预测解放军攻台胜算。身为远东旗舰公司董事的杨南征向时任军科世界军事研究部负责人罗援建议用兵棋推演研究蓝军，被先后请入军事科学院、国防大学，给中国高级将领们讲解兵棋推演方法。次年初，

1997年，清华大学金盘公司发行杨南征研发的《鸦片战争》《八一战鹰》《长征》等兵棋游戏。

杨南征发表中国第一部兵棋专著《虚拟演兵——兵棋、作战模拟与仿真》，在军内外掀起了兵棋推演的研发热潮。

2006年9月，国防大学（甲方）与远东旗舰公司（乙方）签订首款计算机兵棋合作研发合同，规则由乙方提供。但在执行中出现了矛盾：规则不交给甲方，其合理性无法得到军方认可；规则交给甲方，乙方的核心知识产权又会流失。两难之间，杨南征选择了后者。公司董事会认为这样做损害了公司利益，决定对杨南征给予停发工资、没收人员设备的处罚。为继续完成合同，杨南征不惜单枪匹马无偿为甲方工作。他这种不图名、不图利的行为感动了国防大学上上下下，接下来的6年中，国防大学又与杨南征相继签订了两款计算机兵棋的合作研发合同。

正当国防大学的兵棋研发如火如荼展开之际，主管全军作战模拟训练器材的李大为高参细读了杨南征的兵棋专著之后，非常希望在全军作为训练器材推广，遂引见全军训练器材研究所长，与杨南征签订了第一个兵棋定制合同。一个月后李高参安排杨南征在38集团军进行兵棋应用试点，年底制作出《兵棋推演》专题片送上全军训练大纲编修会议引起强烈反响，次年兵棋推演被列入新编训练大纲。

全军按纲施训，立即出现了兵棋推演全面上马的局面。李高参建议：公司以杨南征命名，成立“南征兵推（北京）信息技术研究院”，提高公司信誉度的同时加强企业责任感。2007—2012年的6年间，“南征兵推（北京）信息技术研究院”为总参、国防大学、陆军指挥学院、装备学院、海军、二炮、南京、北京、济南、广州军区等单位研发了10余款兵棋系统，使全军兵棋推演走入正轨，受到军内外同行的认可。

自2013年国防大学的兵棋研发能够独立运行后，杨南征考虑如何在更大范围发挥兵棋的作用。首先想到的就是在学生国防教育中普及。他回到了中国兵棋游戏的发源地——清华大学。

2013—2015年，南征兵推研究院与清华大学人民武装部合作，为两批国防生、两届本科生孙子兵法课组织了兵棋推演，并建立清华大学兵棋推演中心，开设兵棋推演选修课，还举办了三届北京市高校学生兵棋推演大赛，继而筹备全国高校学生兵棋推演邀请赛，力求为全军选拔高素质兵源。

用兵棋改造交通

（文 / 杨南征）

2000年，在兵棋游戏行业徜徉8年后，杨南征感到应该在工商管理“黄埔军校”补课，进而向更广阔的领域推广兵棋应用。美国南加州职业大学与中国成人教育中心合办的DBA（工商管理博士）课程为他提供了机会。杨南征抓住这个机会潜心研究，于2002年发表博士论文《21世纪城市交通的EHI战略》，首次在全球提出动态“平衡”的生态交通概念。

能否让全球70亿人每人坐1辆车，在一个有限路网中实现统一的智能调度？杨南征请教我国顶级运筹学——应用数学家，回答是数学界还没考虑过这个问题。杨南征就按兵棋推演思路，在中国科学院系统所专家的帮助下设计了一款可以编辑路网的电子沙盘。第一次推演，畅通率刚过60%，没有实用价值。杨南征根据沙盘拥堵颜色标识调整路网，经4小时复盘推演，对路网修改了8遍，就将畅通率提高到了99.84%，效果十分理想。

根据兵棋推演的结果，杨南征推出“管联网”设计，获得中国、美国、欧洲、日本、韩国、新加坡、澳大利亚、加拿大、墨西哥、巴西等20余个发达国家和发展中国家的发明专利。2003年组建管联网团队，2010年掌握关键技术，2013年建成管联网实验室。2016年6月，管联网试验线在常熟国家大学科技园落地。

2014年，杨南征在第八届世界豆荚车城市大会（PCC8）发表《管联网》，使中国加入世界ATN（自动交通网）俱乐部，成为继美、英、瑞典之后的第四个成员国。2016年，杨南征领导的企业将加入国际先进交通协会（ATRA），引领全球交通发展新方向。

管联网的实现将不限于解决交通问题。其实质是改变人与机器的关系——用智能机器网络将人与人隔开，让“人—人博弈”变为“人—机—人智能管理”。千百年来，机器都是作为人与人博弈的辅助工具。随着全球机器的互联互通和智能化，人与人的直接博弈将通过智能网络进行，进而演变为公共数据平台管理下的智能社会，届时金融、法律、公安、议会、党派、政府的管理作用会逐渐弱化，脆弱的社会将转变为反脆弱的社会，投机分子和恐怖主义失去生存空间，社会内耗变为社会积累。而这正是兵棋推演的归宿。

管联网是中国人领导的产业革命：用标准管道网络连接全球建筑物，在管道内运行太阳能驱动的电动单体车，由计算机统一调度运行，像发送电子邮件一样发送人员和物资，实现“楼楼通达”。由于管联网仅对管理者开放和实名注册，在提供比互联网更大带宽的同时，构成更加安全、高效的社会发展平台。

中国梦具体到工业战线就是加快推进新型工业化。把制造业搞上去，创新驱动发展是核心。管联网完全符合这些理念。它由中国人原创，目前已经解决了全球70亿辆车在一个网络上调度的发展思路，是延续高铁动车的下一代“抢手货”和更加亮丽的名片。将带动钢铁、水泥、化工、汽车、新能源、计算机、建筑、航空、物流、零售、餐饮、养老、教育、安全、旅游、环境保护等近百个产业尤其是制造业的发展。更重要的是我国将因此占领下一代社会经济发展平台的制高点，摆脱美国对全球信息化的控制，真正做到领先于世界。

镜像记忆

（文/杨南征、祝文）

开篇的话

为编辑高一四班50周年纪念册，南征写了好几篇回忆校园生活以及校友同学的系列文章《我的四中同学》，其中一篇涉及我（祝文）。虽然南征充满热情褒誉之辞令人耳热不敢受领，但也激活了我脑海深处许多尘封记忆。身处相同的四维时空当中，看到都是对方的鲜活印象，在此不妨借机抖搂出来，以博诸学兄一乐也。

（祝文）

祝文，浓眉大眼，方脸络须。用今天说法：型男。初次见，我就有亲切感，看他一举一动、音容笑貌、从里到外透着那一个顺眼。不由想如果当年他报考艺术院校，没准儿中国能多一位影帝。此说并非虚夸。论察人的细腻，做事的严谨，祝文绝对一级棒。

（杨南征）

南征，面白唇朱，貌似潘安。上初中时，看过一部黑白喜剧电影《满意不满意》，其中主人公“得月楼”餐厅的服务员——杨友生，年轻且英俊潇洒、人称“小杨师傅”，借此就成了南征的一个外号。不过，论聪明智慧、记忆超群，南征可比剧中的“小杨师傅”强得不是一点半点。

（祝文）

我与祝文的交往始于玩半导体，这在60年代属于高科技。

进入四中时，我正跟爸爸组装“5管超外差”。关键元件半导体晶体三极管在王府井百货大楼有售，极贵，1枚相当于一名三级工半个月的工资。5个管就需要5枚，再加上其他元器件，光买原材料就得花光爸爸1个月的工资（290元，相当于现在的国企高管）。

我正一筹莫展，刚巧认识了班里的祝文。他立即带我来到位于西四丁字街的半导体元器件门市部。这里定期销售国家科研机构筛选下来的次品。虽说是次品，用于我们的民间试验性装置，品质仍属上等，价格却低了八九成。

这个门市部坐落于丁字街北侧的一栋白色小楼，人称“西四小白楼”。每逢周末，楼前人头攒动，看的、挑的、买的、问的、换的，各色半导体爱好者大聚集。忽然销售员高叫一声“高频震荡锗三极管”！呼啦一群人围过来；又一声“低频功放硅三极管”！呼啦又一群人围过去。祝文拼出全力挤了进去，一堆人头伸进大盒子，几十只手在里面挑来拣去。祝文隔着人头递给我一枚，我拿给售货员测试放大系数，要数值最高的，祝文对我大喊：“稳定性也很重要！”我于是开始注重综合品质。经祝文帮我挑的管子，爸爸说挺好用。

航天二院无线电所长杭效祖，从德国留学回国，人称“杭老头”，是爸爸的至交。他儿子上小学六年级，已能组装“9管6波段超外差”了。寒夜里，跟爸爸顶着西北风骑到永定路杭家，学习提高灵敏度的方法：在波段指针下贴一张白纸，功放输出端接上万用表。反复调整求得各段平衡，灵敏度即达最佳状态。我把这个方法告诉祝文，他翘起大拇指连赞高明（这种方法35年后用于管联网发明，是后话）。但是需要一个高灵敏度的万用表，又是一笔不菲的开支。

我们决定自己动手组装——爸爸设计电路，我画表盘，祝文帮忙挑选元器件。

忽一天祝文兴冲冲来家：“小白楼刚到一批金属电阻！”金属电阻比碳膜电阻精度高、稳定性好，最适用于万用表。我和爸爸真高兴。

万用表组装成功。大家兴奋极了，爸爸从部里借来一台校准表，一测试，结果令人失望：精度不高。

经分析，阻容电路设计不合理。如何改进？祝文查阅《无线电》杂志，找到一种算法。周日我应邀来到位于麟阁路的祝文家。这是个大四合院的正屋，大开间，墙上贴满了电影海报，不知是祝文还是他妹妹的爱好。桌上已经摊开那本杂志，上面画满了道道，看来祝文已经做过功课。他的物理课是四中学的，基础扎实，一一详解电阻和电容在交流耦合中的定量关系，比书上说的明白多了。我一一记下后，回家修改电路，再测试：达标！

（杨南征）

我对南征印象最深是自己动手制作遥控航模飞机。

航模飞机上初一时我在参加航模小组时做过，第一架是弹射式：薄桐木板制作的小飞机很轻，机身下面安装一个金属挂钩，两个人牵着一根长长的橡皮筋，挂钩搁在皮筋上拉紧，像射箭一般将飞机弹到半空自主滑翔；第二架是牵引式：结构要复杂多了，特别是机翼部分，先用细木棍搭出骨架，再将半透明的薄油纸蒙在骨架上，整个外形比弹射式大多了。起飞时一人牵根细绳在广场奔跑，绳子另一端挂在机身下方的牵引钩，待飞机升到空中，人停下来让飞机凭借惯性力脱钩，自主在空中翱翔。

所以当听说南征也是个航模爱好者时，顿时增加了几分亲近。再细聊，人家对什么“弹射式”“牵引式”早就不屑一顾，玩儿的是“遥控”！这让我不禁失落而又仰慕，于是约了几个同学去南征家中参观“遥控机”的飞行表演。

南征的航模飞机要厚重结实得多，这是没想到的。南征说，遥控飞机靠内燃机作动力，飞行速度快，所以结构上要有足够抗风强度，而且因为不是靠滑翔保持留空时间，重些也没关系。

我更感兴趣的是航模飞机的内燃发动机，南征更来了劲：从汽油与蓖麻油的混合比例，讲到发动机的先期磨合，进而是螺旋桨如何制作以及发动机如何启动。

终于到了试飞时刻，我一直好奇这种航模飞机的控制原理：原来控制线和牵引绳一体，操作者站在场地的原点位置，飞机发动后瞬时飞到天空，人拉着绳索跟着天上飞机转圈儿，并控制速度快慢和飞机离地高度。

南征说，这种航模只能算得"半遥控"，手里离不开那根牵引绳，下一步他要做用无线电信号控制的真正遥控航模飞机。没多久，听说他去了部队当兵，这一诱人的科技愿景，也就此搁置了。

（祝文）

1982 年我在武汉军区作战部服役。忽然接到一个电话，是祝文打来的。他来武汉了，现在妹妹祝玫家里。原来他们父亲所在邮电部的五七干校在湖北阳新，妹妹从插队的山西大同转到干校，后来在湖北新华印刷厂工作。世界就是这么小——我在作战部负责军区部署就在厂里！电话撂下没一会儿，祝文就出现了，我奇怪他到得这么快，他说是骑车从汉口赶到武昌，一点儿没耽搁。

"三大火炉"之一的武汉，正值三伏，他浑身汗流浃背。我忙请他到小洪山的宿舍里，开电扇、切西瓜。老同学失联 12 年后异地相见，有说不完的话。提起当年组装万用表，我忽然想起爸爸托我印制一个万用表的镀铬表盘，这下好了，有祝玫在印刷厂，还不是手到擒来！于是托付祝文转交祝玫。

祝文走后某天我来到印刷厂，见到祝玫吃了一惊：当年青涩的小丫头如今像朵盛开的牡丹花——与祝文一个模子里刻出来的标准美女。我接过她代为加工的镀铬表盘，只见明亮如镜，字迹清晰，无半点瑕疵。追问需多少钱，她环顾左右而言他，一如祝文的厚道。爸爸见到这块表盘，爱不释手。但没等到装上表盒，他已撒手人寰，至今保存在他的遗物中，作为杨、祝两家世代之交的见证。

（杨南征）

1982 年夏，杨南征（右）在湖北武昌家中接待祝文从陕北延长来访。

20 年后在北京再次相见（2002 年），杨南征（右）音容笑貌不改，甚至连胳膊摆放的姿势都还保持着老样子呢！

那次到武汉军区是个周末，南征好像值班，先直接去到作战值班室。那是间很大的房子，墙上挂着五万分之一的军用地图，上面标画着不同粗细的红蓝箭头，部署防汛抗洪的作战任务。南征当时已任司令部作战参谋，说话、做事极其干练，详细地给我讲解了作为参谋的战斗职责。我缺乏军事素养，印象深刻的是铅笔要削得如何如何细，画出的箭头才能如何尖，而且敌我两方的箭头形态不同，从图上就要显示出我方的所向披靡、一往无前。

南征家的宿舍就在军区大院里，当时已结婚，夫人李女士待人热情，看得出这是一个充满温馨的家庭。我和南征摆好姿势，夫人喊"茄子"，按下快门，留下这份难得的永恒纪念。

（祝文）

再次相见是2002年，他那时在做消防自动监测与控制设备的系统集成业务。自己开着车，来到我所在的央视公司办公室，听我侃管联网发明和未来管道世界构想，颇感兴趣，希望专门抽时间给他的公司做讲座。我应邀前往。走进他的公司，一切井井有条，一眼就看出来这是个管理优良的企业。员工虽不多，但生意做得有章有法，完全像祝文本人的行事风格。

（杨南征）

那次见面使我对南征不得不再次刮目相看，他先阐述了自己多年的探索心得——"大自然科学社会主义（理论体系框架）"；之后打开电脑里自制的图片软件，详细讲解当时设想的管联网雏形——高架无人驾驶城市交通系统。从哲学思想、学科理论、城市规划、交通设计、车辆制作……他都已有全盘、全面、全方位的整体布局考虑。我感觉，老同学经历了凤凰涅槃的洗礼，音容笑貌不改，思想更加成熟，从当年莘莘学子中脱颖而出，从拳拳报国的戎马军人脱胎换骨，而成为了卓尔不凡的哲人、智者、设计大师！

（祝文）

NO.40

孙泓

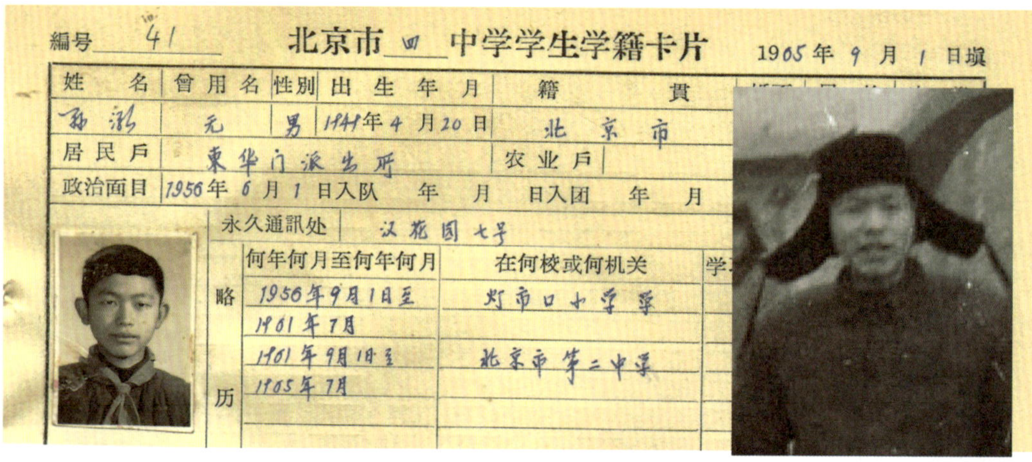
编号 41
北京市 四 中学学生学籍卡片 1965年9月1日填
姓名 孙泓 | 曾用名 无 | 性别 男 | 出生年月 1949年4月20日 | 籍贯 北京市
居民户 東华门派出所 | 农业户
政治面目 1956年6月1日入队 年 月 日入团 年 月
永久通訊处 汉花园七号
略历
何年何月至何年何月 | 在何校或何机关
1956年9月1日至1961年7月 | 灯市口小学
1961年9月1日至1965年7月 | 北京市第二中学

简历

1949 年 4 月 20 日，出生

1962 年—1965 年，北京市第二中学 初中

1965 年—1968 年，北京市第四中学 高中

1968 年—1975 年，内蒙古生产建设兵团二师二十团

1976 年—1986 年，北京某街道工厂

1986 年，移居美国

孙泓，你在哪里？

（文 / 任国庆）

二十团有两个才子，人称“二红”。一个是张世弘，另一个是孙泓。两个字虽不相同，但同音。当年一提“二红”大家都知道。张世弘就在我们论坛，大家都认识。这里只说孙泓。

孙泓人称有“三绝”。诗绝、棋绝、球绝。

先说诗绝。孙泓通韵律。古体诗、新体诗、新诗都做。最绝当是元曲、小令，言情、状物俱佳。特别是写一个人，一个小令下来，形神毕现，入木三分。言辞亦文、亦白，大俗、大雅。不同的语言风格，在同一首里形成鲜明对比，妙趣横生。可惜的是，当年田间地头之作，只当嬉戏，至今一首也记不起来了。

棋绝。孙泓是历年二十团象棋冠军。最绝的是盲棋。当时下连队采访，一个“三横两竖”的背包一背，八连，三十里。九连，六十里。和另一个会下盲棋的战友一路走，一路下棋：“马三进五”“车三平六”地走起来。三盘棋到八连，六盘棋到九连。不觉得累。后来他被调到九连，下棋，对手看着棋盘，他一边洗衣服，一边下棋，两不耽误。就这样，全连从来没有人赢过他。

球绝。当年，中国还没有参加奥运会，国家参加最大的运动会就是“世界乒乓球锦标赛”。当年正在搞“乒乓外交”，所谓“小球推动大球”。乒乓球是国球。乒乓球打得好就是民族英雄。孙泓的球，是打“直板两面攻”的。但以前的“直板两面攻”都是学庄则栋，打死不后退的。但是当时“前冲弧圈”技术在世界范围内已经成熟，给庄则栋打法造成很大威胁。孙泓的打法也揉进来“前冲弧圈”技术。有时处于防守地位时，突然拉一板弧圈。由于强烈的上旋，那球落台子之后跳起有强烈的加速度，并且往下扎。这一板常常转守为攻得分。他不仅前台、中场、后场也有球，属于可攻可守的那种“全方位”打法。那球，好看！他的球在二十团是冠军，在二师是第三名，别忘了，二师的冠军、亚军以前是打专业的。

除了这“三绝”之外，还有一些特长不为人知。如书法。他的楷书学颜体，有勤礼碑的苍劲古朴的味道。行书，学王羲之。并且学得都很得其精神。团部召开大会，礼堂的巨幅大字大多出自他手。一张大红纸只写一个字，那么大的字，没有如椽大笔，他就随意团一团报纸，把墨汁倒进脸盆，蘸饱墨汁，用他那细长的手抓着蘸满墨汁的纸团。转眼间一幅颜体正楷巨幅大字就出现在眼前。墨迹淋漓酣畅，纸团做笔，洒落的点点墨滴更显得字迹苍劲、潇洒。

正因为如此，团长重视，政委重视，人们也

把钦佩的目光投在他的身上。在他的宿舍，经常聚集一些战士，他们在一起读诗，读贺敬之的《放歌集》，也读孙泓的诗。在礼堂的乒乓球台周围，时常聚集着一大群人，看着他左右开弓，把所有人打得落花流水。就在他从师部夺得二师乒乓球锦标赛第三名回团部的那天，他从解放汽车后斗上跳下来，和团首长一一握手时，人群外的一个女孩正在远远地望着他潇洒的身影，痴迷地陷入沉思。

这个女孩明显和广大兵团战士不同：大多数女生当年都是十八九岁，而她似乎更小一些；另外，兵团战士穿的都是兵团的黄军装，洗过几水就发白了，而她穿的却是地地道道的国防绿！并且不是一般的国防绿，而是四个兜的国防绿！大家都知道，这是现役军人干部的军装，显然，她是团部哪位首长家的女儿。

从这一天开始，哪里有孙泓，哪里就会出现她的身影。在孙泓的宿舍，她常常出现在读诗的人群里。在礼堂的乒乓球台边，她常常出现在喝彩的人群中。后来，她时常写些诗让孙泓帮她修改，时常拿着球拍子敲响孙泓宿舍的门，让孙泓教她打球。

一切都很正常，不！应该说一切都很美丽！这几乎是人类共同的，千百年久唱不衰的，最美好的诗篇，千百年世代相传的最美丽的童话：一个女孩爱上了一个男孩，那个男孩也爱上了那个女孩。女孩清纯美丽，男孩才华横溢。他们朝思暮想，他们形影不离。诗篇里，童话中，毁灭他们的只有魔鬼和女巫。

然而现实中魔鬼和女巫真的出现了！这魔鬼比真的魔鬼还要凶残，比真的女巫还要阴狠！

至今，原因不明。

有人说因为女孩的父亲，政治处G主任不希望自己的女儿嫁给一个没有任何政治背景的，将来要在这个“鸟儿都不拉屎”的边陲扎根一辈子的穷小子。他还要把女儿带回北京。

而世弘兄在三十多年后的几天前告诉我：“那是一场文字狱！”因为世弘和孙泓写了一篇关于农田水利的报道。经政治处审查后发给报社，次日见报。第二天，政委高高兴兴地把通讯员刚刚取回来的报纸打开，不一会儿，脸色就不对了。他把报纸拽给政治处G主任，转身就出去了。G主任打开报纸，谁也没想到报纸上政委的名字不见了，只剩下团长了。G主任当时脸就白了。因为报导组由他一手掌管。每一篇文章要上报纸，必须通过他亲自签字。因此这篇文章就代表了他的观点。他赶紧到报社追问，编辑部说：反映生产情况，要突出军事领导！编辑部修改文章在那年头本来是很正常的事情。然而这样的原因怎能够搪塞得过政委！

最令人信服的解释是，双重原因都兼而有之：G主任既要给政委一个圆满的答复，就要把责任归结到“派性”上。全团无人不知，团长和政委是两派，下面“司，政，后”各级干部，各连领导不属于这派，就属于那派，泾渭分明。政治处主任几乎天经地义的是政委的人。他对这件事的解释是：孙泓是团长的人。于是，不处理掉孙泓就不能给政委一个满意的回复，然而文章都是G主任亲自审查过，签过字的，否则也发表不了。实际上错不在孙泓。

正在这时候，团部几乎无人不知G主任的女儿正和孙泓谈恋爱。孙泓既是团长的人，G主任的立场就有大嫌疑。他必须在这时候有一个明确的表态。那么，在这时候下手，把孙泓处理掉，既能给政委一个圆满的答复，又表明自己的立场，还能让自己的女儿从这场爱情中拔出脚来。这真是一举多得的好法子！

令人吃惊的是，不久，孙泓受了一个行政处分中的最高级别的“记大过”处分！原因是“耍流氓”。与处分宣布的同时，还宣布：孙泓调离团部政治处报道组，调到二十团离团部最远，条件最艰苦的九连当战士！

调到九连后的孙泓很快和我成了无话不谈的朋友。然而数年来，也许因为他还眷恋着那个女孩，也许，他知道，跟任何人解释“耍流氓”不仅不会洗清自己身上的耻辱，反而会徒取其辱。因此，他对为何受处分始终讳莫如深。只有一次亲口和我讲，他说：“我们之间什么都没有发生。”

即便是“什么都发生了”又该怎么样？那毕竟是爱的结果，即便是真的“什么都发生了”也丝毫不会玷污这首诗的圣洁，不会丝毫有损这个传说的美丽！真正毁灭圣洁和美丽的，正是逼迫自己女儿，甚至诱惑自己女儿把“流氓行为”硬安在孙泓身上的魔鬼和女巫般的G主任！

现在，恐怕当年亲自决定给孙泓“记大过”处分的G主任本人早已忘记了这件事情的来龙去脉。而事实却是：这件事等于把一个无辜的人送入了地狱！

那究竟是怎样的地狱呀！

只身一人背着两件东西：一件是“三横两竖”背包，另一件是比这背包沉重一万倍的因“耍流氓”而受到的“记大过”处分，来到一个没有一个认识人的连队。在这个连队里，人们只知道他因“耍流氓”受了“记大过”处分！

那正是大修农田水利的时候。谁也想象不到他那摆弄笔杆子得心应手的细长的手，摆弄起铁锹却力不从心。因为他从来到兵团，就没有干过一天体力活。干体力活，几乎他三个也抵不上一个。当别人都已经干完活回家时，他的那一段渠几乎才刚刚开始！

一次我亲眼看到，几乎大家都已经完成任务回家了，而他还在笨手笨脚地拼命时，一个小流氓走过来，嬉皮笑脸地对他说：“在团部不老实待着，你这不是老二给老大惹祸嘛。”说完哈哈大笑。一句话把孙泓气得脸色苍白，浑身颤抖，流出了眼泪。

打饭时，女生宁可排在较长的队伍后面，也不站在他的身后。

男生污言秽语的讥讽嘲笑，女生则避若蛇蝎。不知道那些日子孙泓是怎么挺过来的。一个心性那么高傲的人，每天都要忍受这样低俗的侮辱，每天生活在别人背后的指指点点中，这是怎样的生活呀！

就在这个时候，韩医生夫妇接纳了孙泓，他们始终认为他是个好孩子。任何时候提起孙泓，都说：“这么好的孩子，怎么会耍流氓？”

北京的几个战友接纳了孙泓。他们是：排长杨旭宏，同班战友王昕燕、刘焕甫。他们丝毫没有歧视孙泓，他们帮孙泓干活，他们在一起写诗，读《西去列车的窗口》，一起读“马列五本书”，一起学英语。

我成了孙泓最好的朋友。我们一起打乒乓球，一起去“一闸”后面的沙枣林偷着读《红楼梦》。孙泓帮我读弗兰茨·梅林写的《马克思传》，他给我一句一句地讲“剩余价值论”。

团部的团长、白云夫干事和世弘没有忘记孙泓。在孙泓受处分不久，团长带领白干事、世弘坐吉普车专程来九连看望孙泓。那天，我带着孙泓、世弘去散步，沿着解放渠大堤往北，一直走到“一闸”，一同看着车轮大的红日慢慢坠入库布其沙漠。

那天就在韩医生家里，由我擀面条，招待了团长、白干事、世泓和孙泓。

1975年，孙泓离开了内蒙古兵团，回到北京，直到孙泓离开那天，他的处分依然夹在他的档案夹里。回北京后他被分配到一家只有三十几个人的街道工厂工作。两个月后我也离开内蒙古到承德山区插队去了。插队期间，我们一直有信件往来。

1978年我接到大学录取通知书，去报到。路过北京去看他，又一次来到了“五四大街”北京美术馆对面的那座小楼。我十分自信地问：“报到了吗？是清华，还是北大？”

他沉默良久，说：“我没考。”语气十分平静。

“你没考？”我简直不相信他的话。当相信了之后，我站起来朝他喊道：“你没考？你为什么没考？你不是把大学的数学、物理都学完了吗？你为什么不考？噢，我知道了，人们都知道你是四中的高才生，你怕，你怕万一考不好丢面子！被人们笑话！对吗？”

照片摘自网络：图片人物为二十团报导组，（右一）孙泓，（右二）张世弘。

孙泓一直背朝着我，听了我的话，转过脸说：“我是流氓，你知道吗？我是流氓！流氓参加高考，政审过得去吗？明知道过不去，还要考，你是让满世界人都知道我是流氓吗？”

现在想起来心里仍然很难过，很愧疚：当朋友需要我的理解时，我却不仅没能理解，反而去戳朋友心上最痛的伤口！当时我连一句“对不起”都没说，直到现在，居然都没有说“对不起”的机会！

再次见到孙泓时是1986年。我到北京去看他。已经是8年过去了，他还在那家30人的街道工厂工作。还是住在“五四大街”北京美术馆对面的二楼上。他还拿出当年写的诗一起读。临别时，他告诉我，他要到美国去了。我问他去美国哪里。他说旧金山。他还告诉我：“这次去，是跟这块土地、这里的人告别了。永远也不会再回来了。”

孙泓走了。他去旧金山至今20年了，这一去果然杳如黄鹤！

多年来，只要遇到北京的战友，我都要打听有没有孙泓的消息。去年我回国，北京战友聚会见到了世弘，我问：“孙泓有消息吗？”世弘说：“没有。”我说：“有消息一定告诉我。”

多年来，每次去北京开会，去美术馆看展览，我都要到美术馆对面的木板楼梯的房子看看。猜想，也许孙泓回来了，就在家里。

前几天世弘的E-MAIL说：“北大红楼前边的孙泓家的房子拆了。”我的心一凉：再找孙泓，去哪里找呢？

我知道那片土地，没给你留下什么美好回忆。我知道那片土地上的人曾经彻底地伤害过你。我知道那片土地上，你的首长，爱你的女孩，甚至那是你爱的女孩出卖过你，陷害过你，才使得你要彻底忘记这片土地，忘记这里的人！

但是你真的会忘记，在你最困难的时候，接受你，帮助过你的北京战友吗？你真的会忘记韩医生吗？你真的会忘记团长、白干事、世弘吗？你真的会忘记我吗？

孙泓，你在哪里？

[又及]

（文 / 任国庆）

去年（1995 年）10 月回国探亲。去北京美术馆看展览。从展览馆出来，心想："孙泓就住在对面的小楼里。不知道现在怎么样了。"于是就来到了那座小楼。原来的小楼已经被拆重建，新建起来的是崭新的灰色的小楼。我们小心翼翼走进小楼，我心里出现一个幻景：孙泓正在他的屋里读书，我轻轻地敲门……

小楼已经改为一家公司，不知道经营什么。一个 20 岁左右的女孩在屋里经营业务。旁边还坐着一个 50 岁左右的男人。女孩问："你要干什么？"我说："我找一个人，是 20 年前的朋友，他从前住在这里。我也是心存侥幸来看看他是否还在这里住。"旁边的男人听说后，抬起头打量了我一下，说："我知道了，你是找孙泓吧？"我说："你怎么知道的？"他说："像我们这个年纪的，这个楼里就他一个。你又说 20 年的朋友，我就猜到是找他。"我问："你们熟吗？"他说："太熟了，他去美国了。从来没有人见过他回来。"我问："那么他妻子和儿子呢？也接走了吗？"他说："不久前还看到他儿子，他开了个舞蹈学校，看样子是没走。"我说："您能不能提供个线索，我好找到他。"他说："好吧，我给你两个电话号码，那是他最好的朋友，如果他们不知道，就很难了。"我记下了电话号码，悻悻离开。当天我拨电话，一个已经是空号，另一个没人接。后来我把这个电话给了小北京程宝泉，到现在不知道是否有了孙泓的下落。

孙泓印象

（文／张铁铿）

孙泓文笔细腻，极为抒情，颇有小资情调，那时我虽不喜欢这种笔触，却印象深刻。孙泓极具个性，独立性很强，他曾对我表示过四中并不比他初中所在学校二中强，这是我所认识人中唯一不以考上四中引以为豪的同学。孙泓身材苗条，身体矫健，外向，说话频率快，常穿一双白球鞋，乒乓球打得亦好。

忆孙泓

心高才亦高，年少多英豪！
“三绝”留佳话，书生文笔骄。
晴空突降雪，无风起波涛。
西行可如意，念念讯谁捎？

1966年冬，孙泓（前右一）和潘德震（前右二）摄于长沙。

画外之音

（文 / 潘德震）

孙泓的经历应该比现有记载更多。

自从 1966 年我俩一起去长沙“串联”之后，彼此交往更密了一些。记得那是 1968 年底，天很冷，孙泓急待脱离当时四中的环境，打算邀我一起去内蒙古自治区呼伦贝尔的莫力达瓦达斡尔族自治旗插队，我因顾虑重重没给他肯定的答复，他就一个人毅然决然地走了。到那里后他还给我发过电报催我去找他，中间也写过一两封信。但因家里坚决不同意我不按学校安排而自行去插队，我只有回复孙泓我去不了，从此断了联系。

他后来如何又去了兵团不得而知。但可以肯定的是，孙泓去兵团前还有一段经历。都有谁同去我不清楚，为什么要去莫力达瓦我也记不起来了，他还让我陪他一起找过四中其他班的同学相约同去，但那几个人肯定也没去。

那几个外班的同学我都不认识，不知孙泓怎么会与他们有联系。我只能记得有一个住在离四中不远的茅屋胡同。

NO.41

姚鸿斌

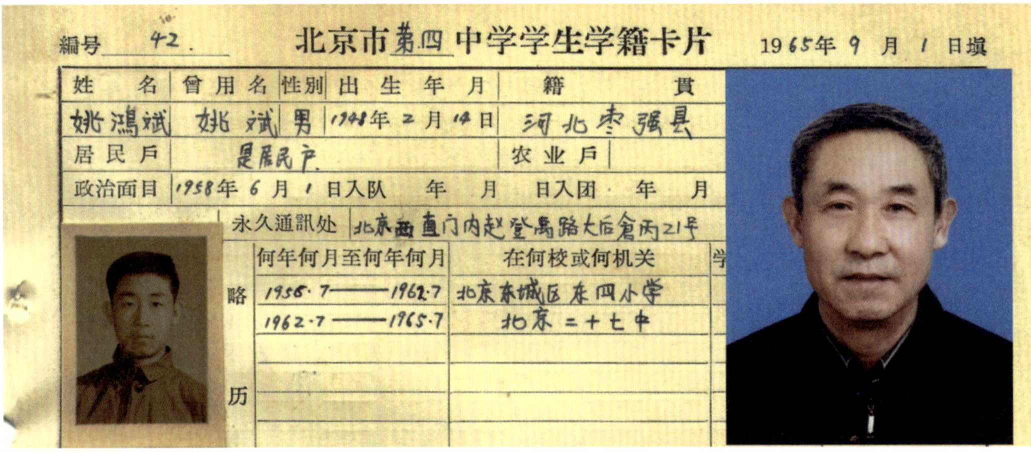

编号 42.　　北京市第四中学学生学籍卡片　　1965年9月1日填

姓名	曾用名	性别	出生年月	籍贯
姚鸿斌	姚斌	男	1948年2月14日	河北枣强县

居民户：是居民户　　农业户：

政治面目：1958年6月1日入队　　年　月　日入团　　年　月

永久通讯处：北京西直门内赵登禹路大后仓丙21号

略历

何年何月至何年何月	在何校或何机关
1956.7——1962.7	北京东城区东四小学
1962.7——1965.7	北京二十七中

简历

1948 年 2 月，出生

1956 年 7 月—1962 年 7 月，北京东四小学

1962 年 9 月—1965 年 7 月，北京第二十七中学

1965 年 9 月—1968 年 12 月，北京第四中学

1969 年 3 月—2003 年，北京第六建筑工程公司（现归属北京建工集团）

我的简历

我小时候在东城区东四小学念书，记得学校东边是一座清真寺。初中在北京市第二十七中学，学校在故宫博物院的东华门附近（原名“孔德中学”）。在这所学校读初中时，我曾获得过“优良奖状”的荣誉。

1965 年，我考入了北京四中。第二年由于搞起了文化大革命，在校实际只上了一年高中。

1969 年 3 月，我和班里其他五名同学刘达朱、张钊、盛朗、那允玮、张平被分配到北京六建公司（现在归属建工集团）工作。前 10 年（1969—1979 年）我是在土建工地度过的，工种是泥瓦工。后来被调到六建公司的机械处当上一名塔吊司机。

刚刚参加工作，我们就被派到河北省蔚县的山里开山凿洞建发电厂，这个项目属于“三线工程”。

这个工程完成后，我就到北京市房山县去建设东方红炼油厂（现为“北京燕山石油化工有限公司”）。以后先后参与过石景山高井发电厂、长城饭店、原中央电视台、高 386.5 米（加避雷针总高 405 米）的中央电视转播塔、金融大厦、毛主席纪念堂等工程。

一直到 2003 年满 55 岁时正式退休。

六建三十年

从 1969 年毕业分配到 2003 年正式办理退休，我在六建当建筑工人整整干了 34 年。

1969 年 3 月，我和其他几位同班同学被分配到北京六建公司。报到后，我们一批学生马上就被派到河北蔚县建设发电厂。这在当时是“三线”工程，通俗地说，就是把大山凿空，整个工厂建在山体里面。

记得我们一行几十名学生坐着大卡车，经过几小时行程和最后一段蜿蜒曲折的山路，来到蔚县一个几面环山的小村庄。我和同班同学刘达朱、那允玮、张平被分派到一位老乡家里居住。

六建在那个村子建有自己的职工食堂，我们每天可以吃到白面馍和当地出的黄米年糕、莜面馍和莜面饸饹，新鲜蔬菜品种少一些。当地人吃粗粮较多、白面很少，要是给他们几个白面馒头，可高兴呢！

我们的工作就是打一条通往山体中主电厂的隧道，大家分成几个作业班轮流作业，每天打眼儿、放炮、出石渣。上班时都得穿上雨鞋、雨衣和雨裤，抱扶着百斤左右重的风锤，在碴子面上打炮眼儿。有时风锤也可以支在地上，接上两根皮管：一根水管，一根风管通空气压缩机。在强力风压作用下，约两米长的钢钎在碴子面不停旋转并前后冲击震颤，随打眼儿、随往钎头注水，以防止粉尘。尽管如此，风锤震动、强烈噪音、水滴浸泡，还是使得工作环境非常恶劣，一个班次下来，浑身上下湿漉漉的，耳朵也嗡嗡作响。

我们只管在碴子面均匀地打眼儿，另有专门的放炮工负责装药、安放雷管和电线，连接到隧道外，合上电闸放炮。之后有老工人担任安全员去清除放炮后隧道顶上的浮石，免得伤人。爆破后的石渣，用铲车装到带斗的矿车上，顺着铺好的铁轨推出隧道，把碎石倒入山峡里。隧道里边的铁轨基本是水平铺设，两人推着都吃力；到了隧洞外面是下坡儿，矿车自行滑动速度会越来越快，全凭脚压踩带有胶皮的木杠摩擦车轮减缓控制车速。

终于，这条隧洞被我们打穿了！一个有近30米高的立体巨大空间呈现在眼前，电厂的主厂房早已打好，就在隧洞尽头的中间部位。在厂房顶部另外打了一条通往山坡的竖井，应该是为通风使用，这是从下而上的作业方式将其打穿，所以更为艰巨而危险！

工作之余，我们会在村中各处走走，更多时候是在家休息。记得和同学一起在漫山遍野的杏树林中，采摘那黄澄澄的丰硕果实。其实这开山凿洞工程和后来干的工作相比，算不上太重的体力劳动，但对我们这些刚刚走出校门的青年学生来说，也是一场意志与体能的锻炼了。

在蔚县待了一年，转年我们来到东方红炼油厂，任务是给厂子盖居民楼。所有同学都分了工种：抹灰工、油工、木工等等。我当了一名瓦工，分在三营二连（当时按军队建制）。在瓦工班再没有原来的同班同学，老师傅较多，跟着他们学砌砖盖楼，当了整整三年的学徒工。在“炼油厂”那段时间，每星期休息一天，有长长的绿色大客车负责接送进城。也是在这段施工期间，我加入了共青团。

后来转战到了北京市区，干过不少新的工程。从中我不仅学会了砌砖，还学会了“把大角”：就是在大楼的一角儿掌线，别人按照你所起的线顺次砌砖。能“把大角”在瓦工里算是比较高的技术了，六层楼的垂直度不能偏差2厘米。就这样，我在工地一干就是10年，既锻炼了身心，又学到了技术。

1980年初，我从六建三工区二队（后公司改

1967年，邵明路、姚鸿斌（中）、金克刚在长城合影。

1971年，姚鸿斌（右）在天安门前留影。

成四个工区，每个工区有几个施工队）调到六建下属的机械处。机械处在一个大院里，有成排的机加工车间和几座高大的厂房，大门左手是一座四层办公大楼，机械处的业务对外承揽机加工活儿和出租塔吊。

我被调入的机械队又叫吊装队，也有修理塔吊的厂房、修理车间，有几十台各类塔吊，一台50吨大吊车和十几辆大小汽车。

上塔前，先进行塔吊安全操作规程及塔吊性能培训，之后就是“一带一”地跟着老师傅学开塔吊。起初先看师傅操作，以后自己慢慢学着开，师傅旁边看着指导。差不多学了半个月，我就能独立操作了。刚开始我学的是20~30米高矮塔，后来开的是50米高“50B”等中型塔，而“高塔”则有70~100米高了！

我曾在“高塔”练过活儿，在视线不好的情况下，下面工地哨工用报话机指挥：起钩、落钩、转臂、走小车，一举一动严格按照“安全操作规程”和哨工指令一丝不苟地进行操作，不能有丝毫差错，特别得注意每一吊活儿绝对不能超载，否则塔吊会失去平衡有倾覆危险，酿成严重的安全事故！好在我并没有长期在“高塔”上面作业。

吊装队的各类塔吊任务是配合各单位的土建施工，地点从来不固定，时而市区，时而远郊；一个工程完了，又转到下一个工地。塔吊的安装与拆卸，由吊装队的两个拆装班负责。但如果工作中出了毛病，发生故障不能吊装，为了不耽误工地施工，首先得我们自己去排除。在几十米的高空，我从驾驶室往上爬到平衡臂平台，上面有全塔配电箱，去检查塔吊电气线路，一般出现电路故障比较多。

有一次是塔尖线路出了毛病，我从离地20米高的操作室，顺着带护圈的铁梯向上爬到平衡臂平台，再爬上5米多高并没有护圈的塔尖。站在近30米的塔尖上，整个身体有种轻飘飘的感觉，确实胆寒！心里不断警醒自己：一定要抓牢，不能出丝毫差错，否则真会一失足成千古恨了！尽管害怕，但头脑还是清醒：双脚在角钢上面站稳踩实，一手紧紧抓住角钢桁架，另一只手检查线路找出毛病，最后将线接好拧实。当然更不能忘记在查找故障之前，先拉掉操作室的大电闸。干了20年塔吊司机的工作，数这件事情给我的印象最为深刻了。如果个人实在排查不了塔吊故障，只有往吊装队打电话，让专门的修理班派人来抢修了。

干塔吊的工作不仅站得高，有时还要跑得远。记得在操作3~8吨塔吊时，最远的工地跑到了顺义，建一幢1万多平方米的居民楼。土建施工由陕西一家施工队负责，先铺设一条几十米长的铁轨道，为立塔吊在上面来回走大车用。我们两个司机一台塔，连续干4天，再轮流倒着回城休息。那时我是骑自行车上班，路上要骑4个小时才抵达顺义城区西南的工地。

当班时，我每天6点上塔进行吊装作业，按照哨工指挥，把塔吊的起落钩、转塔臂、走大车三项动作熟练地糅合在一起，把一拍拍砖、一斗斗灰、一件件砼构件，稳稳当当吊到准确位置，供施工人员使用或安装。除了一个小时的吃饭时间之外，一直干到晚上12点，有时甚至到后半夜凌晨2点。就这样，一个人独立干4天，待另一个塔吊司机来接班后，就可以再骑4个小时自行车回城休息了。这幢1万多平方米的居民楼，在大家努力下，只用两个多月就完成了土建工程，这也是我干过的施工最快的一个工程。

在市区内的工地塔吊配合施工时，由于离家

近，两个塔吊司机轮流每人干半天，就没那么紧张，但一般也得到半夜12点。总之，我们工作时间完全服从工地安排，一切服从土建施工需要。

到后期，我操作50米高中型塔大约有10年。上塔虽然比以前爬得高了，但工作视线好，感觉比操作矮塔还灵活，可能是因为科技含量比较高吧。记得在北京外国语大学、北京联合大学建教学楼，开的就是50米高的中型塔。

开塔吊这一行虽然是个熟练工种，但有一定危险性，工作中必须把安全放在首位，兢兢业业、一丝不苟地工作。从事了几十年的塔吊作业，我还真没出过任何一起小事故。

年龄不饶人，我们已经步入了老年。回想起青年时代，我为能把自己的青壮年美好时光，贡献给祖国的建设事业，为了祖国的繁荣与强大，尽个人能力做了一点奉献，而感到无限欣慰！

NO.42

吴文正

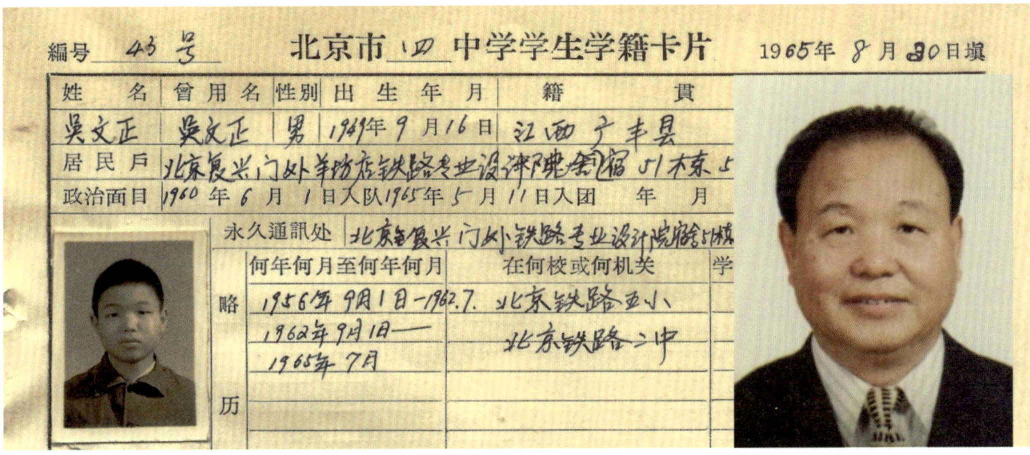

简历

1949 年 9 月 16 日，出生于江西省上饶市广丰县，三岁跟随父母到北京生活

1965 年 9 月—1969 年 7 月，在北京四中读高中

1969 年 8 月—1978 年 9 月，在湖北十堰市 102 指挥部三团三营当建筑木工后随北京第三建筑公司（即 102 指挥部）整体调回北京

1978 年 10 月—1982 年 7 月，黑龙江省安达县的大庆石油学院读大学本科，专业为“石油炼制”

1982 年 8 月—2009 年 9 月，在中石化集团公司销售有限公司任职，1991 年任副处长，1997 年任处长

2009 年 9 月，退休

为四中自豪

（文 / 吴文正）

1965年中考就要到了。填报志愿时，我问老师，北京最好的中学是哪一所？老师说是北京四中。我没有过多思考，就在第一志愿上填报了北京四中。

那是暑假中的一个星期日，邮递员送来了录取通知书，我一看，是北京四中寄来的。我被四中录取了！当时，一家人正在吃午饭，看到我被四中录取，都十分高兴，纷纷表示祝贺。我被四中录取的消息，很快在铁道部宿舍院内的同学中传开，大家既为我感到高兴，又很羡慕。后来我才知道，当年我的铁二中同学中，一共是4人考入了四中，与我同班的李克津同学也在其中。

9月1日开学了，走进了四中的校园，见到老旧的学校大门，与铁二中的校门很不同。再往里走，是宽阔的操场、高高的围墙。只见一些同学已在围墙边的小树丛中看书。浓浓的学习氛围一下子吸引了我，当时的感觉与初中的铁二中大不相同。通过校长、老师的讲话，我才知道四中是一所历史悠久、名师荟萃的中学，始建于1907年，培养了大量的知名学者和著名人物，能够在这样一所中学读书，我感到很自豪。直到我参加工作、上大学、进机关，凡是知道我是四中毕业的人，都还对我另眼相看。

到了班里后，我以为，我们的学号是按学习成绩排列的。我的学号是43号，就觉得我的入学成绩不是太好，后来才知道，学号与学习成绩毫无关联。看到很多同学的学习成绩都比我好，很多人初中就是在四中上的，心中不免有些自卑。给我印象最深的是张延宏同学，当时已经开始自学大学数学——微积分了。因此，在学校期间，我一直很努力，希望赶上同学们。

班主任刘文明老师是我们的政治课老师，课余时间，经常到班里和同学们聊天。他年龄不大，好像大哥哥一样，口才极好，知识渊博，说话和气。我很爱听他上课，他的很多思想都很有深度，给了我很多教益。其他各科老师如物理课的温老师、化学课的徐老师、语文课的黄老师都给我留下了深刻的印象，听他们讲课，既长知识，又是一种享受。

在四中，老师们常说："四中是工程师的摇篮。"那时候，我们都深受鼓舞，心想也要像前辈那样，好好学习，将来考北大、清华。当工程师，用知识报效祖国。

由于文化大革命，我的高中学习到1966年5月"停课闹革命"就结束了。但是在四中一学期多的学习阅历，仍使我一生受用。四中人的"绅士"风度，四中人极强的求知欲和自强不息的精神，四中人的胸怀大志，自觉为国担当的豪情深深地影响了我的人生。在以后的人生路上，我不论做什么，一定要尽力做好，不愧是受过四中精神熏陶的四中人。

1967 年夏，吴文正（中）与潘德震（左一）及王津在京郊合影。

1968 年，吴文正（右一）、邵明路（中）和盛朗在军事博物馆前合影。

退休之后，吴文正（右前）潜心练习吹奏民间乐器——葫芦丝的技能并已达到专业级水准。

赵东平、盛朗、赵康康、张宝琪、吴文正、金德本、王泰立、柏铮 1972 年春在民族文化宫前。

NO.43

李家康

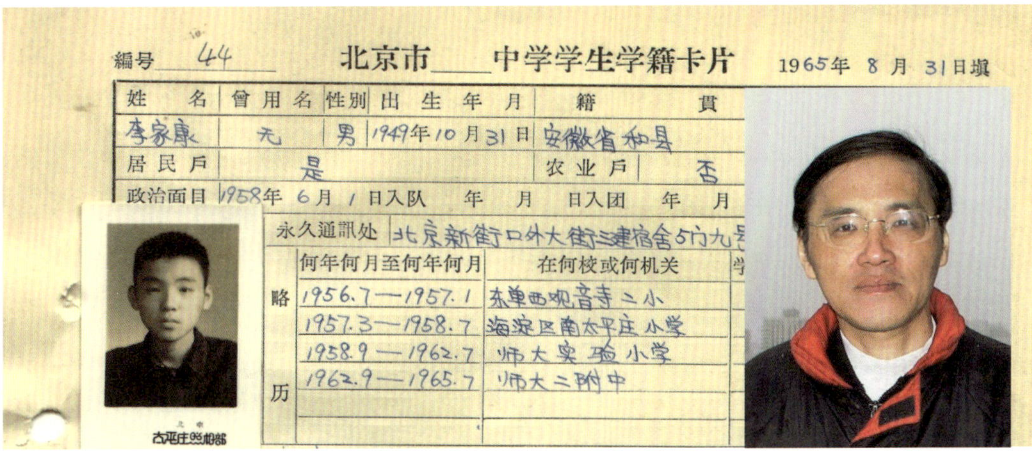

編号 44　北京市____中学学生学籍卡片　1965年 8 月 31日塡

姓名	曾用名	性别	出生年月	籍貫
李家康	无	男	1949年10月31日	安徽省和县

居民戶：是　农业戶：否

政治面目：1958年 6 月 1 日入队　年　月　日入团　年　月

永久通訊处：北京新街口外大街三建宿舍5门九

略历

何年何月至何年何月	在何校或何机关
1956.7—1957.1	东单西观音寺二小
1957.3—1958.7	海淀区南太平庄小学
1958.9—1962.7	师大实验小学
1962.9—1965.7	师大二附中

简历

1969 年，赴云南瑞丽农场插队 10 年

1978 年 3 月，成都地质学院学习地球物理勘探专业

中国地质大学获得地球物理博士学位后，主要从事地球物理研究工作。先后在中石油勘探开发研究院和美国、加拿大数所大学及加拿大国家实验室从事研究工作

自 1982 年开始，从事地球物理勘探工作，直至退休

1967 年于北京郊外，李家康（右）与吴文正骑车留念。

总回忆

（文 / 李家康）

在云南下乡期间曾多次感染疟疾高烧 41 度，靠吃奎宁药恢复健康。一生经历过龙卷风、雷击、雪暴、零下 -56℃严寒，至今安然无恙。

自从在海外参加了一次工会罢工、经历了 2008 年金融风暴后，现有心学习研究马克思的英文版三卷本《资本论》。

偶尔小憩刷几幅油画消遣，这实在要感谢一位俄罗斯油画教师的高效教学，居然让我这样一个从小图画课都是 3 分的艺术白丁学了几次课就能刷油成画。现家中的室内装饰画已全部采用自己的手绘油画了。

50 年转瞬即逝，对高中同窗生活往事仍历历在目，记忆清晰，这与海外生活人际交往的苍白形成了太大的反差，感触颇深。

1967 年，（左起）盛朗、李家康、邵明路、吴文正，在北京军事博物馆前合影留念。

1969 年，（左起）潘德震、李家康、王津曾一起在云南农场工作。图为阔别多年后，在北京重逢聚会时合影留念。

李家康油画作品

NO.44

张钊（1949.6.7.~2015.12.6）

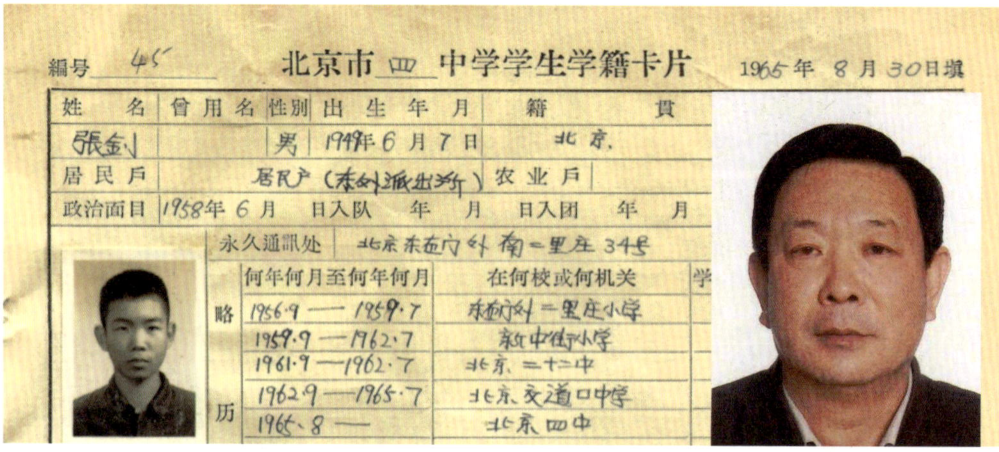
編号 45 北京市 四 中学学生学籍卡片 1965年 8月 30日填

姓名 張釗 | 曾用名 | 性别 男 | 出生年月 1949年 6 月 7 日 | 籍贯 北京

居民户 居民户（东外派出所） 农业户

政治面目 1958年 6 月 日入队 年 月 日入团 年 月

永久通讯处 北京东直门外南二里庄34号

何年何月至何年何月	在何校或何机关
1956.9 — 1959.7	东直门外二里庄小学
1959.9 — 1962.7	新中街小学
1961.9 — 1962.7	北京二十二中
1962.9 — 1965.7	北京交道口中学
1965.8 —	北京四中

简历

1949 年 6 月，生于北京

1956 年 9 月—1962 年 7 月，东外二里庄小学、新中街小学

1962 年 9 月—1965 年 7 月，北京交道口中学

1965 年 9 月—1969 年 3 月，北京四中

1969 年 3 月—1975 年 3 月，北京市六建公司四工区工人、班长、施工员

1975 年 4 月—1978 年 3 月，北京建筑工程学院建工系学员

1978 年 4 月—1984 年 5 月，北京燕化建筑公司二队施工员、队长

1984 年 6 月—1990 年 1 月，北京燕化建筑公司分公司经理、公司经理助理

1990 年 1 月—8 月，赴赞比亚负责工程招投标工作及施工准备工作

1990 年 4 月—1994 年 4 月，北京燕化建筑公司党委副书记、纪委书记

1994 年 5 月—2001 年 2 月，中石化机关服务中心房管处处长、中心党委委员

2001 年 2 月—2009 年 6 月，中石化机关服务局副局长、机关服务中心副主任、房改办副主任，主持房改办日常工作

2009 年 6 月，退休

张钊二三事

（文 / 朱小彤、张钊）

张钊有一个聪明智慧的大脑，一个与众不同的脑袋。为什么这么说？你看看在他的同龄人里，在这些六十六七岁的人们当中，差不多头发全都是花白、银白甚至全白了，唯独张钊，还是满头的黑发，一眼看上去，总是显得那么年轻！而这满头黑发可绝不是染出来的，大约是先天的遗传和后天的保养所致，面对大家好奇的询问，张钊很乐意分享他的保养方法，其实很简单，就是每天早上洗脸时顺带洗洗头，而且是用凉水洗头。

张钊从小聪明好学，各门功课一直都很优秀，记得上大学时，来自各个单位的学员们一致推选他为班级的学习委员。当时的数学老师刘羽，为了照顾基础比较差的学员，从初中代数课开始讲起，而张钊对初中代数一跃而过，直接复习高等数学，自学微积分，连数学老师对他也是另眼相看，更别说班里其他同学了，只有仰望的份儿了。

说起这《高等数学》，不禁勾起张钊那遥远的记忆，他这样写道：

《木工仓库和高等数学》

1965 年的暑假期间，姐姐和我分别被清华大学电机系（后来的自动化系）和北京四中高中部录取。不少老街坊、老朋友们听说了，纷纷向父亲、母亲祝贺，全家人也都喜气洋洋。

受家里长期教育的结果，我家姐弟都以清华大学为目标，我的目标是清华建筑系。现在姐姐如愿以偿了，而我则一直坚持认为：北京四中不仅是最好的中学，而且在很大程度上可以讲就是清华、北大的预科学校。进了四中，可以说半个身子已经进入了清华。因此，感到自己的目标也近了许多。

高中一年级还算顺利，在这里，我初步领略了四中学生勤奋刻苦和顽强拼搏的好学精神，体会到了高手如云、人才济济的压力，不时地改进自己的学习方法和校正自己的学习方向。身心紧张，但心情愉快！

时间到了 1966 年 5~6 月间，时局变得越来越诡异，给人一种山雨欲来风满楼的感觉。终于，6 月 18 日，电台广播突然宣布：解放后实行了 17 年的高考废除了！也就是说，像我这样成千上万渴望继续上大学深造的，是彻底没希望了！

这个消息我在学校连听了三四遍，也听不懂它的气后之音，也不知他们到底想干什么？！那一天，我没有坐公交车，而是步行从西什库走回到东直门外的家中。路上没吃午饭，到家后晚饭也没吃，不知流了几次眼泪，一切都茫然失措！一切都失去了目标！但是，“史无前例”“不相信眼泪”，尤其不会相信一个仅仅是想入大学深造的大男孩的眼泪，多读几年书、多学点知识的……停课闹革命、红卫兵运动、破四旧、出身论、接见红卫兵、大串联、逍遥派、读书会……复课闹革命……几乎各色人等都要上台演一回英雄汉！然后又灰灰溜溜地下台走人……你方唱罢我登场。

终于，1969年3月20日，北京市六建的一辆敞篷卡车，把包括我在内的约30名来自各校的男女青年，从五棵松一直马不停蹄地送到了远在房山的燕化工地，成为六建的一名徒工，心也在往下沉，不断地往下沉。

那一年，姐姐把她学习用过的《高等数学》（上下册）送给了我，把我深藏在心里从未泯灭过的求学的火花又重新点燃！当时的口号是“一不怕苦、二不怕死，接受工人阶级再教育”，作为一名徒工在工地拼命干活儿，一天下来真是又累又困。工地的条件也是相当简陋，同来的伙伴儿们都是吃住在一起。为了学习，也为了不影响其他人的休息，深夜里，我一个人悄悄起身来到木工仓库，这里是存放木工工具和材料的仓库，静谧的深夜里，这里显得那么冷清和空旷。搬个小板凳坐在我的工具箱前，拿出铅笔和草稿纸，开始认真研读、自学这套《高等数学》。没有老师、没有教授的讲解和点拨，也没有同学们互相之间的讨论和切磋，学习起来的困难是可想而知的，为了求解一道题，有时需要花费好几天的时间，弯路确实也走了不少。但是，凭借着在四中练就的顽强拼搏和刻苦自学的精神，愣是闯过了一道道难关。当时，工地上有负责夜间巡逻的警卫，看到木工仓库里有时明时暗的亮光，还以为是盗窃分子，当看到我在入神地学习时，都感叹，这样的人现在不多，太少见！“学习无用论”盛行的年代，此情此景，反倒让他们感到不可理解。

后来，有机会到建工学院，成为一名工农兵学员，有机会走进教室、坐在课桌旁，再次拿起《高等数学》复习的时候，真是心潮难平！时隔多年，我的姐姐年岁已大，都忘记了她曾给过我《高等数学》书这件事，可我却刻骨铭心，每每回想起这段艰难的求学、自学历程，仍是禁不住泪眼婆娑。

数学上的天赋，加上他刻苦学习打下的深厚的基本功，为他日后的工作奠定了坚实的基础。2002年，中石化开始进行房改调研，他是主要负责人。当时房改文件特别多，有国管局下发的，也有北京市发文，还有各个省市发文，政策也是多种多样，张钊对这些文件几乎都烂熟于心，到达信手拈来的地步，主持编制了房改政策问答，堪称是房改政策的专家级人物，多次到分布在全国的下属单位对房改工作人员进行培训辅导，甚至不顾旅途劳累、感冒发烧，为基层单位修改撰写合同范本。在充分调研的基础上，他设计了发放房改补贴的计算公式，经过反复测算，用此公式计算出全中石化系统实施此项房改工程，共计需要投入多少资金，为主管领导进行决策提供依据。中石化房改工作从2002年启动至2012年实施，历经10年，经历了李毅中等三任中石化领导，这项涉及全中石化系统几百万职工的房改工程，在大家共同的努力之下，最后圆满完成。特别让人称道、令人称奇的是，因房改政策、补偿办法公开、公正、透明，所以整个实施过程中，全中石化系统没有发生一起闹事等不良事件，而且实际支出与预算数据相差甚微！精准程度不仅令在任领导惊叹，也让他身边工作的同事们赞美钦佩有加。

张钊对中国的传统文化特别情有独钟。对数

术、奇门、易经八卦、四柱、五行、中医等等均有涉猎，在某些方面甚至有他自己的独创。许多同事、朋友慕名请他为自己的孙辈起名，为自己的子女结婚择日，为家中盖房选择上梁的吉日，而这些完全都是义务的，都只能利用业余时间进行，就连单位新成立的公司、宾馆也请他起名，为此他常常忙得废寝忘食，但心情特别愉快。

张钊大约从 2009 年开始，对中医产生了浓厚的兴趣，自己买了很多中医经典著作阅读，还从网上下载了许多中医名师大家的视频、音频来学习，比如中国中医药大学教授王洪图、郝万山等人讲解《黄帝内经》《伤寒论》等授课的视频，反复看，使他的中医学术水平得到很大的提高。这期间他理论联系实际，为他身边工作的同事朋友开具药方，缓解甚至解除了这些朋友的病痛，从中他也获得很大的成就感。他常说，古语曰："不为良相，即为良医。"当职业生涯很快就要结束时，他立志退休后钻研中医，戏称当个"游方郎中"也不错嘛！记得他们单位有个姓何的同事得了甲状腺结节，大约有小核桃大小，去医院看了名中医，吃了半年多中药，钱花了不少也不管用。同张钊说了以后，他小试牛刀，查医书，看医案，反复琢磨经方，很慎重地开出药方，这位同事为了省点医药费，拿到正规医院去抄方，请医生看过后，医生也说，这方子吃得。这位同事吃了几个月后，甲状腺结节真的缩小了，他非常高兴，对张钊也很钦佩很感激。诸如此类的事情太多了，张钊也真的从中体会到了"悬壶济世"的意义！

都说"医不自医"，也就是说医生一般不给自己看病，可张钊在疾病面前却大胆给自己开出了药方。原来，因为右锁骨窝的肿瘤压迫了通往右臂的血管，形成血栓，导致静脉血管回流不畅，引起右胳膊在一夜之间出现水肿，皮肤紧绷绷、硬邦邦的，像是要绷开来。张钊也很痛苦，右手握拳都握不了。我们赶紧去医院看，希望医生能赶紧帮我们解决这个问题。没想到，预约的右上肢 B 超要等到 9 天以后才能做，这期间，大夫因为看不到检查结果，也无计可施，什么药也没有开，建议他把右胳膊向上吊起来消水肿，并且告诉他，很多人就是因为这种病不好治，水肿一直到死都可能消不下去。从医院回家，张钊冷静地开始思考这个病的治疗方案，按照中医消水肿的三种思路：泻法、汗法、吐法，果断采用以汗法为主辅以泻法，在古代经方"五皮散"和"麻黄连翘赤小豆汤"的基础上进行加减，为自己开出 7 剂汤药，当天就开始喝，第二天，喝完第二剂药后，只见右胳膊大量的汗液冒出，顺着胳膊肘往下滴淌，真可谓场面壮观！第三天早上，右胳膊的肿胀已消去一半，皮肤明显变软，服完 7 剂汤药后，右胳膊已恢复如初。

有了这次亲身的体验，张钊更加热爱中医，更加努力地学习中医，希望用自己的绵薄之力，为周围有需求的人们解除病痛。

张钊刚参加工作是在北京燕山石化建筑公司当木工，从学徒工干起，后来当工长、队长。一步步走来，他始终没有忘记自己的老本行，更没有忘记从四中时就立下的目标——清华建筑系，尽管由于"文革"的原因没能走进清华，但这并没有泯灭他对中国古建筑的兴趣，他收集了很多古建方面的书籍，一有时间就进行钻研。

退休以后，作为业余兴趣，他经过较长时间的准备，决定利用现有工具，制作一个古建斗拱的小模型。这需要有得心应手的工具，还需要有比较大量的硬杂木，家中没有现成的，怎么办？

“工欲善其事，必先利其器”，首先要做一个可心的刨子，选好一块刨子料（这块刨料从当工人时一直留存至今，现在该派上用场了），仔细端详、放样、画线。

一番锯铲、剔凿、刮刨之后，一个得心应手的刨子做成了！

那硬杂木到哪里去找呢？难不倒他！他在小区遛弯时发现，很多人家装修时抛弃的旧家具、旧的装饰材料里，就有他需要的硬杂木，于是顾不上身体手术完才刚刚恢复，就身背改锥、榔头、克丝钳子，到发现硬杂木的建筑垃圾旁边，一根木头、一根木头的起钉子、打捆，再用小拉车运回家中。

工具有了，料也备齐了，家里没有很大的地儿，他就在阳台上开辟了“战场”，沐浴着2014年五六月份的暖阳，开始“施工”。

试刮一下，看看好用不好用。（隔着玻璃窗，留下了这张模糊的工作照），可以看出，当时身体恢复得还真不错呢！

以后就是做细工了，按照缩小的比例，刨子刮、扁铲铲、砂纸打磨，一丝一毫都不马虎！

功夫不负苦心人！终于完成了这件佳作！每个零件都可以拆开，组装起来严丝合缝！严格按照《清式营造则例》缩小比例进行制作，榉木本色，没有上油，整个模型彰显出我国古代劳动人民的智慧，每一个零件都凝聚着张钊的心血！作品摆放在书柜里，成为与同行共同切磋技艺的实物。这件作品就是张钊的魂，将永远与我同在！

张钊还是一个热爱生活、热爱大自然、热爱自然界小生灵的人，他曾经收养过的动物就有龟、小螃蟹、金鱼、小鲫鱼、山喜鹊、大喜鹊、百灵、燕雀、鸽子、流浪猫等等。他爱它们、喂它们、保护它们，也是它们的好朋友。直到他生病住院前，他还在给小麻雀、小野鸽子们撒米喂食。

张钊喜欢钓鱼，但也不忘放生，他经常把钓来的小鱼集中起来，选择一个不准钓鱼的湖泊集体放生。这样的事例很多，以至于我的中学同学很贴切地尊称他为“张好人”。

张钊关心身边的亲人、朋友，却唯独忽略了自己的健康。2015年12月6日下午16时18分，时间仿佛在这一刻凝固了！心地善良的张钊终被肺癌夺去了生命！

张钊属牛，他喜欢牛的健硕，更喜欢牛身上透出的那股执着、奋力拼搏的精神！而这种精神，正是他在四中学习期间培养磨炼而成。

谨以此文纪念我亲爱的丈夫——张钊

愿他安息！一路走好！

妻：朱小彤

2015年12月15日

沉痛悼念

（文 / 张铁铿）

身卧病榻，心系聚首，一支铅笔传情意。
鞠躬同窗，梦追途遥，百行热泪送君行。

思念伴君行—悼张钊
同窗筹“聚首”[1]，
忽觉时空凝。
心雨穿肺腑，
雾霾锁京城。
校园留豪爽，
病榻书真情。
西去万万里，
思念伴君行。

1“聚首”乃建班50周年纪念册，同窗一人不少，相聚于此。

1967年，张钊（后右三）和原高一四班部分同学在北京四中操场与军训排长郭国政（后排左七）一起合影。

2007年，张钊（左）在四中参加百年校庆活动与吴文正一起合影。

2007 年 9 月，张钊（前左四）在四中参加百年校庆活动与高六八届校友一起合影留念。

2015 年 9 月 25 日，祝文、郭世杰看望张钊（中）并合影留念。

NO.45

尹文奎

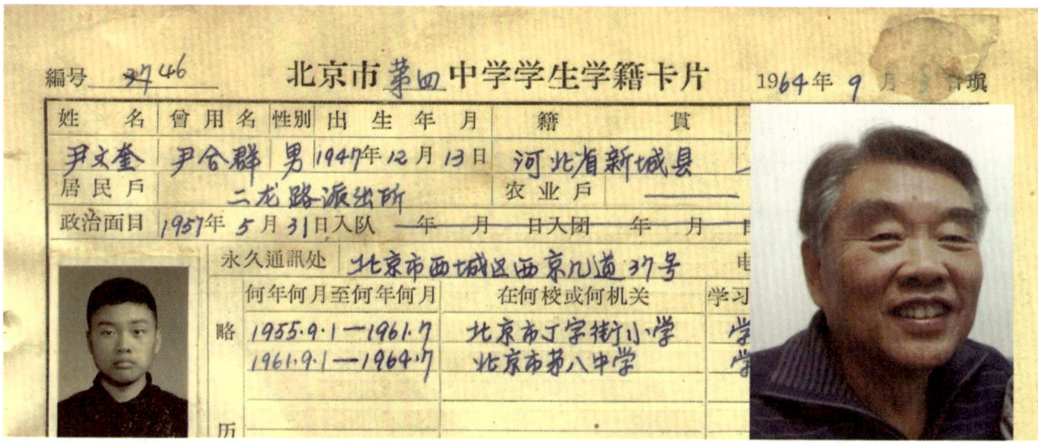

简历

1947 年 12 月 13 日，出生

1955 年 9 月—1961 年 7 月，北京市丁字街小学

1961 年 9 月—1964 年 7 月，北京市第八中学初中

1964 年 9 月—1969 年，北京市第四中学高中

1971 年 7 月—1987 年 8 月，北京市西城区运输公司工作

1984 年 9 月—1987 年 7 月，在北京师范学院上大学

1987 年 8 月——1997 年 12 月，崇文区环卫局

期间借调到北京市政府节水办公室工作至退休

1997 年 12 月，因身体原因办理退休

尹文奎为纪念册（原名）封面的题字

文奎记忆

（文 / 杨南征）

纪念册的编写工作即将结束，祝文同学发来一条微信，希望我为文奎写一篇回忆。因为我曾提到过“文革”中与其有过一段印象深刻的交往，而由于毕业后文奎和学校、原班级同学都没有联络，以致今天同学们能回忆起来，有关他的故事都极少。

记得 1965 年 9 月 1 日开学那天，我们坐进教室，刘文明老师按照学号顺序排座位，学号 40 的我坐在倒数第二排。因为身体发育晚，个子小，我原来都坐教室前排，坐在远离老师的位置这还是第一次，不禁前后左右观察我的“邻居”，不经意间回头，瞟见一位膀大腰圆的胖大个儿坐在我身后。许是从小瘦弱的缘故，见了大个子同学总有几分敬畏，不由得我后脊梁直冒凉气。

但时间长了，我发现后面这位胖大个儿同学的性格远不如其外貌那样有震慑力。他沉默寡言，为人低调，课间休息总是一个人独处一隅，静静地看着大家。下乡劳动，他也是默默地干活，很少和别人交往。

令我印象最为深刻、至今不能忘怀的是尹文奎那一手绝对漂亮的毛笔字。

“文革”开始，学校进驻了“文革”工作组，让同学们批判所谓资产阶级教育路线。记得几个同学起草了一篇稿子，需要有人执笔誊到书写大字报的纸上。初中以来我一直以毛笔写大字见长于全班，上初三时育才学校的语文老师闵大凯甚至当众宣布我的毛笔字已经超过了他。这点特长自信促使我自告奋勇，卷袖伸手，拈起一管“七紫三羊”大中锋，饱蘸“一得阁”墨汁，开始亮出“绝活”——柳体正楷。

没想到刚刚写了三行，右手腕已经僵硬、酸麻得没了知觉。毕竟上大字课都是临帖，每次不过寥寥十几字而已，可一张大字报少说也有几百上千字。以前我只习惯于坐姿书写、枕腕执笔，挥洒不开，书写既慢且累。再加上没有可临摹的字帖，间架结构全凭个人手下感觉，写出来的字一个个就像霜打的茄子，歪歪扭扭，很不受看。

我正用左手揉右手腕，歪着头端详自己的字哪里不对头。耳旁忽然亮起刘兴的粗嗓门：“才写了这几行？尹文奎都抄完两大张了！”

我回头一看：“胖大个”岔开两腿，上身微倾，悬着手肘，三指执笔，蘸一下墨汁，横竖撇捺，抑扬顿挫，一行 30 多个字一气呵成。那些字都像长在一根藤蔓上的花，起承转合，前后连贯，千姿百态，俊秀无比。大米在他身后连连点头：“尹文奎，你是不是练过王羲之的《兰亭序》？”

文奎笑而不答，仍默默一笔一画地书写。

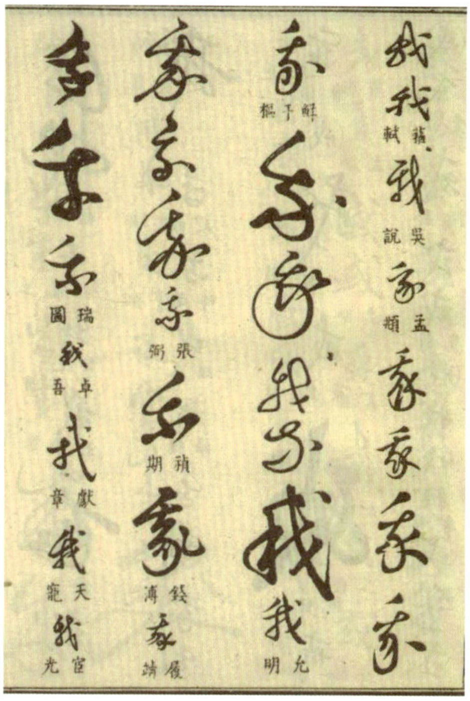

同学们听到大米的夸赞都围拢过来，观看教室里的这场书法表演。

我注意到文奎写的“我”字，上面一个“千”下面连一个“豕”，奇怪为什么会这样写，他仍然笑而不答。（参见上图《草书大字典》504页，上海扫叶山房石印本，中国书店影印发行）

临近放学时，他终于抄写完所有的大字报开始收拾书包。我找到机会重新提出关于这个“我”字写法的问题。他细着嗓音解释：“汉字里好多左右结构的字是可以变通为上下结构的，反之亦然。比如‘群’‘拿’等等。‘我’字拆开成左右两部分，把左半部写在上面，右半部写在下面，就变成了这个样子”。我恍然大悟：“高人！请在下拜您为师”，他又是笑而不答。

第二天我早早地等在他抄写大字报的课桌旁，观察他如何叠纸、如何站立、如何悬肘、如何执笔、如何结字、如何布局，然后模仿着做，每天不误。

如此下来半个多月，我竟然学会了悬肘书写正楷字。原来一直担心手腕离开桌面笔尖会颤抖，现在不仅手腕放松，连整个右肘都悬在空中了。奇怪的是，手肘越是没有依靠，笔尖越稳定。气定神凝，稳如泰山，笔尖好似聚集了所有的意念，随着心中勾画的字形油然而出，一气呵成。这样写字完全不疲劳，反而越写越精神。

我为自己的这个进步而惊喜，更感激文奎的教诲。在那个是非颠倒、整个社会几乎陷入疯狂的岁月里，我们俩竟然一时偏安一角结成了学习书法的良师益友。

参军以后，一手毛笔字让我进入了54军参谋集训队，进而被调入武汉军区作战部。1978年武汉军区“参谋六会大比武”[1]，当着军区大礼堂里2000多名首长战友的面，在巨幅作战地图上我亮出当年跟尹文奎学的这手“悬肘正楷”，得到满堂喝彩，拿下了军区机关第一名。

今天回想起来，一个小小的写字环节，竟能成为我走上作战参谋、兵棋推演、创造人生道路的起始拐点，令人惊奇不已。

在写这篇文字时，我正在读“物联网之父”美国发明家凯文·阿什顿的新作《创造》。他的结论是：“创造是一项全民性的活动”，“每个人身上都有独特的天赋，‘新’存在于我们所有人之中”。

感谢刘文明老师、感谢尹文奎、感谢四中的所有同窗好友，在创造的人生旅途中，你们给了我太多太多，我无以为报，只有感恩、感恩、再感恩！

1 叶剑英元帅规定参谋人员要“六会”：“会写、会画、会传、会读、会记、会算”。

（书 / 尹文奎）

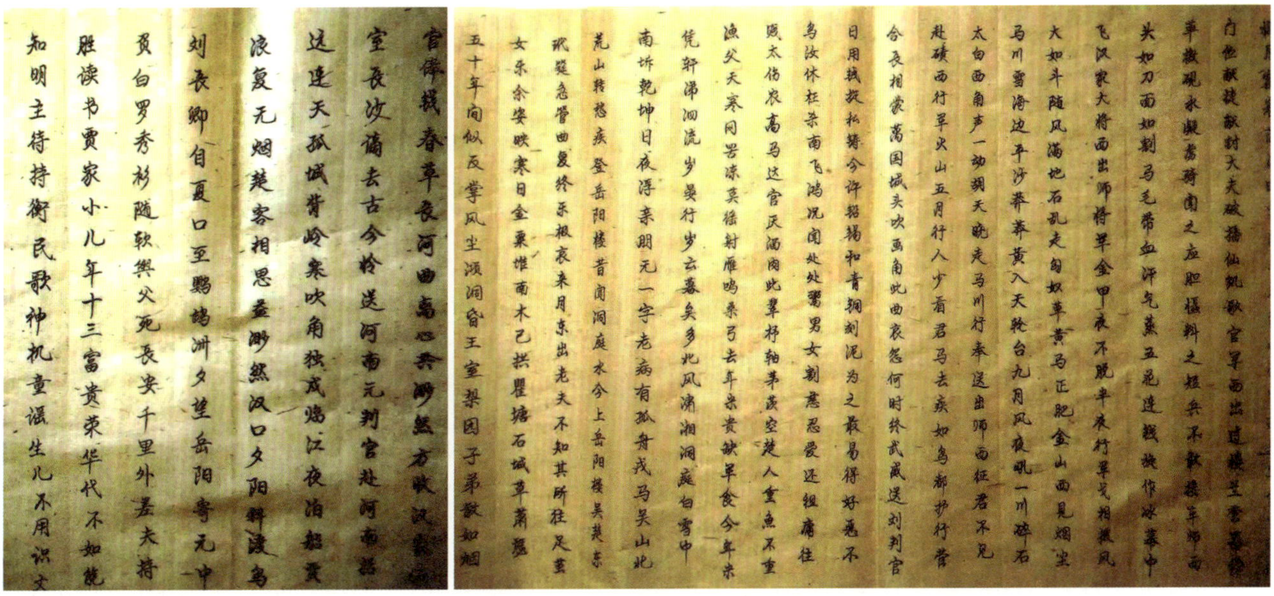

尹文奎书法。

1967 年 8 月，（左起）尹文奎、唐华、王泰立、吴文正，在北京上方山合影留念。

北京四中高六八届四班校友
个人简历汇总一览表

姓 名	出生日期	小　学	初　中	高中学号	走向社会	继续教育
尹文奎	1947.12.13	西城丁字街小学	北京八中	46	北京西城区运输公司	北京师范学院
姜作栋	1948.01.19	石景山苹果园小学	石景山苹果园中学	37	延安安沟公社插队	西北工业大学
姚鸿斌	1948.02.14	东城东四小学	北京二十七中学	42	北京第六建筑公司	
张春年	1948.03.02	西城西单小学	北京四中初三（六）班	12	江苏江宁县插队	
金 铮	1948.08.08	丰盛学校二部	北京四中初三（六）班	10	邮电部阳新五七干校	
赵东平	1948.08.31	北京第二实验小学	北京四中初三（六）班	4	黑龙江农垦兵团 4 师	北京大学法律系
张延宏	1948.09.16	海淀玉泉小学	北京四中初三（七）班	5	延安插队 / 海军工兵	长春光学精密机械学院
刘达朱	1948.09.19	北京第二实验小学	北京四中初三（六）班	7	北京六建 / 东海舰队	北京经济学院
赵 康	1948.10.05	海淀羊坊店小学	北京三十五中学	32	内蒙古生产建设兵团	清华大学建筑系
王 津	1948.10.07	北京第二实验小学	北京四中初三（七）班	23	云南生产建设兵团	

姓 名	出生日期	小 学	初 中	高中学号	走向社会	继续教育
张长双	1948.10.11	西城顺城街二小	北京四中 初三（六）班	14	延安安沟 公社插队	
陈 超	1948.11.08	西城宏庙小学	北京四中 初三（七）班	22	云南生产 建设兵团	首都师范大学 数学系
郭世杰	1948.11.11	西城府右街小学	北京四中 初三（六）班	28	延安安沟 公社插队	中央党校 函授学院
王小平	1948.11.14	西城东拴马桩小学	北京四中 初三（六）班	17	延安安沟 公社插队	中央党校 企业管理
褚维春	1948.12.23	宣武甘井胡同小学	北京四中 初三（六）班	19	延安安沟 公社插队	西北工业大学
柏 铮	1948.12.31	宣武梁家园小学	北京四中 初三（六）班	21	延安安沟 公社插队	兰州大学 历史系
王泰立	1949.01.19	丰盛学校二部	北京四中 初三（六）班	9	延安安沟 公社插队	
祝 文	1949.02.26	北京第二实验小学	北京四中 初三（六）班	16	延安安沟 公社插队	西北农学院 农机系
张铁铿	1949.04.04	西城赵登禹路小学	北京三十五中学	38	延安安沟 公社插队	湖北自学高考 党政基础专业
孙 泓	1949.04.20	东城灯市口小学	北京二中	41	内蒙古生产 建设兵团	
张 平	1949.04.26	丰盛学校三部	北京四中 初三（六）班	15	北京第六 建筑公司	夜大企业管理 专业
张建新	1949.04.27	石家庄七一小学	北京四中 初三（六）班	2	内蒙古锡盟 牧区插队	内蒙古医学院
叶翔宇	1949.04.29	冶金部子弟小学	北京五十六中学	31	北京北郊鸭场	

姓 名	出生日期	小 学	初 中	高中学号	走向社会	继续教育
杨南征	1949.05.02	北京育才学校	北京育才中学	40	内蒙古插队/入伍54军	
张 钊	1949.06.07	东城新中街小学	东城交道口中学	45	北京第六建筑公司	北京建工学院
邵明路	1949.06.13	西城复兴路小学	北京四中初三（七）班	20	延安安沟公社插队	
刘 兴	1949.06.15	东城东交民巷小学	东城灯市口中学	39	入伍参军北海舰队	
廖致杰	1949.07.09	丰盛学校三部	北京四中初三（六）班	25	延安安沟公社插队	
甘金元	1949.07.12	广安门大街小学	北京四中初三（七）班	13	延安安沟公社插队	
刘道福	1949.07.20	丰盛小学三部	北京四中初三（六）班	8	北京电机厂	北京市委党校
潘德震	1949.08.04	西城宏庙小学	北京四中初三（六）班	11	云南生产建设兵团	西南师范学院化学系
金德本	1949.08.07	西城石驸马二小	北京三十一中学	34	延安安沟公社插队	南开大学经济系
金克刚	1949.08.11	西城西单小学	北京四中初三（六）班	26	延安安沟公社插队	
那允玮	1949.08.15	西城顺城街小学	北京四中初三（六）班	3	北京第六建筑公司	北方交通大学
赵金兴	1949.08.21	小绒线胡同小学	北京四中初三（六）班	27	北京电机厂	中央财政金融学院
袁塞路	1949.09.01	北京十一学校	北京八中	30	入伍参军北海舰队	北京大学法律系

姓 名	出生日期	小 学	初 中	高中学号	走向社会	继续教育
张康成	1949.09.01	北京育才学校	北京二十五中学	33	吉林省白城瓦房插队	
吴文正	1949.09.16	北京铁路第五小学	北京铁路第二中学	43	湖北十堰102指挥部	大庆石油学院
夏鲁平	1949.09.22	北京八一学校	北京八一中学	35	内蒙古生产建设兵团	西北农学院水利系
谢国庆	1949.10.09	东城东交民巷小学	北京四中初三（六）班	1	入伍参军十四军四十师	
李家康	1949.10.31	师大实验小学	师大第二附属中学	44	云南生产建设兵团	成都地质学院
唐 华	1949.11.04	西城西单小学	北京四中初三（六）班	18	延安安沟公社插队	西北工业大学
张小军	1949.11.24	北京第二实验小学	北京四中初三（六）班	6	入伍参军北海舰队	北京航空学院五系
盛 朗	1949.12.08	北京第二实验小学	北京四中初三（七）班	24	北京第六建筑公司	北京经济学院人口经济
张宝琪	1950.01.06	西城大翔凤小学	北京十三中学	36	延安安沟公社插队	西安交通大学

备注：

1. 上述资料系根据同学专页汇总整理，未经本人审阅，仅供参阅。
2. 个别资料出现生日信息与学籍卡片不符情况，以此表信息为准。
3. 此表姓名以生辰日期、年龄长幼依次排序。

流金岁月

在50年的人生旅途中，谁没有过“漫漫人生路，何处是归途”之慨？谁又没有过曾经承载着我们的青春和梦想，展现我们的才华与作为，让我们体验成败得失，苦乐悲欢人生百味的难忘之地？

那是我们的人生驿站，那是我们生活的故园，它更值得我们回忆和纪念。

神州名校冠京城，金色年华在四中。

学海同舟挚友谊，书山引路导师情。

通博今古明真理，指点江山论英雄。

易水潇潇知己远，故乡何日再相逢？

1966 年 5 月高一四班同学在校门口合影：
后　排：刘达朱、袁塞路、谢国庆、郭世杰、张建新、唐华
中后排：张康成、盛朗、张宝琪、赵东平、尹文奎、褚维春、张钊、张平、杨南征、王津、陈超、赵康康、刘兴
中前排：吴文正、金德本、叶翔宇、金铮、李家康、金克刚、赵金兴、张春年、甘金元、张长双、姜作栋
前　排：柏铮、夏鲁平、姚鸿斌、刘道福、孙泓、廖致杰、张延宏、张铁铿、潘德震、那允玮、王泰立
（缺席：张小军、祝文、邵明路、王小平。全班 45 人）

1965 年 7 月初 65 届六班毕业照：
后　排：刘承功、张建新、咸宁、郭世杰、蒲二庆、燕宇、谢国庆、唐华、康玉亮、侯俊义、褚维春、张平
中后排：刘达朱、祝文、梁永峰、赵东平、柏铮、朱器杰、陈伯洲、王泰立、潘德震、金铮、刘道福、刘富祥
中前排：赵健民、袁立宗、唐瑞徵、何幼铎、弓文魁、王大均、论茂勋、金克刚、赵金兴、连大民
前　排：张小军、邢国强、廖致杰、屈大同、倪宝恕、刘铁岭、张谦、罗炳康、张云英、漆士芳、张智慧、柴寿强
王质强、王小平
（其中有 22 名同学直升高 68 届四班，缺：张春年、张长双，那允玮。全班 47 人）

1965 年 7 月初 65 届七班部分同学合影：
后　排：李鉴沛、郭林、李楠、孟平凡、李刚、孙大奇、王载奔、翟立原、潘宗福、李永根
中　排：陈力、佘永定、段平生、于立奎、邵明路、赵岳仑、李龙华、张延宏、赵庆元、王津
前　排：寇崇涛、高锐、李正、于友泽、汝企和、薛雨村、张世泽、宋学富、甘金元、周公侠
（其中还有盛朗、陈超等六名同学直升高 68 届四班）

1966 年在碧云寺：张铁铿和张延宏。

1967 年 4 月，军训团长、革委会主任讲话。

1967 年 4 月，军训排长孙全喜（三班）和郭国政（四班）合影

1967 年 5 月，刘兴、唐华、金铮、柏铮、郭国政、赵东平、王小平、褚维春、张建新在天安门前合影

1967 年春在学校大门口：
后　排：王小平、赵东平、盛朗、褚维春、柏铮、郭世杰、廖致杰、唐华、张钊、李家康。
前　排：王泰立、金德本、潘德震、金铮、尹文奎、张春年、吴文正、甘金元。

1967 年春，部分同学与军训排长郭国政在天安门合影。

1967 年春，吴文正、褚维春、张钊、王小平在学校门口合影。

赵东平、金铮、盛朗（左起）。

1967 年，姚鸿斌、金克刚、刘道福在八大处。

1967 年 12 月，刘达朱、张铁铿、那允玮、张春年、张康成、张延宏在北京火车站送张春年回江苏家乡。

1968 年，邵明路、吴文正、李家康在军事博物馆骑车合影。

1968 年 8 月，送刘志民去东北兵团，这些同学当初给 69 届、70 届进校的新生当辅导员：周彻、郭世杰、卢迈、褚维春、刘志民、金铁鸣、金铮、娄宾、王小平、彭健。

1968 年 8 月，送班里第一个离开学校去内蒙古牧区农村插队的同学张建新：
后排：张长双、张平、尹文奎、金克刚、赵金兴、那允玮、吴文正、张春年、潘德震、王津、甘金元、张钊
前排：姚鸿斌、盛朗、赵东平、张宝琪、张建新、张康成、唐华、孙泓

1968 年 8 月，那允玮、张康成、赵金兴、张建新、张铁铿、张宝琪、张延宏、廖致杰、姚鸿斌在北京火车站送张建新。

1968 年，校长室门前：张宝琪和张建新。

1968 年秋在天安门广场：
李永平、李联琮、曹耘三、袁塞路、倪齐生、国少庄、周南征、席胜利、俞雁宾、赵康康、蔡金华。

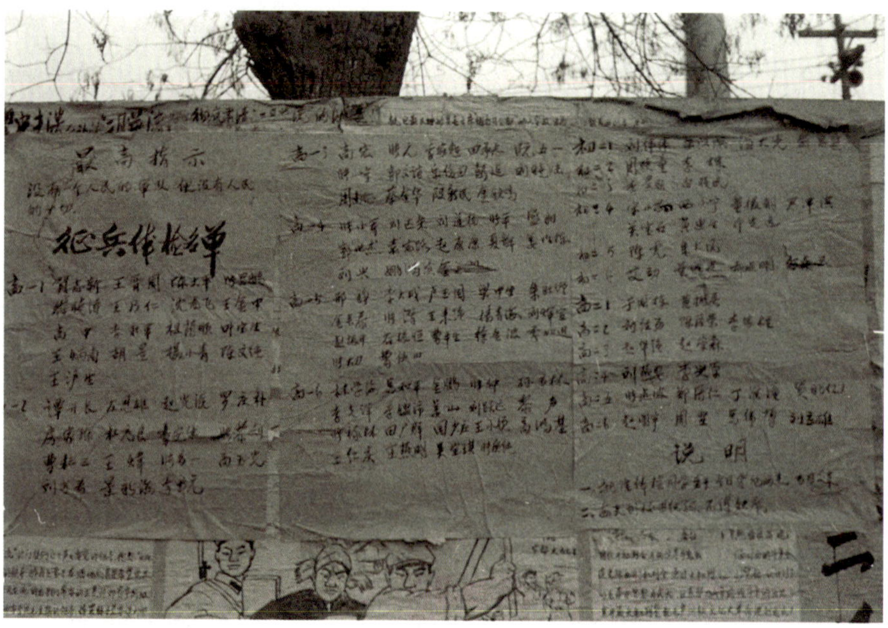

1968 年冬公布的征兵体检通知，高一四班有：张小军、刘达朱、刘道福、张平、盛朗、郭世杰、袁塞路、赵康康、夏鲁平、姜作栋、刘兴、姚鸿斌、金克刚，结果：张小军、袁塞路、刘兴就此参军离开学校。

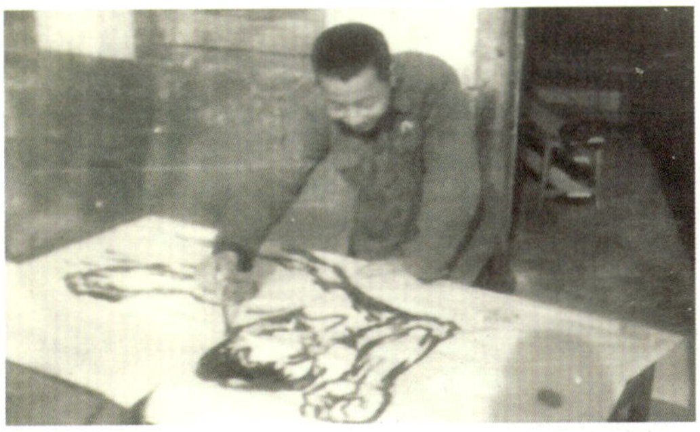

1968 年秋，王小平在画宣传画。

1968 年秋，褚维春在写大字报。

1968 年底到门头沟三家店看望军训排长：赵兴、赵康康、刘辉宣、（不详）、排长、袁塞路、排长、张晓钢、钟加鸣、国少庄。

1968 年在教研室小院：张平、张延宏、廖致杰、赵金兴、孙泓、张康成、刘达朱。

1968 年在学校教研室小院：赵金兴、张春年、张宝琪、张延宏、袁塞路、金克刚、刘达朱。

1968年12月，同学们分别前在校园留影：
后排：张钊、张平、那允玮、廖致杰、张宝琪、张小军、袁塞路、柏铮、刘达朱、张康成、赵东平、盛朗
前排：张延宏、唐华、王小平、张铁铿、金克刚、王泰立、姜作栋、祝文、赵康康

1968年12月，在北京车站：叶翔宇、赵康康、刘兴。

1968年12月，在天安门广场：吴文正、王小平、王泰立、赵东平、唐华、盛朗。

1968年12月，在天安门广场：唐华、吴文正、王泰立、盛朗、王小平、金克刚、赵东平。

1969 年 1 月在校园内：袁塞路、张铁铿、张小军。

张小军、袁塞路、赵康康。

1969 年 2 月，赵康康送王泰立去延安插队。

1969 年 2 月，盛朗送张铁铿去延安插队。

1969 年 2 月，赵康康送张延宏去延安插队。

1969 年初在故宫筒子河前：赵康康、
国少庄、徐东曦、赵兴、殷新民、范西峰、（不详）、毛幼利。

1969年初在故宫筒子河旁：
范西峰、国少庄、赵兴、王向荣、钟加鸣、袁塞路、殷新民、毛幼利、张小钢。

1969年4月24日，在北京火车站送赵康康、夏鲁平去内蒙兵团：陈超、赵康康、夏鲁平、叶翔宇、赵金兴。

1969年4月，在北京火车站送赵康康去内蒙兵团：马凯、赵胜利、秦晓、徐东曦、赵康康、狄阜平、路书奇。

1969 年 4 月，在北京火车站送赵康康去内蒙兵团：
后排：赵康康、徐东曦、（不详）、毛幼利
中排：马凯、秦晓、赵胜利、狄阜平、路书奇、张品
前排：（不详）、张小贝、钟加鸣

1968 年秋内蒙查干诺尔赤脚医生学习班。后排左三：张建新

内蒙插队的张建新和他的爱骑阿亚五花。

1969年在延长安沟公社蔓梁大队知青点的窑洞前：王小平、金铁鸣、郭世杰、宗培铎。

1970年，王小平（左二）代表先进知青集体参加延安积代会。

1971年在朱家河：袁林峰、王泰立、白迪琪、金铁鸣、吴政新、金克刚。

1971年，在张家山上唯一在山顶上的一块平整的田地：柏铮、张宝琪、邵明路。

金克刚（左四）与朱家河小队的社员一起收麦子，丰收的麦子就长的这个样子，刚到大队时我们不少同学以为种的是韭菜，亩产100多斤就是丰收了。

1971年，在张家山上唯一在山顶上的一块平整的田地：张宝琪、柏铮、张铁铿、邵明路。

张延宏（前）在锄玉米地的杂草、松土。

坡地收割麦子，麦子的根就扎在硬土上，松土早被雨水冲入黄河。

1970 年在肖家山知青窑洞前合影：张铁铿、邵明路、（不详）、张宝琪。

1970 年：金克刚、张铁铿坐在北京支援的手扶拖拉机上。

1971 年夏回京探亲的路上：张元、王小平、白迪琪和张铁铿。

1969 年在南瓜地里合影：王小平和张铁铿。

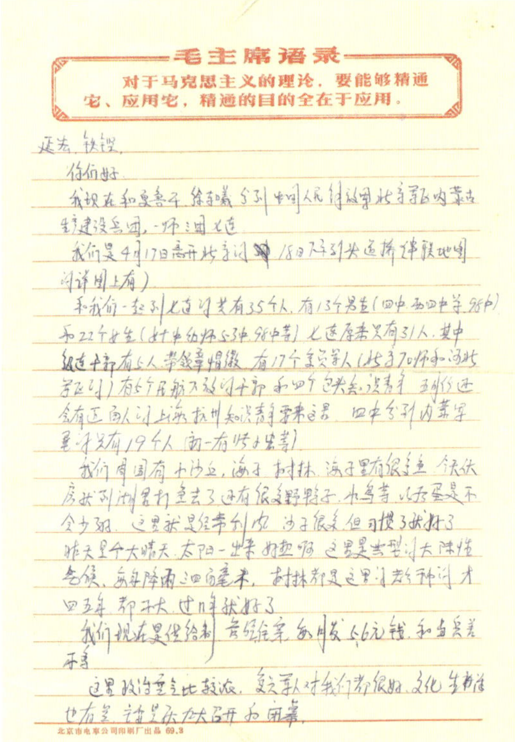

毛主席语录

对于马克思主义的理论，要能够精通它、应用它，精通的目的全在于应用。

延宏、铁铿：

你们好！

我现在和奥鲁平、徐京曦分到中国人民解放军北京军区内蒙古生产建设兵团一师三团七连。

我们是4月17日离开北京的，18日下午到头道桥（详细地址图上有）

和我们一起到七连的共有35个人，有13个男生（四中、西四中学、98中）和22个女生（女十中、幼师、53中、98中等）七连原来只有31人，其中级连干部有5人，带领章帽徽，有17个复员军人（北京70师和河北军区的）有5个民航下放的干部和四个包头去的知识青年。五月份还会有近百人的上海、杭州知识青年要来这里。四中分到内蒙军垦的共有19个人（高一有些小生等）

我们周围有小沙丘，海子，树林。海子里有很多鱼，今天伙房就到湖里打鱼去了，还有很多野鸭子、水鸟等，小鸟蛋是不会少的。这里就是经常刮风，沙子很多，但习惯了就好了。昨天是个大晴天，太阳一出来好热啊。这里是典型的大陆性气候，每年降雨二四百毫米。树林都是这里的人种的，才四五年，都不大，过几年就好了。

我们现在是供给制，每月发5.6元钱，和当兵差不多。

这里政治空气比较浓，复员军人对我们都很好。文化生活也有呈，这是庆九大召开而闹喜。

北京市电车公司印刷厂出品 69.3

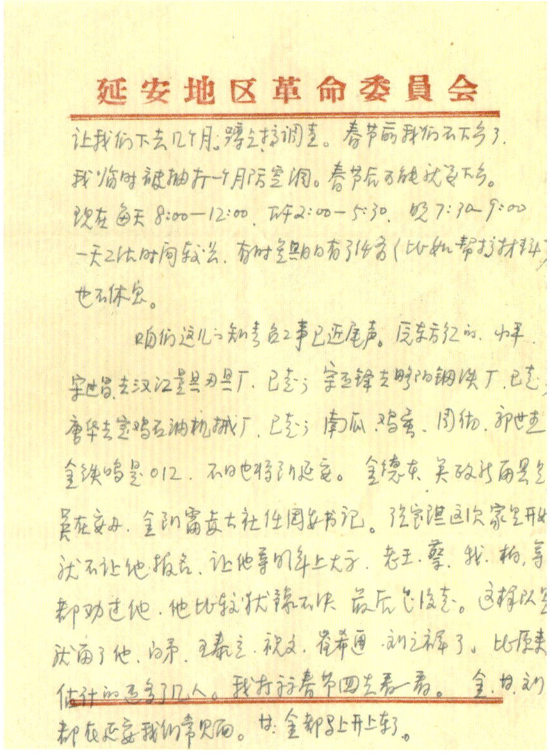

延安地区革命委员会

让我们下去几个月，蹲点搞调查。春节前我们去下乡了，我临时被抽去一个月防空洞。春节后可能就要下乡。

现在每天8:00—12:00，下午2:00—5:30，晚7:30—9:00

一天工作时间较长，有时星期日也有工作（比如帮搞材料）也不休息。

咱们这儿的知青自己事已近尾声。反东方红的、小平、宋世昌去汉江某某厂，已走；宋玉锋去略阳钢铁厂，已走；唐华去宝鸡石油机械厂，已走；南瓜、鸡蛋、周伟、郭世杰、金铁鸣是012，不日也将到延安。金德东、吴政新两县委员在安塞。金训富在大社任团委书记。张宗湛这次家里开始就不让他报名，让他等明年上大学。老王、蔡、我、杨等都劝过他，他比较犹豫不决，最后也没走。这样队里只剩了他、白永、王春立、祝文、崔希通、刘之祥了。比原来估计的还多了几人。我打算春节回去看一看。金、甘、刘都在延安，我们常见面。甘、金都要上井上钉。

赵康康在内蒙兵团时写给张铁铿、张延宏的信。

邵明路在延安地区工作时写给张铁铿的信。

张铁铿手绘的延长县安沟公社地图，最下端就是朱家河。

谷歌地图截图：朱家河村的地貌。

1970 年在邮电部湖北五七干校时的留影：金铮（右一）背后是长江，当时当地血吸虫病成灾。

1972 年 4 月 30 日，赵康康在内蒙生产建设兵团：兵团朋友送赵康康上清华大学，离开兵团时的合影。

赵东平、盛朗、赵康康、张宝琪、吴文正、金德本、王泰立、柏铮 1972 年春在民族文化宫前。

金德本、张宝琪、宋世昌、廖致杰、张铁铿、褚维春、王小平 1973 年在天安门。

1969 年赵康康在兵团时期，设计的连队礼堂的钢木屋架，目前房屋虽毁，但屋架还在。

1971 年赵康康在内蒙兵团规划展览室，背后的蓝图就是规划图片，与谷歌下载图片基本相同。

1969 年 12 月 19 日在北海公园：张铁铿、那允玮、刘道福。

1969 年 12 月 19 日在北海公园：赵金兴、刘道福、张长双、那允玮。

1969 年，潘德震、李家康去云南兵团与同寝室战友合影：杨长生、潘德震、李家康、王瑜。

李家康在连队附近的傣族竹楼前的留影（竹楼上层住人、下层喂养牲畜）。

1970 年，云南生产建设兵团团部

1972 年，李家康、潘德震调到营部学校中学部任教师，与营部团支部在营部合影：
后排：（左二）白家栋、（左三）李家康、（左四）潘德震、（右一）杨长生

1986 年秋在四川石柱土家族自治县支教：（中排右一）潘德震。

1991 年 3 月在莫斯科乌克兰饭店偶遇：张小军、王小平。

张建新（后排中）身穿蒙古服与部分北京知青和阿巴嘎旗知青合影。

祝文重返当年当赤脚医生时工作过的窑洞，2008 年。

郭世杰和唐华当小学教师时工作过的窑洞，已经塌了。

2009 年回访兵团时与部分学生和学生家长合影：
前排：潘德震（右二）。

2015 年 5 月 24 日，三连五排为曾经任辅导员的潘廷宏老师祝寿：
后排：郭建强、白羽、张玉玢、景华、田明、王吉华、孙文彬
前排：郭世杰、史维生、金铮、王小平、凌文伟老师、潘廷宏、李慧敏、贾素君、孙德才

1984年

1984 年初在学校操场上：
许平、张黎利、王伟、勇小军、裴少军、王志华、董春生、袁塞路、周坚、戴小明、周南征、李三友、曹耘三、吕顺德、张小原、张小军、赵康康、赵胜利、朱汉滨、史元（原名：史元旦）、徐小岩。

周坚、秦晓、徐小岩、赵康康、陈伟、徐文连、（不详）、沈东平。

张康成、马凯、吕顺德、袁塞路、徐文连、秦晓、王向荣、徐小岩、朱汉斌、赵康康、周南征

1984 年在四中教室

1990年

1990 年在三里河兵器工业总公司附近的餐厅：
后排：郭世杰、王泰立、盛朗、廖致杰、王小平、吴文正、赵东平、谢国庆、潘德震、唐华、金铮、张小军、祝文、袁塞路、甘金元；
前排：刘达朱、杨南征、赵康康、张康成、张延宏、金德本、柏铮、张铁铿。

1991年

1991 年 10 月 6 日，赵康康生日（1948 年 10 月 5 日）聚会：
祝文、赵康康、刘达朱、国少庄、袁塞路、董春生、谢国庆、张小军。

1991年在郭世杰家聚会：
郭世杰、金德本、唐华、褚维春、王小平、金铮。

1992年

1992年2月21日，在王小平西单小院聚会：
吴文正、唐华、潘德震、金德本、刘富祥、祝文、吴政新、郭世杰、王小平。

1993年

1993 年 9 月 26 日返校：
祝文、姜作栋、刘达朱、潘德震、唐华、郭世杰、金德本、金铮、王小平、吴文正。

1996年

1996 年 2 月 23 日春节聚会：
第三排：廖致杰、祝文、唐华、张宝琪、郭世杰；
第二排：王小平、甘金元、王泰立、金德本；
第一排：姜作栋、张铁铿、张延宏、金克刚、赵军

1996年9月29日，初65届同学毕业31年合影：
中后排：燕宇、何幼铎、郭世杰、论茂勋、陈伯洲、侯俊义、金铮、王小平、（不详）、甘金元、盛朗、（不详）、（不详）、（不详）、（不详）、邵明路、（不详）、（不详）、（不详）
中前排：谭祖谋（右九）、白迪琪、阮五一、柏铮，王载奔（右一）。

1996年9月29日返校日在金台饭店，初中65届六班和高中68届四班部分同学合影：
后　排：咸宁、蒲二庆、何幼铎、燕宇、刘道福；
中后排：那允玮、祝文、郭世杰、张小军、张平、康玉亮、赵金兴、侯俊义；
中前排：邢国强、论茂勋、唐华、王泰立、刘富祥、潘德震、王质强；
前　排：赵东平、于洪、王小平、赵健民、连大民、柴寿强、刘承功。

1997年

1997 年夏
后排：（不详）、张路、路书奇、孔栋、赵胜利、史元（原名：史元旦）、赵康康、冯江华、朱斌、张小贝、袁塞路、魏晓风；
前排：徐东曦、李三友、衣锡群、秦晓、安民、陈元、陈凯歌、孔丹、狄阜平。

1997 年聚会，
后排：祝文、金德本、高中、刘达朱、张小军、唐华、金铮、王泰立；
前排：郭世杰、袁塞路、王小平、赵康康、潘德震、杨南征。

1998年

1998 年 2 月 23 日春节聚会：
后排：祝文、谢国庆、唐华、郭世杰、王质强、刘道福；
中排：王小平、燕宇、论茂勋、王泰立、潘德震、赵金兴；
前排：张小军、刘达朱、齐大群、金克刚、金铮。

2001年

2001 年 1 月 19 日，方庄兰特伯爵聚会：
祝文、邵明路、袁塞路、唐华、张小军、赵康康、刘达朱。

2001 年 1 月 19 日，方庄兰特伯爵酒店春节团拜会：
后排：曹耘三 祝文、（不详）、冯江华、（不详）、徐东曦、周南征、赵康康、李三友、高中、周华南、杨利民、段存理、朱斌、王跃龙、刘辉宣、黄汉文；
中排：（不详）、（不详）、朱汉斌、（不详）、邵立功、（不详）、（不详）、（不详）、国少庄、杨东明、孔丹、刘安东、南自卫、任志强、衣锡群、张小军、王向荣、袁赛路、刘达朱、赵胜利、（不详）；
前排：周坚、安民、赵绩敏、田佣、刘铁岭、王兆骥、顾德希、徐小岩、谢荣楚。

2001 年 1 月 19 日在方庄兰特伯爵酒店：
李三友、赵康康、孔丹。

2001 年 1 月 19 日在方庄兰特伯爵酒店：
张大力、袁塞路、国少庄、赵康康、任志强。

2001 年 1 月 19 日在方庄兰特伯爵酒店：
周南征、赵康康、祝文、刘辉宣、张小军、高中、袁塞路。

2001年2月10日在基辅餐厅：
赵康康与李三友。

2001年2月10日在基辅餐厅：
裴少军、赵康康、张路、刘亚洲、苗乐如。

2002年

2002年12月18日方庄兰特伯爵酒店新年团拜会：
后排：祝文、国少庄、曹耘三、廖致杰、（不详）、（不详）、张小冲、张小军、郭世杰、金德本、袁塞路、赵东平；
中排：朱之鑫、徐东曦、周南征、刘辉宣、赵康康、王小平、金铮、唐华、张延宏、潘德震；
前排：田佣、刘铁岭、赵绩敏

2005年

2005 年 8 月在中石化宾馆：
后排：张康成、于立奎、张延宏、王小平、唐华、吴文正、张钊、王泰立、张铁铿、金德本、潘宗福；
前排：廖致杰、祝文、刘达朱、袁塞路、郭世杰、姚陀生、张小军、赵东平。

2006年

2006 年 1 月 14 日，北京民族饭店新春联谊会：
后两排：高毅存、廖致杰、张铁铿、袁塞路、金铮、唐华、杨南征、郭世杰、吴文正、张康成、刘铁岭、金德本、燕纯义、燕宇、（不详）、陈伯洲；
前　排：赵继敏、张延宏、张小军、刘达朱、赵康康、王泰立、潘德震、祝文。

2007年

2007 年 1 月 19 日，西单西西友谊酒店新春联谊会：
后排：张小军、张铁铿、燕宇、潘德震、袁塞路、张延宏；
前排：祝文、金铮、刘铁岭、燕纯义、郭世杰、吴文正、赵康康。

2007 年 9 月 30 日，赵康康与时任校长刘长铭。

2007 年 9 月 30 日，四中百年校庆：
后排：廖致杰、袁塞路、那允玮、张平、刘道福、燕宇、张钊、张延宏；
中排：祝文、金德本、张康成、郭世杰、柏铮、刘达朱、张铁铿、甘金元；
前排：刘富祥、杨南征、吴文正、潘德震、于洪、王小平、张小军、唐华、赵康康、金铮。

2007 年 9 月 30 日，高 68 届部分同学百年校庆合影。

2008年

2008 年四中联谊会：
后排：刘达朱、王泰立、张平、张铁铿、赵康康、吴文正、王小平、潘德震、金铮、那允玮、张延宏；
前排：张康成、刘兴、燕宇、唐华、刘长铭校长、袁塞路、郭世杰、祝文、张小军。

2009年

2009 年 6 月 5 日，王小平在纽约与张宝琪会面：
左起：林柔嘉（张宝琪夫人）、张宝琪、王小平、彭世弘、黄海（彭世弘夫人）。

2010年

2010 年 1 月 30 日，西单西西友谊酒店春节联谊会：
后排：那允玮、刘道福、张平、赵康康、张钊、燕宇、张小军、金克刚、（不详）、郭世杰；
前排：张康成、吴文正、姜作栋、王泰立、金铮、王小平、高中、齐大群、唐华、潘德震、刘达朱、陈伯洲。

2010 年 1 月 30 日，西单西西友谊酒店：衣锡群、赵康康、袁立本、韩茂富、刘长铭。

2011年

2011 年 1 月 22 日，西单西西友谊酒店春节联谊会：
史维生、金铮、凌文伟、郭世杰、白羽。

2011 年 7 月 9 日，夏鲁平从海南回北京：
后排：郭世杰、张铁铿、潘德震、祝文、王小平、金铮；
前排：袁塞路、金德本、夏鲁平、柏铮、赵康康、张小军。

2012年

2012 年 1 月 7 日，西单西西友谊酒店春节联谊会：
袁塞路、张小军、赵康康、唐双河、曹耘三、周南征。

2012年12月25日，南池子96号：
后排：黄坚、张建东、朱汉斌、冯海龙、（不详）、周南征、张小军、国少庄、钟加鸣、袁塞路、王安青、张路、杨南征、米鹤都；
中排：潘旭、赵胜利、陈晓星、徐小岩、路书奇、周坚、陈小鲁、孔丹、狄阜平、董志雄、李湘鲁；
前排：（不详）、罗旭东、赵康康、李勇、张铨、（不详）、马晓力、彭小蒙、肖霜、聂小华、陆晓燕、（不详）。

2013年

2013年1月19日，西单西西友谊酒店春节联谊会：
后排：张小军、潘德震、吴文正、刘道福、王泰立、崔希通、张康成、袁塞路、张铁铿；
前排：张延宏、郭世杰、姜作栋、赵康康、陈伯洲、王小平、金克刚。

2013 年 1 月 19 日，西单西西友谊酒店春节联谊会：孔丹、苏承德、秦晓、赵康康。

2013 年 12 月 1 日，友谊宾馆：
后排：钟加鸣、赵康康、胡东平、周南征、冯海龙、邵立功、张小贝、张小军、袁塞路、刘辉宣、段存理、朱汉斌，
前排：孔栋、徐东曦、王向荣、周坚、安民、孔丹、邓曙光、董志雄、蔡丹江、赵胜利、张浩云。

2014年

2014年1月11日，四中礼堂：
后排：赵胜利、陈伯洲、潘德震、柏铮、金克刚、杨南征；
中排：宋心鲁（杨滨校长的儿子）、刘兴、那允玮、张铁铿、姜作栋、赵康康、王小平；
前排：袁塞路、张康成、郭世杰、燕纯义、张小军、祝文、金铮。

2015年

2015年1月10日，在四中食堂：
后排：金克刚、陈伯洲、张铁铿、郭世杰、张小军、燕宇、吴文正、刘达朱、袁塞路、王载奔、（不详）；
前排：杨南征、张延宏、唐华、祝文、齐大群、赵康康、王小平。

2015 年 12 月，离别 40 多年后，潘德震找到了老同学尹文奎，相聚在潘德震家。

2016年

2016 年 1 月 16 日，在四中礼堂参加校友联谊会：
后排：张延宏、金克刚、柏铮、王小平、刘道福；
中排：那允玮、尹文奎、郭世杰、张铁铿、袁塞路、刘达朱；
前排：张小军、金铮、燕宇、潘德震、赵康康、王泰立、姚鸿斌。

2016 年 2 月 9 日，在王小平家附近的远洋未来广场聚会：金铮、祝文、褚维春、唐华、郭世杰、王小平。

2016 年 1 月 23 日，在田佣校长家征集纪念册题词：田佣、张小军。

2016年1月25日，在刘铁岭校长（中）家征集纪念册题词：赵康康、刘铁岭、郭世杰。

2016年2月6日，在燕纯义校长（中）家征集纪念册题词：祝文、燕纯义、郭世杰。

后记

这本纪念册付印之前，赵康想到上世纪 1969 年 3 月离开四中赴内蒙古生产建设兵团时，在四中任职任教的马凯同志，曾书写一首《江城子·送学友赴内蒙古》[1]，赠与大家。但岁月荏苒，原件已流失。借此次编集班级五十周年纪念册之际，赵康特诚邀原作者拨冗再次挥毫书录，既是记载一段历史佳话，更为这本小书增添光彩！

感谢我们至为尊重的马凯学长、老师！

2015 年春节前的四中校友联谊会上，赵康康召集大伙儿说，今年是我们高一四入学 50 周年，能不能出本纪念册，用这种方式把大家进一步联系起来，也给晚年留个念想儿。他自己留有不少在学校时候的老旧照片，每个人都找找凑到一起，应该是件挺有意义的事情。

考虑到编写纪念册应是班级同学中一件重要决策，同时也需要得到每个人的通力协作与支持。故此，商议决定，意向全体同学发出倡议，就 50 周年纪念册事宜召开特别班会，将部分人员的想法转化为全体共同决定；并就组织机构、分工负责、财务事宜、纪念册架构等形成比较统一的意见。

在编委会的第一次会议上，进一步确定了纪念册的主题宗旨：要体现科学性（客观、真实、有据）、思想性（社会效果）、知识性（历史、社会、技术、生活）和趣味性（语言、视角避免政治词句或观点）；确定了个人简历的书写原则；确定了由袁塞路为纪念册“序言”起草人。

纪念册编集工作从开始就确定了“46 人（含班主任刘文明老师）一个都不少”的原则，包括已经离世和依然失联的同学。这无形中大大增加了查找联络工作的时间、精力和难度。为此，杨南征费尽周折寻访到刘老师的夫人和儿子，不仅找到生前照片、简历事迹，还收集到刘老师的教育学术专著。终于为纪念册的首篇专页完成了厚实的奠基之作——《我们的班主任》。

王小平利用旅游探亲机会，在美国联络到邵明路、张宝琪，转达了编写纪念册的相关事宜，并获得他们的肯定与支持。而潘德震找寻已工作、定居在加拿大卡尔加里的李家康，几乎到踏破铁鞋的程度，前后打了两个多小时的越洋电话方得告罄。

谢国庆 1999 年猝然离世，张小军、刘达朱并

1 参见第 5 页写于“丙申仲春”的马凯手书影印诗稿；附录后文徐东曦《关于马凯词〈江城子〉一段往事的回忆》。

协同原初中同学燕宇，联络国庆的姐姐得到较为详细的生前资料，顺利填补了空白。

难度更大的张平，连家属都没有联络方式，郭世杰千方百计找到了其儿子张登瑞，总算释怀。

至于另外几位早逝学友张春年、叶翔宇、张长双、盛朗以及失联已久的孙泓，只有靠其他同学的集思回忆，尽管不可全尽人意，以聊无愧我心矣！

姚鸿斌是郭世杰亲自跑到市公安局羊坊店派出所，通过户籍档案在女民警穿针引线般的协助下，才听到那似乎远在天边、忽而又近在眼前带有陌生感的声音。

这些带有传奇色彩的经历过程，将其整理串连起来，够得上一部生动的连续剧作，题目可借用张艺谋的那部获得多重大奖的著名电影：《一个都不能少》！

这部纪念册的特点之一，是涵盖全体成员的46份班主任和同学的个人专页，包括入学时的学籍卡片、近照、简历、个人或同学所写文章、相关照片或图片等；既是每个人50年重要“足迹”的概括，也是展现个人兴趣爱好，交流情感、友谊、追求价值理念的互动平台。

某种意义上，这些专页已成为了信息资料的“抢救工程”。就在纪念册编集几近结束时，我们又一个好同学——张钊，于12月6日因病离世，留下难以忘怀的深深遗憾！但有幸的是，临终前他以惊人的意志、不顾癌症晚期的病痛折磨，写出《木工仓库和高等数学》的绝笔之作，并由夫人朱小彤最终配合完成全部个人专页的工作。

从每个人的专页文章版面，我们大体可以发掘捕捉到这个班级每位同学的概括经历和思想脉络。作为“序”的起草人袁塞路，是“文革”后1977级首批考入北京大学法律系的大学生，他即从自己在四中期间所受历练获益，从个体个性去发掘集体共性，归纳成为提纲挈领纪念册的前奏序曲；而“前言”的作者柏铮，不仅毕业于1977级兰州大学历史本科，进而考入首批中央党校的研究生班，以其专业性理论研究的视角，从更深层次去发掘四中母校给予我们宝贵的精神财富。二人为纪念册之前作可谓交错互补、发挥各自所长，使这本小书更加增光添彩！

提到母校，自然想到那些呕心沥血、辛勤传道授业的任课老师们，纪念册为他们立起一座心目中的高大丰碑。由于时间久远，一些师长们的名讳已有些模糊。潘德震通过查阅旧报资料、上网搜索，乃至打电话向校领导请教求证，不敢有一丝马虎错误。

如果说文字语言是思维的载体，那么照片则是视觉印象的记录。据不完全统计，目前收集到的新旧不同时期年代的照片，已经超过600张。一些集体合影从最早1965年入学，到2015年7月的班会，时间跨度达50载。尽管近照人数不齐，仅仅25人，但站立的排列顺序，仍然大体依照50年前旧照前后左右的位置。

每个人的专页文章和这些岁月斑斓的照片，生动记载了半个世纪集合在一面班级旗帜下46个普通人的生涯，在历史潮流冲击裹挟下顽强地踯躅前行，留下了不会磨灭、大小深浅不一的一个个“足迹”，故以此为这本纪念册命名为《同学·足迹》。

由开始商议纪念册要具备科学、思想、知识、趣味的四个主题，确定了纪念册整体编集工作从形式到内容的多元化，甚至也包含了人文价值诉求的异同。如袁塞路在“序”中所述同学50年间

“经历各异，见解有别，利益诉求多元”，不能也没有必要去求得人为的统一和平衡。美的真谛恰恰来自五彩缤纷、百花齐放！

张铁铿以惊人的记忆能力、充沛的感情，用电影蒙太奇镜头的表现手笔，记录了母校四中几位任课老师教学育人的生动画面：仪容、服饰、笑貌、姿态、语言、音调，绘声绘色！

张建新从云南昆明军区总医院退休，向自己年过60花甲的年龄挑战，独自驾驶两轮摩托车经滇藏、川藏公路往返于昆明至拉萨两座高原城市，在两年内两次不同路线均以14天和近万里路程实现人生心愿，纪念册真实记录了其中部分片段。

刘兴最早在班级微信群发表自己业余写作的《难忘西四》等文章，均被收录在纪念册中，增加了情感空间以及知识性、趣味性。

杨南征致力于军事训练和智力开发的兵棋研究推广，以及体现现代综合科学的管联网技术应用，取得了卓越的事业成就。这些也在纪念册中给予一定篇幅的介绍。

廖致杰的《我和苍鹭一起看夕阳》将文字语言和彩照画面，以散文诗般的风格，展现给同学读者。既是异国景色风光的生动描绘，也是作者对个人安谧心境的隐喻描白。

除此之外，谢国庆的漂亮手迹，金铮的艺术摄影，张铁铿的诗词、对联、历史存物，尹文奎的书法习作和李家康的绘画作品等等，就不一一列举，册中均有陈列表述。

我们希望这本纪念册不仅能够巩固增进班级同学的友谊情感；也是向母校四中的集体总结汇报；进一步作为给家人亲属后代们一份发自肺腑的“口述历史”，了解我们、我们这一代在那些历史的时间节点，所想、所言、所行、所为；对于整体社会，某种意义上也可起到一斑窥豹之功能。

历史固然有《春秋》《左传》《史记》等这样的主流正史记载，万古流芳。但也不乏诸如《稗官野史》[1]、《啸亭杂录》[2]这些记载轶闻琐事，尤其是民间百姓生活起居的文字，作为对正史的诠注与补充，使未来人才能对正史理解更加完整与丰满。希望我们的纪念册能够起到这类“野史”“杂录”之功能效果。

应邀拨冗为纪念册题词、作序的四中老领导刘铁岭（题字“青春永驻 友谊长存”）、燕纯义（作序《真情实感的回忆》）、田佣（题字“四中魂”）；

原同届高一一班学友付洋先生为我班纪念册专稿题诗：同学几春秋，情意五十载。足迹遍神州，初心永不改。（诗中嵌合了纪念册的书名《同学·足迹》）

还有叶翔宇的母亲李茵，刘文明老师夫人王宏，谢国庆的姐姐刘小沁、好友燕宇，张钊夫人朱小彤，盛朗夫人张帆，张平儿子张登瑞。这里一并致谢！

尹文奎为纪念册封面曾经题写了“足迹”二

1 指旧时的小说和私人编撰的史书，泛称记载轶闻琐事的文字。语出东汉·班固《汉书·艺文志》：“小说家者流，盖出于稗官。街谈巷语，道听涂说者之所造也。”
（摘引自 :http://baike.haosou.com/doc/1609453-1701389.html）

2《啸亭杂录》十卷，《续录》五卷，昭梿作。昭梿原袭礼亲王爵，后因故（因虐下获罪）被削爵圈禁三年，释后仅赏宗人府候补主事。《啸亭杂录》涉及民俗、人物、宗教、传说、重大历史事件、个人生活琐事、读后感……范围很广。有些文章还有独家报道性质，能补正史之不足。（摘引自 :http://baike.haosou.com/doc/6681440-6895337.html

字，“足迹”反映了每个人、每步阶梯、每段历程脚踏实地留下的印痕，是“务实”的刻画；然而在纪念册中还有同学们更多对母校四中难以忘怀的眷恋回顾、对教学师长们应当涌泉相报的感恩、同窗校友之间久久锤炼的深厚情谊以及家庭成员彼此之间的亲情关爱等丰富的“务虚”描述。

这近乎滔滔万言的情感内容也能用个精炼概括的词汇描述吗？对，“心声”！

“足迹”和“心声”前后首尾呼应，可以恰如其分地反映出纪念册承载的“务实”与“务虚”的全部内涵了吧。

关于马凯词《江城子》一段往事的回忆（摘录）

徐晓东（原名：徐东曦）

征南闯北走东西，故乡离，笑声稀。海阔天空，骏馬奋扬蹄。纵使风沙扑面起，行万里，道难迷。险峰方领众姿奇。借天梯，上云霓。无限风光，鸿鹄视天低。待到祖国召唤日，谁胆赤，怕熊羆。

江城子《送学友赴内蒙古》作於一九六九年三月康康嘱书丙申仲春马凯

我于1963年被保送入北京四中读高中。由于“文化大革命”废止高校招生，我们这批老三届学生到1968年才开始分配离校。我与许多年轻人一样想参军入伍，当一名解放军战士。1968年征兵开始，我也报名参加了体检。但公布合格名单时没有我，我感到失望，看着同学们应征入伍，去青岛当海军，我的心里非常失落。

同学们陆续离开学校，人越来越少了，我感到了迷茫，像个迷失方向的动物，无目的地游荡。正如有同学后来对我本性的评价，说我做事优柔寡断，这缺点在此时充分显露出来了。一直在徘徊，下不了决心。

转眼就到了1969年。这时候学校动员大家去内蒙建设兵团，我的思想也已经开始有些麻痹和疲劳了。在仅有的几个同学的带动下，我终于下决心报名去内蒙古兵团。

马凯是比我高一年级的校友。他由于患肺结核没有机会升大学而留在学校当老师。“文化大革命”期间我们经常在一起学习探讨问题，因而相互比较了解。另外一个原因是我们都住在和平里，相距比较近，经常一同骑车去学校。我有时也去他家，与他的父母和兄弟姐妹都很熟悉。

对于我思想上的波动起伏，马凯很清楚。为了鼓励我早日下决心，他把给同学写的一首词《江城子》写给我。很遗憾的是由于我多次变动工作单位，加以没有保存文书的习惯，信件都遗失了，当年写给我的词也找不到了。好在还有人保存下了这首词，前不久应与我一同去内蒙兵团的校友赵康康请求，马凯重抄了这首为我们去内蒙兵团同学写的词。

今天我读到这首词依然被它洋溢的热情献身精神、坚定的革命信念深深地感动，依然感到热血沸腾。

解放全人类是当年经过文化大革命冲击和风雨的砥砺之后，我们获得的重要共识。今天我们依然信守决不谋求个人利益或某个团体利益，要为解放全人类努力不懈的承诺。

白发三千志犹在，赤胆报国终不改。

雲霓老骥仍奋蹄，无限风光迎未来。

图书在版编目（CIP）数据

一个班级的 50 年 / 赵康主编 . -- 北京 : 北京日报出版社，2017.9
ISBN 978-7-5477-2803-1

Ⅰ . ①一… Ⅱ . ①赵… Ⅲ . ①北京四中—毕业生—纪念文集 Ⅳ . ① G639.281-53

中国版本图书馆 CIP 数据核字 (2017) 第 213385 号

一个班级的 50 年

出版发行： 北京日报出版社
地　　址： 北京市东城区东单三条8-16号东方广场东配楼四层
邮　　编： 100005
电　　话： 发行部：（010）65255876
总编室：（010）65252135
印　　刷： 北京博海升彩色印刷有限公司
经　　销： 各地新华书店
版　　次： 2017年 9 月第1版
2017年 9 月第1次印刷
开　　本： 880 毫米 × 1230 毫米　1 / 16
印　　张： 20
字　　数： 400 千字
定　　价： 88.00 元
